Zwischen Domplatz und Trostbrücke: Hamburgs historische Zentren 41

Zwischen Speicherstadt und Fischmarkt: Hamburgs Tor zur Welt 47

Die attraktive Neustadt: ein einstiges Armenviertel boomt 58

Die vielen Gesichter von St. Georg: Kirchen, Künstler, Kneipen 65

Auf der Elbchaussee bis Blankenese: optische und kulinarische Genüsse 102

Hamburg und der Hafen: wie Ebbe und Flut 109

Ausflüge ins Umland von Hamburg: Idylle pur 112

1 Tag in Hamburg/ 1 Wochenende in Hamburg 143

Hamburg Kaleidoskop

Karten und Pläne

Service

Hamburg aktuell A bis Z 117

Register 140

Leserforum

Die Meinung unserer Leserinnen und Leser ist wichtig, daher freuen wir uns von Ihnen zu hören. Wenn Ihnen dieser Reiseführer gefällt, wenn Sie Hinweise zu den Inhalten haben – Ergänzungs- und Verbesserungsvorschläge, Tipps und Korrekturen – dann kontaktieren Sie uns bitte:

Redaktion ADAC Reiseführer
ADAC Verlag GmbH
Am Westpark 8, 81365 München
Tel. 089/76 76 41 59
verlag@adac.de
www.adac.de/reisefuehrer

Hamburg Impressionen

Das Hoch im Norden

»Auf der Reeperbahn nachts um halb eins ...«
Hans Albers

Hamburg – das Tor zur Welt, die Schöne, das Hoch im Norden. Großartige Schlagworte, die eigentlich ganz unhanseatisch sind. Zeichnet sich die **hamburgische Lebensart** doch durch *Understatement*, durch feine Zurückhaltung aus. Den heimlichen Stolz auf ihre Stadt können aber auch die Hanseaten nicht verbergen. Und dieser Stolz besteht zu Recht. Ganz unhanseatisch soll es hier gesagt werden: Hamburg zählt zu den **schönsten Städten** Deutschlands. Hamburg bietet seinen Gästen Stadtleben pur, Kultur und Vergnügen, dazu Naturerlebnis durch zahlreiche Grün- und Wasserflächen.

Da können auch einige *Vorurteile* gegenüber Hamburg nicht abschrecken, zumal ihnen der rechte Wahrheitsgehalt fehlt. Erstens, es regnet in Hamburg auch nicht mehr als in anderen deutschen oder europäischen Städten. 770 mm Niederschlag fallen im Jahr in der Hansestadt, in Venedig sind es sogar 800 mm. Und wenn doch einmal so richtiges Schmuddelwetter – oder ›Schietwetter‹, wie der Hamburger sagen würde – herrscht, muss man noch lange nicht zu Hause bleiben. Ein großes **Netz von attraktiven Passagen** mit derzeit rund 70 000 m^2 Verkaufsfläche in der Hamburger City bietet auch bei Regen die Möglichkeit zum gemütlichen *Shopping*, *Schlendern* und *Schlemmen*.

Oben: *Der alte ›Michel‹ und die moderne Architektur des Gruner+Jahr-Hauses verbinden sich zu einer Ästhetik der Kontraste. Ein Gastspiel gibt der Götterbote Merkur im Vordergrund*
Links: *Weites Land – Blick vom Kirchturm des ›Michel‹ über Hamburg und die Elbe*

Zum zweiten Vorurteil: Hamburg ist keineswegs eine kunstfeindliche Stadt. Im Gegenteil, neben der sprichwörtlichen *Kaufmannsmentalität* beweisen die Hanseaten immer auch Sinn für die schönen *Künste*. Zahlreiche **Museen** von internationalem Rang gehen auf private Initiative zurück. So zum Beispiel das Museum für Hamburgische Geschichte, das Museum für Kunst und Gewerbe und die Hamburger Kunsthalle mit Galerie der Gegenwart. Neben den insgesamt sieben staatlichen gibt es in Hamburg rund 40 öffentliche und private Museen. Darunter so exotische Sammlungen wie Spicy's Gewürzmuseum oder das Afghanische Kunst- und Kulturmuseum – beide in der Speicherstadt . Ebenso vielfältig ist Hamburgs **Theaterlandschaft**. Allabendlich bieten das renommierte Deutsche Schauspielhaus, das Thalia Theater sowie ca. 20 Privatbühnen ein Programm, in dem jeder Bühnenfreund etwas findet.

Ein drittes Vorurteil, das hier ausgeräumt werden muss: Hamburger sind gar nicht so ›s-teif‹ und ›s-tur‹, wie immer wieder von bösen Zungen behauptet wird. Vielleicht sind sie etwas zurückhaltender als beispielsweise rheinische Frohnaturen. Aber sie sind höflich, und wenn sie erst einmal auftauen, kann man schnell mit ihnen warm werden.

Und zu guter Letzt: Hamburg liegt genauso wenig am Meer wie München in den Alpen. Hamburg liegt an der Elbe, deren Haupt- und Nebenarm den Tidehafen der Stadt bilden. Dem **Hafen** verdankt Hamburg seinen Titel ›Tor zur Welt‹. Um die Wende vom 19. zum 20. Jh. starteten hier Millionen Menschen nach Übersee – in der Hoffnung auf ein neues, besseres Leben. Wichtiger noch: Der Hafen erst hat Hamburg zur *wohlhabenden Stadt* gemacht. Mit dem Im- und Export und dem zollfreien Warenumschlag im Freihafen haben sich die ›Pfeffersäcke‹ ihren Reichtum und damit ihren Namen verdient. Und dies wird gefeiert: Jedes Jahr am 7. Mai ist Hafengeburtstag.

Hamburg ist nicht nur das ›Tor *zur* Welt‹, die Stadt ist auch ein ›Tor *der* Welt‹. Einwanderung hat in der Hansestadt Tradition und wird gern als Grund für die *Weltoffenheit* der Hamburger angeführt. Bereits im 16. Jh. flohen viele protestantische Holländer vor den Religionskriegen nach Hamburg, das ihnen Glaubensfreiheit sicherte. Es folgten portugiesische Juden und französische Adlige. Jede dieser Gruppen hat zu der Entwicklung Hamburgs zu einer Kaufmannsstadt ersten Ranges beigetragen. Heute leben in Hamburg rund 260 000 Ausländer, die sich auf alle sozialen Schichten verteilen.

Kühler Norden und sinnlicher Süden

Die *Internationalität* Hamburgs zeigt sich auch im Stadtbild. So präsentiert sich der **Rathausmarkt** dem Besucher in italienischem Flair. Nicht nur wegen der vielen Fleete und Brücken: Alexis de Chateauneuf hat die Alsterarkaden entlang der Kleinen Alster der Bebauung des Markusplatzes in Venedig nachempfunden. Westlich schließt sich der Bereich zwischen **Jungfernstieg** und **Gänsemarkt** an, in dem sich Europas größtes Areal mit Einkaufspassagen befindet. Auf dem Jungfernstieg, Hamburgs elegantester Flaniermeile, lautet das Motto heute wie vor 100 Jahren: *Sehen und gesehen werden*. Vom Anleger Jungfernstieg starten zahlreiche Alster- und Fleetfahrten, die Hamburg von seinen schönsten Seiten zeigen. Nicht nur Touristen, auch viele Hamburger zieht es jedoch unter den ›gläsernen Himmel‹ – in eine der edlen **Passagen**. Auf der östlichen Seite der Binnenalster verläuft die **Mönckebergstraße**, der um die Wende zum 20. Jh. angelegte Einkaufsboulevard, welcher gesäumt ist von stattlichen Kontorhäusern. Zwischen ihr und dem Ballindamm wurde im Herbst 2006 die *Europa-Passage* mit weiteren 30 000 m² Verkaufsfläche eröffnet.

Am östlichen Ende der ›Mö‹ lassen sich vom Hauptbahnhof aus zahlreiche Hamburger Museen bequem zu Fuß erreichen: Die **Deichtorhallen**, in denen wechselnde Ausstellungen moderner Kunst gezeigt werden, das **Museum für Kunst und Gewerbe**, Hamburgs vielfältigstes Museum mit einer der größten Jugendstilsammlungen der Welt, und die renommierte **Kunsthalle** mit der **Galerie der Gegenwart**, deren Schwerpunkte die Malerei des 19. und die Kunst des 20. Jh. bilden.

Das alte Hamburg erschließt sich dem Besucher südlich der City. Um den **Domplatz** und die **Trostbrücke** zeugen historische Kontorhäuser von der Geschichte Hamburgs als reicher Kaufmannsstadt. In der **Deichstraße** ist das einzige Ensemble Alt-Hamburger Kaufmannshäuser aus dem 17. bis 19. Jh. erhalten. Eine besondere historische Bedeutung hat die Deichstraße auch deshalb, weil hier 1842 der *Große Brand* ausbrach, der große Teile

Links: *War, ist und bleibt das ›Tor zur Welt‹ – Hamburg und der Hafen*
Mitte: *Die Liebe zu Hamburg geht auch durch den Magen. Deswegen geizt die Elb-Metropole nicht mit Lokalen*
Unten: *Der Duft der weiten Welt – In der Speicherstadt lagern unter anderem Gewürze, Kaffee und Kakao*

der Altstadt in Schutt und Asche legte. In vielen der Deichstraßenhäuser sind heute gemütliche historische Kneipen und Restaurants untergebracht. Nur wenige Gehminuten von der Deichstraße entfernt liegt die **Hafenkante**. Hier findet sich all das, was einfach jeder mit Hamburg verbindet: die **Speicherstadt**, der größte zusammenhängende Lagerhauskomplex der Welt, oder die Landungsbrücken, über denen immer noch ein Hauch von Fernweh schwebt – auch wenn hier nur noch Barkassen zur Hafenrundfahrt und längst keine Schiffe nach Übersee mehr ablegen. Ein weiteres ›Muss‹ im Pflichtprogramm eines jeden Hamburg-Besuchers ist der Fischmarkt – für Frühaufsteher ebenso geeignet wie für Nachtschwärmer. Nördlich der Hafenkante liegt die **Hamburger Neustadt** mit

Oben: *›St. Liederlich‹ oder Der ungebremste Amüsiertrieb – Auf der Reeperbahn locken Sex-Schuppen und Szene-Treffs*
Rechts: *Verve à la Hamburg – Arkaden, Alster und noch mehr Architektur*
Unten: *Mediterranes Flair vermittelt der Anleger Mühlenkamp an der Außenalster*

dem historischen Bäckerbreitergang, dem Museum für Hamburgische Geschichte und dem ›Michel‹, eigentlich St. Michaelis, einer der schönsten Barockkirchen Norddeutschlands und Wahrzeichen Hamburgs. Gleich daneben befinden sich die Krameramtsstuben, in denen man einen Eindruck von den Wohnbedingungen des 17. Jh. erhält.

Ehemals vor den Toren Hamburgs lagen die Stadtteile **St. Georg** und **St. Pauli**. In das heute teils anrüchige, teils liebenswerte St. Georg verbannte die Hansestadt im Mittelalter die Leprakranken. St. Pauli, ein altes Handwerkerviertel, ist seit langem über die Grenzen Hamburgs als das *Amüsierviertel* schlechthin bekannt. Reeperbahn und Große Freiheit – Namen, die vor allem an das Geschäft mit dem Sex denken lassen. Doch St. Pauli ist heute mehr: Neue und interessante Theater, sympathische Bars und Restaurants haben den Stadtteil zu einem attraktiven Szene-Treffpunkt gemacht.

Altona, noch bis 1937 eine selbstständige Stadt, hat viel von seinem ursprünglichen Charme durch die Bebauungspläne der 1950er- und 1960er-Jahre verloren. Das **Altonaer Rathaus** oder die klassizistische **Prachtstraße Palmaille** geben jedoch noch einen Eindruck von dem Altona vor den Zerstörungen durch den Zweiten Weltkrieg.

Das vornehme Hamburg findet sich nicht nur – wie viele glauben – entlang der Elbe, sondern erstreckt sich auch **östlich und westlich der Außenalster** auf dem Gebiet des einstigen Klosters Harvestehude und im Bereich der ehemaligen Dörfer **Uhlenhorst** und **Winterhude**. Westlich stehen die **Villen** der wohlhabenden Hamburger Bürger, die aus der drangvollen Enge der Stadt geflüchtet waren. Nach dem Zweiten Weltkrieg zogen in diese Prachtbauten u. a. das US-Konsulat, die Akademie für Publizistik und die Hochschule für Musik und Theater.

Großstädtisch verdichtet zeigen sich indes das Viertel **Rotherbaum**, welches

bis zum NS-Regime Zentrum des jüdischen Lebens war, sowie **Eppendorf**, ein begehrtes Wohnviertel mit zahlreichen Jugendstilhäusern.

Auf der östlichen Alsterseite lädt etwas abseits vom Ufer das **Museum der Arbeit** zu kulturellen Veranstaltungen ein, und man trifft auf Kulturzentren wie die ehem. Fabrik **Kampnagel**. Im Norden dann locken der **Stadtpark** mit der Sternwarte, der **Ohlsdorfer Friedhof**, der größte Parkfriedhof der Welt, oder der sich bis nach Schleswig-Holstein erstreckende **Alsterwanderweg** zu ausgedehnten Spaziergängen.

Am bekanntesten aber ist **Blankenese** als Wohnort der Reichen. Einige seiner Kleinode wie das Witthüs im **Hirschpark** oder das in einer Avantgardevilla untergebrachte **Puppenmuseum Falkenstein** können besichtigt werden, sucht man Erholung in den Elbeparks. An Arbeit erinnert hier nur der Blick auf das gegenüberliegende Ufer der Norderelbe mit dem modernen Containerhafen Waltershof.

Wer nach Hamburg reist, der sollte einen Ausflug in das **Alte Land** oder auch die **Vierlande** und die **Marschlande** südöstlich der Elbe nicht versäumen. Hier wird nicht nur Obst angebaut, hier wächst auch das Gemüse, das frisch auf die Hamburger Wochenmärkte kommt.

Verführerische Vorfreude

Hamburg hat viele Fassaden. Manchmal gibt sich die Hansestadt als *kühle Aristokratin*, deren Sprödheit sich in der zweckorientierten Architektur widerspiegelt. Dann wieder ist sie ausgelassen-überschäumende Metropole, ewig schwankend zwischen Gosse und Glamour – Hamburg, *die junge Wilde*. Eine Ecke weiter ist alles wieder anders. Da präsentiert sich die **Elb-Schönheit** mit *Grandezza* und macht rund um die Alsterarkaden dem Markusplatz in Venedig südländisch-sinnliche Konkurrenz. Hamburg – das sind auch die verführerische Vorfreude auf die Nordsee, der derbe Duft von Teer und Fisch, das optische Kuddelmuddel aus gewaltigen Kränen.

Der Reiseführer

Dieser Band schildert die Hansestadt Hamburg und Umgebung in 15 Kapiteln. **Stadtpläne** und **Verkehrsplan** erleichtern die Orientierung. Besondere Empfehlungen zu Hotels, Restaurants, Museen etc. bieten die **Top Tipps**. An Kurzbesucher richtet sich die Rubrik **1 Tag/1 Wochenende**. Der **Aktuelle Teil** enthält alphabetisch geordnet Informationen zu Restaurants, Hotels, Verkehrsmittel und Nachtleben. Ein **Kaleidoskop** interessanter Kurzessays rundet den Reiseführer ab.

Geschichte, Kunst, Kultur im Überblick

Missionsstadt und Handelszentrum, Feuer, Flut und Wiederaufbau

831 Kaiser Ludwig der Fromme setzt im neugegründeten Bistum Hamburg den Mönch Ansgar zum Bischof ein. Sitz des kirchlichen Herrn ist die Hammaburg, die sich südlich der heutigen Hauptkirche St. Petri befand. Diese Burg auf einem Geestsporn hatte schon den Sachsen, dann dem Frankenkaiser Karl dem Großen als Stützpunkt gedient. Ansgar sollte von der Hammaburg aus die Gebiete nördlich der Elbe missionieren.

1186/87 Adolf III. von Schauenburg, der weltliche Herr über Hamburg, lässt Kaufleute unterhalb seiner Neuen Burg eine Kaufmannsstadt anlegen.

1189 Privilegien wie Zollfreiheit für Handel und Schifffahrt durch eine Urkunde von Kaiser Friedrich I. (Barbarossa). Obwohl sich dieses auf den 7. Mai datierte Papier als Fälschung herausgestellt hat, wird heute an diesem Datum der Hamburger Hafengeburtstag gefeiert.

1201 Hamburg kommt zwischen 1201 und 1227 erstmals unter Dänenherrschaft.

1230 Eine Wassermühle, mit der das Getreide aus dem Umland gemahlen wird, staut das Flüsschen Alster. Die Alsterniederung wird überschwemmt, Binnen- und Außenalster entstehen.

1241 Erstes Bündnis mit der mächtigen Ostseehafenstadt Lübeck. Die Geschichte der Hanse beginnt. Hamburg ist Nordseehafen für Lübeck und wichtigster Umschlagplatz für die westlichen Länder und das Binnenland.

1300 Hamburg hat rund 5000 Einwohner.

1335 Der Konflikt zwischen dem Domkapitel und der Bürgerschaft spitzt sich so weit zu, dass der Streit der päpstlichen Kurie vorgelegt werden muss. Die Domherren, welche nicht der Gerichtsbarkeit der Stadt unterstehen und keine Steuern zahlen, haben die Schulen unter sich und bestimmen über die Einstellung der Lehrer. Da viele Bürger ihre Grundstücke der Geistlichkeit vermachen, werden der Stadt Grundstücke und damit auch Steuern entzogen. Bürger, sogar Ratsherren, plündern in dieser Situation die Höfe der Domherren. Hamburg fällt unter den päpstlichen Bann. Erst der päpstliche Kompromiss von **1355**, der die Domherren verpflichtet, einen Teil der Grundsteuer zu zahlen, schafft wieder Frieden.

1401 Der Seeräuber Klaus Störtebeker wird in Hamburg hingerichtet.

1459 Hamburg kommt erneut unter dänische Oberhoheit, handelt jedoch weiter unabhängig.

1510 Hamburg wird vom Reichstag als reichsfreie Stadt bestätigt, die nur dem deutschen Kaiser unterstellt ist.

Von links: Graf Adolf III. von Schauenburg, Begründer der Kaufmannsstadt; Bischof Ansgar wurde 831 als Bischof eingesetzt; Denkmal für den hingerichteten Seeräuber Störtebeker

Mit Hamburg verbunden: Der Komponist Johannes Brahms, der Schauspieler Hans Albers und der Dichter Matthias Claudius (von links)

1529 Der Hamburger Senat entscheidet sich für die Einführung der Reformation. Der Luther-Vertraute Johannes Bugenhagen formuliert eine neue Kirchen- sowie Schulordnung.
1558 Die erste Börse Deutschlands wird in der Hansestadt eröffnet.
1567 Die ersten Niederländer, Flüchtlinge der Befreiungskriege der Niederlande gegen die Herrschaft der spanischen Krone, treffen in Hamburg ein und sorgen für wirtschaftlichen Aufschwung. Die niederländischen Handwerker bringen wertvolle Tuchmachertechniken mit, die niederländischen Kaufleute verfügen über ein wichtiges Netz an Handelsbeziehungen. In der Hansestadt wird für einige Zeit Niederländisch zur Kaufmannssprache.
1619 Die Hamburger Bank wird gegründet, Sitz ist das Rathaus. Die Bank schafft mit der ›Mark banco‹ eine Verrechnungseinheit, die durch den Silberschatz im Rathaus gedeckt ist.
1626 Das mächtige Festungswerk aus neun Meter hohen Mauern, ausgebaut mit 21 Bastionen, ist fertig und schützt in den kommenden Jahrhunderten, auch während des Dreißigjährigen Krieges, die Stadt.
1664 Die Dänen, die bis 1867 in Altona herrschen, ernennen dieses zur Stadt, um eine Konkurrenzstadt zu Hamburg aufzubauen.
1668/1669 Hamburg stellt seine beiden ersten Kriegsschiffe fertig, um mit den Fregatten Konvois von 20 bis 50 Handelsschiffen zu begleiten. Vorausgegangen waren Überfälle der Korsaren (auch Barbaresken), der türkischen und algerischen Seeräuber. Mehr als 1000 hamburgische Seeleute gerieten in türkische Sklaverei und mussten freigekauft werden.
1678 Die erste bürgerliche Oper Deutschlands wird in der Hansestadt eröffnet.
1700 In Hamburg leben rund 60 000 Menschen.
1712 Die Pest, der schwarze Tod, sucht die Stadt zum letzten Mal heim. Bis Februar 1714 sterben rund 10 000 Einwohner der Stadt.
1721 Der Rat der Stadt wählt am 10. Juli den seinerzeit berühmtesten deutschen Komponisten Georg Philipp Telemann zum städ-

Ein Datum, das Hamburg nicht vergisst: Am 5. Mai 1842 brach in der Stadt der Große Brand aus ▷

◁ *Ort des Elends – In den engen Gängevierteln waren Seuchen an der Tagesordnung*

tischen Musikdirektor und Kantor am Johanneum.

1767 Gotthold Ephraim Lessing wird Dramaturg des neugegründeten Deutschen Nationaltheaters. Uraufführung der ›Minna von Barnhelm‹.

1768 Durch den so genannten Gottorper Vergleich wird Hamburg endgültig von den Dänen als von Holstein unabhängige ›Kaiserlich Freye Reichsstadt‹ anerkannt.

1770 Matthias Claudius wird Redakteur beim ›Wandsbekischen Merkur‹, benennt die Zeitung in ›Wandsbeker Boten‹ um und macht das Blatt zu einer der wichtigsten Publikationen in Deutschland. – Friedrich Gottlieb Klopstock lässt sich in Hamburg nieder.

1800 In Hamburg leben rund 130 000 Menschen.

1803 Der baufällige Mariendom wird abgebrochen, nachdem aller Kirchenbesitz säkularisiert worden ist.

1806 Am 19. November besetzen die Truppen Napoleons Hamburg, das sich für neutral erklärt hatte. Es beginnt die Zeit der französischen Besatzung, welche die Hafenstadt an den Rand des Ruins bringt. Erst am 30. Mai 1814 ziehen die französischen Truppen wieder ab.

1809 Felix Mendelssohn-Bartholdy (†1847) wird in Hamburg geboren.

1815 Hamburg ist nach dem Zerfall des alten deutschen Reiches ein souveräner Staat innerhalb des Deutschen Bundes und nennt sich ab 1819 ›Freie und Hansestadt Hamburg‹.

1816 Ankunft des ersten Dampfschiffs (aus England).

1833 Johannes Brahms (†1897) wird in Hamburg geboren.

1841 Erste Omnibuslinie zwischen Hamburg und Altona.

1842 Am 5. Mai bricht in der Deichstraße der Große Brand aus. Bis zum 8. Mai wütet das Feuer und zerstört weite Teile der Innenstadt. – Erste Eisenbahnlinie (nach Bergedorf).

1847 Gründung der Hamburg-Amerikanischen Packetfahrt-Actien-Gesellschaft HAPAG. Die Eisenbahnlinie Harburg–Hannover wird in den Dienst genommen.

1850 In den nächsten 80 Jahren werden über Hamburg rund fünf Millionen Menschen nach Übersee auswandern.

1866 Pferdebahnen verkehren auf Hamburgs Straßen.

1867 Hamburg tritt dem Norddeutschen Bund bei, verzichtet weitgehend auf seine Autonomie als Staat, erhält aber ein Freihafengebiet garantiert und somit Rückhalt für seinen Welthandel. Das bis dato dänische Altona fällt an Preußen.

1871 Hamburg wird Stadt im Deutschen Reich.

1884 Das erste Kontorhaus nach Londoner Vorbild wird gebaut.

1888 Der erste Bauabschnitt des Freihafens, die Speicherstadt, ist fertig. Die Stadt Hamburg gehört ab jetzt dem Zollgebiet des Deutschen Reiches an und wird dessen größter Hafen.

1892 In den Gängevierteln zwischen St. Michaelis und St. Jacobi bricht eine Choleraepidemie aus. Von den 16 596 Erkrankten sterben 8605. Der Senat verabschiedet ein Wohnungspflegegesetz. Die engen Gängeviertel der Innenstadt werden abgerissen.

1909 Architekt Fritz Schumacher wird Baudirektor der Stadt.

1912 Am 23. Mai läuft die ›Imperator‹, das bis dato größte Schiff der Welt, vom Stapel. Die HAPAG (Hamburg-Amerikalinie), der das Schiff gehört, ist die größte Reederei der Welt. Hamburg ist drittgrößter Hafen der Welt.

1913 Hamburg verzeichnet erstmals mehr als eine Million Einwohner.

1919 Das erste demokratisch gewählte Parlament wird eröffnet. – Gründung der Hamburger Universität. – Hamburg muss aufgrund des Versailler Vertrags den größten Teil seiner Handelsflotte abliefern.

1923 Der Hamburger Aufstand, ein von dem späteren KPD-Führer Ernst Thälmann organisierter kommunistischer Putschversuch, wird niedergeschlagen.

1933 Die Nationalsozialisten werden bei den Wahlen am 5. März stärkste Fraktion in der Bürgerschaft. Carl Vincent Krogmann wird Erster Bürgermeister. Im Mai wird Karl Kaufmann als Reichsstatthalter eingesetzt, im Oktober wird die Bürgerschaft aufgelöst. Der Zusatz ›Freie und‹ wird in der Bezeichnung Hamburg gestrichen.

1937 Erlass des Groß-Hamburg-Gesetzes am 1. April. Altona, Wandsbek, Harburg und Wilhelmsburg kommen zur Hansestadt. Der alte Hamburger Besitz Cuxhaven geht an die Provinz Hannover.

1943 Ein Feuersturm zerstört große Teile der Arbeiterviertel des Hamburger Ostens, den Bomben der ›Aktion Gomorrah‹ fallen 35 000 Menschen zum Opfer.

1945 Hamburg kapituliert am 3. Mai und wird von den Briten besetzt.

1946 Die Wochenzeitung ›Die Zeit‹ wird gegründet. Auch der Axel Springer Verlag errichtet hier sein Stammhaus.

1949 Hamburg wird selbstständiges deutsches Bundesland.

1952 Der NWDR (Nordwestdeutscher Rundfunk) beginnt mit der ersten Fernsehsendung. – Am 6. Juni beschließt die Bürgerschaft die bis heute gültige Verfassung der Freien und Hansestadt Hamburg.

1955 Gustaf Gründgens übernimmt die Intendanz im Deutschen Schauspielhaus.

1960 Der Hamburger Sportverein wird mit Mannschaftskapitän Uwe Seeler Deutscher Fußballmeister. – Die Beatles gastieren zum ersten Mal in Hamburg, im Club Indra.

1962 Eine Sturmflut überschwemmt am 16./17. Februar ⅙ des Staatsgebietes. 315 Menschen sterben, 20 000 werden evakuiert. – Im Oktober löst die Affäre um den ›Spiegel‹-Herausgeber Rudolf Augstein eine Regierungskrise aus.

1964 Hamburg hat 1,9 Mio. Einwohner.

1967 Der Bau des Elbtunnels beginnt. Der Hamburger Senat beschließt, Hamburg zum Containerhafen auszubauen.

1974 Die 3940 m lange Köhlbrandbrücke wird eingeweiht.

1981 Angehörige der alternativen Szene besetzen Häuser in der Hafenstraße.

1985 Das legendäre Lokal ›Onkel Pö‹, in dem Udo Lindenberg und zahlreiche Größen des Rock, Blues und Soul auftraten, wird geschlossen.

1989 Hamburg feiert 800. Hafengeburtstag.

1995 Die Hansestadt wird Bischofssitz des neuen Nordbistums, welches Schleswig-Holstein, Hamburg und Mecklenburg umfasst.

1997 Neuer Anbau der Kunsthalle mit der Galerie der Gegenwart im Ungers-Haus und Eröffnung der Passage Levantehaus an der Mönckebergstraße.

2001 Erstmals seit 1946 stellt die CDU in Koalition mit Schill-Partei und FDP den 1. Bürgermeister (Ole von Beust).

2004 Nach diversen Skandalen zerbricht die Koalition aus Schill-Partei, FDP und CDU, bei den vorgezogenen Bürgerschaftswahlen erringt die CDU die absolute Mehrheit.

2006 Eröffnung der Europa-Passage zwischen Ballindamm und Mönckebergstraße, mit 30 000 m² Verkaufsfläche die größte innerstädtische Mall.

2007 Im Juli eröffnet das Museum BallinStadt, das über die Geschichte von ca. fünf Millionen Menschen informiert, die in den Jahren zwischen 1850 und 1934 von Hamburg nach Amerika ausgewandert sind.

2008 Am 24. Februar finden in Hamburg Bürgerschaftswahlen statt – erstmals mit digitalem Wahlstift.

Obwohl sie als spröde gelten, wussten die Hamburger schon immer richtig zu feiern ▷

Im nächtlichen Lichterglanz zeigt
Hamburg den einzigartigen Charme
einer Hafenstadt von Format

Unterwegs

Das Zentrum rund um den Rathausmarkt: ein Hauch von Venedig

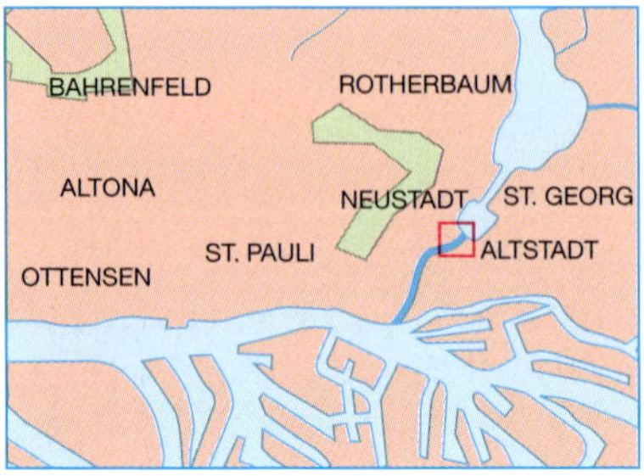

Hamburg wollte mit der **Neugestaltung** des Rathausmarktes in den 1980er-Jahren eine negative Entwicklung zurückschrauben, von der zahlreiche Innenbereiche bundesdeutscher Städte in den 1970er-Jahren betroffen waren: Geschäftsneubauten verdrängten die Bewohner der Innenstädte, die City lag nach Geschäftsschluss verödet da. In Hamburg erreichten die Stadtplaner ihr Ziel: Aus dem einstigen Verkehrsknotenpunkt Rathausmarkt wurde ein **Treffpunkt** für Hamburger und die Gäste der Stadt. Er wird zudem als Veranstaltungsfläche für Open-Air-Konzerte, Festivals oder kleinere Volksfeste und Messen genutzt.

1 Rathausmarkt

Hamburg von seiner besten Seite: Der Rathausmarkt mit Rathaus, Börse, der Kleinen Alster und den weiß leuchtenden Alsterarkaden.

U 3 Rathaus, S 1, S 3, U 1 Jungfernstieg

Die Anlage des heutigen Rathausmarktes geht auf die Zeit nach dem großen Stadtbrand 1842 zurück. *Gottfried Semper* und *Alexis de Chateauneuf* konzipierten ihn nach dem Vorbild des Markusplatzes in Venedig. Mit den Alsterarkaden, der Wassertreppe und der Kleinen Alster kann sich die Anlage durchaus gegenüber ihrem Vorbild behaupten. Die Zeitgeschichte hat sich in den verschiedenen baulichen Veränderungen des Platzes niedergeschlagen. Zwischen 1903 und 1930 schmückte ein **Denkmal Kaiser Wilhelm I.** den Platz. Der Kaiser ritt auf das Rathaus zu, war also damals Gast in der Stadt. Wer das Denkmal heute besichtigen möchte, muss zum *Sievekingplatz* gehen, wo es nun an weniger prominenter Stelle steht. In den 1930er-Jahren, unter dem Stadtbaudirektor Fritz Schumacher, wurde an der Wassertreppe eine Stele errichtet, welches durch das Relief der ›Trauernden Mutter‹ von Ernst Barlach an die Gefallenen des Ersten Weltkrieges erinnert. Während der NS-Zeit war allerdings – entsprechend der herrschenden Ideologie – die ›Trauernde Mutter‹ durch einen ›Phönix‹ ersetzt worden.

Zwei weitere Denkmäler auf dem Rathausmarkt erinnern an berühmte Künstler, die zeitweise in Hamburg lebten: Ein **Standbild Heinrich Heines** findet man an der Südostseite des Platzes. Und eine vor dem Rathaus eingelassene **Gedenkplatte** hält das Gedächtnis an *Georg Philipp Telemann* (1681–1767) und an den Standort des Klosters St. Johannis, in dem er als Kantor tätig war, wach.

Neben dem Rathaus liegt das neoklassizistische Gebäude der ehemaligen Reichsbank. Im Giebel des 1917 fertiggestellten Baus repräsentieren Figuren typische Hamburger Berufe vom Wasserträger bis zum Senator. Die einstige Kassenhalle beherbergt das **Bucerius Kunst Forum** (Rathausmarkt 2, Tel. 040/360 99 60, www.buceriuskunstforum.de, tgl. 11–19, Do bis 21 Uhr), in dem wechselnde Ausstellungen von der Antike bis zur klassischen Moderne gezeigt werden.

2 Rathaus

Das Rathaus zeigt bürgerliche Gesinnung und Erwerbstrieb: Die Figuren der bürgerlichen Tugenden thronen über denen deutscher Kaiser.

U 3 Rathaus, S 1, S 3, U 1 Jungfernstieg
Tel. 040/428 31 20 64
Führungen (nur an veranstaltungsfreien Tagen, Infos unter www.hamburg.de, Suchbegriff Rathausführungen eingeben): Mo–Do 10–15, Fr 10–13, Sa 10–17, So 10–16 Uhr, halbstündlich

Zwischen 1886 und 1897 wurde dieser eindrucksvolle Bau als sechstes Hambur-

Welthandel und Wohlstand: das Rathaus verkörpert die Macht der Freien Hansestadt

ger Rathaus im Stil der Neorenaissance, mit dem die Hamburger Bürgerschaft Wohlstand und Macht der Kaufmannsstadt demonstrierte, errichtet. Immerhin schuf die Architektengemeinschaft unter der Leitung Martin Hallers einen der bedeutendsten Bauten des Historismus in Deutschland. Der Neubau, der durch die Zerstörung des alten Rathauses an der Trostbrücke (Stadtbrand 1842) notwendig geworden war, markiert einen wichtigen Einschnitt in der Baugeschichte der Hansestadt. Mit der Errichtung des neuen Rathauses verschob sich das Zentrum der Stadt von der Elbe an die Binnenalster. Heute ist das Rathaus **Sitz des Hamburger Senats** (Landesregierung) und **Tagungsstätte der Hamburger Bürgerschaft** (Landesparlament). Das Zimmer des Ersten Bürgermeisters befindet sich in der Nordecke des Gebäudes. Besonders beeindruckend ist das strahlendgrüne Kupferdach.

Der ganz in Granit und Sandstein gearbeitete Bau ist mit seiner 111 m breiten *Fassade* und einem 112 m hohen Mittelturm symmetrisch angelegt. Interessant ist an der Rathausfassade vor allem die Anordnung des *Figurenschmucks*: Darstellungen der 20 deutschen Kaiser finden sich in den Nischen zwischen den Fenstern am **Hauptgeschoss** der Rathausmarktseite. Über den Monarchen aber thronen am Turm Darstellungen der bürgerlichen Tugenden wie Weisheit, Eintracht, Tapferkeit und Frömmigkeit. Deutlicher könnte es nicht sein: Hamburg ist keine Kaiser-, sondern eine Hansestadt.

Die **Räumlichkeiten** des Rathauses wie Festsaal, Repräsentationssäle oder Treppenhäuser sind zwar aufwendig gestaltet, doch keineswegs prunkvoll. Der 47 m lange, 18 m breite und 15 m hohe *Festsaal*, zwischen Bürgerschaft und Ratsstube gelegen, ist mit fünf großen Wandbildern (1903–09) des Malers Hugo

Im prunkvollen Festsaal des Rathauses empfängt der Erste Bürgermeister seine Gäste

Vogel geschmückt. Die Gemälde zeigen die Hamburger Geschichte in den Stationen Urlandschaft, Besiedlung, Christianisierung, Mittelalter und Neuzeit. Alljährlich am 24. Februar lädt der Bürgermeister traditionell 300 Ehrengäste zu der seit 1356 historisch belegten ›Matthiae-Mahlzeit‹ in den Festsaal.

Der Eingang zum 2007 neu eröffneten Restaurant **Parlament** findet sich auf der Seite zur Großen Johannisstraße.

3 Börse

Die älteste Börse Nordeuropas.

Adolphsplatz
U 3 Rathaus

Die bereits 1558 gegründete Hamburger Börse ist die älteste Einrichtung dieser Art in Nordeuropa. Ein brunnengeschmückter Innenhof verbindet Rathaus und Börse – eine Einheit nicht ganz ohne symbolischen Charakter in der geschäftstüchtigen Hansestadt. Wie das Rathaus stand auch die Börse zunächst an der Trostbrücke. Mit dem Neubau im spätklassizistischen Stil wurde 1859 begonnen.

Der Mittelteil der Börse mit seiner klassizistischen Fassade geht auf diese erste Bauphase zurück. Erweiterungen gab es zwischen 1882 und 1884, 1902–12 kam dann der Ostteil mit *Uhrturm* hinzu. 2006 endete die hanseatische Tradition: Bis auf die Versicherungsbörse findet hier kein Handel mehr statt; die Börsenhändler arbeiten nun in Büros in benachbarten Häusern. In die freigewordenen Räume der Wertpapierbörse sind inzwischen ein Informationsbüro für Existenzgründer, ein Wirtschaftsclub sowie das Welcome-Center, eine Beratungsstelle für Hamburger Neubürger, eingezogen. Besichtigungen der alten Räumlichkeiten für Gruppen nach telefonischer Anmeldung sind dennoch möglich (Tel. 040/36 13 83 60).

Die Farbe Blau mit weißen Akzenten – hinter den Arkaden an der Kleinen Alster verbirgt sich eine edle Ladenpassage ▷

4 Alsterarkaden

TOP TIPP *Ein Stück Venedig am Alsterfleet – hübsche Bogengänge mit Blick aufs Wasser und vornehme Geschäfte.*

S 1, S 3, U 1 Jungfernstieg

Erst durch die Alsterarkaden gewinnt der Rathausmarkt seinen ganz eigenen Charme. Wie auf einer *Perlenkette* reihen sich die schlichten weißen Häuser mit den historischen Putzfassaden und den vorgesetzten Bogengängen entlang der Kleinen Alster.

Alexis de Chateauneuf entwarf 1842/43 dieses Ensemble als vornehme **Ladenpassage**. Am Warenangebot hat sich seit dieser Zeit nicht viel geändert: Hier kauft man Schmuck und vornehme Mode, hier gibt es erlesenes Porzellan und köstliche Schokolade zu erstehen.

1949/50 hatte man die Arkaden in ihrer ursprünglichen Form wieder hergestellt, nachdem der *Bogengang* Ende des 19. Jh. stark verändert und im Zweiten Weltkrieg teilweise zerstört worden war. Zum Jahreswechsel 1988/89 machten die Alsterarkaden Schlagzeilen in der Hamburger Presse. Im Haus Nr. 11 a war ein Feuer ausgebrochen und hatte mehrere Häuser der Anlage schwer beschädigt. Der Grund: Ein verschuldeter Kaufmann hatte das Gebäude in Brand gesteckt, um

Ein Cappuccino unter den Alsterarkaden – und schon fühlt man sich wie in Venedig

die Versicherungssumme zu kassieren. Die Gebäudezeile, darunter die aus dem Jahr 1846 stammenden Häuser 9 bis 13 und die historische Mellin-Passage mit ihren hübschen Wandzeichnungen, wurde daraufhin aufwendig restauriert.

Zwischen Jungfernstieg und Gänsemarkt: sehen und gesehen werden

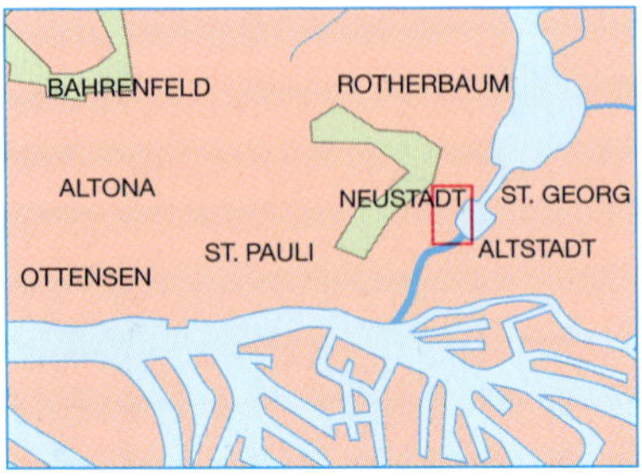

Die Geschichte des Jungfernstiegs beginnt mit dem Damm, mit dessen Hilfe im 13. Jh. das Flüsschen Alster gestaut wurde. Auf dem Damm errichtete man eine Getreidemühle, die vom Alsterwasser angetrieben wurde. Um 1665 legten die Stadtväter auf dem Staudamm einen *Spazierweg mit Bäumen* an, und die Promenade erhielt – wegen der unverheirateten Töchter, die hier beim Familienbummel präsentiert wurden – den Namen Jungfernstieg. Schon im 19. Jh. säumten **luxuriöse Hotels** die Straße. Sie wurden durch den Großen Brand von 1842 zerstört oder um die Jahrhundertwende wegen der Umgestaltung der City abgerissen.

5 Jungfernstieg

Sehen und gesehen werden, promenieren und flanieren: Der Jungfernstieg ist eine der ersten Adressen der Hansestadt.

S 1, S 3, U 1 Jungfernstieg

Heute dominieren *Kontorhäuser* aus der Gründerzeit und Stadthäuser, die nach dem Zweiten Weltkrieg gebaut wurden, das Straßenbild. Juweliere, exklusive Modehäuser und Schuhgeschäfte bieten hier ihre Waren an.

In den Jahren 1911/12 wurde das Warenhaus **Alsterhaus** (Nr. 15) errichtet. Seit seiner umfassenden Restaurierung 2005 ist das traditionsreiche Kaufhaus mit seiner nun modernen und hellen Innenausstattung ein exklusiver Shopping-Tempel in Hamburg. Schon 1896–99 entstand das jetzige Gebäude der Dresdner Bank (Nr. 22), das einst als *Luxushotel* geplant und nach Entwürfen von Martin Haller im Neorenaissancestil erbaut wurde. Eingebunden in diesen Gebäudekomplex wurde das einzige Haus aus der Zeit vor 1842, das Gebäude Nr. 25. Im Vorgängerbau dieses Hauses lebte bis 1815 der Dichter *Matthias Claudius*.

Unmittelbar gegenüber steht der rote Sandsteinbau **›Hamburger Hof‹** (Nr. 26), 1881–83 als Hotel errichtet und in den Jahren 1976–79 erweitert. In dem Gebäude befindet sich die gleichnamige Passage [s. S. 27] mit zahlreichen *Luxusgeschäften*, mehreren Restaurants und Cafés. Eine Passage gab es hier bereits Mitte des 19. Jh.: Der extravagante **›Sillem's Bazar‹** war mit viel Marmor, lichtdurchfluteten Korridoren, Messingleuchten und mächtigen Kandelabern ausgestattet. Vielen Hamburger Bürgern waren allerdings die – nach heutigem Wert – 3 Euro Eintrittsgeld zu viel. Nach 40 Betriebsjahren wurde die Passage schließlich abgerissen. Das 1903

Es muss nicht immer Brautschau sein – die Straßencafés am Jungfernstieg eignen sich bis heute als vergnügliche Beobachtungsposten ▷

errichtete **Heine-Haus** (Nr. 34) fällt wegen seiner schönen, aus großflächigen Fenstern bestehenden Jugendstilfassade auf. Der Name geht auf das 1834 an dieser Stelle erbaute und im Jahr 1900 abgerissene Wohnhaus des Bankiers Salomon Heine – Onkel des Dichters Heinrich Heine – zurück. Das **Streits-Haus** (Nr. 38) war ehemals ein Hotel. Hier stieg 1912 inkognito der dänische König FrederikVIII. ab; bei einem Tête-à-tête in einem etwas anrüchigen Etablissement in Hamburg ereilte ihn der Tod. Heute ist im ›Streits‹ eines der schönsten Hamburger *Kinos* mit *Originalausstattung* aus den 1950er-Jahren und modernster Technik untergebracht.

Blickt man vom Jungfernstieg zum östlichen Binnenalsterufer, sieht man das **›HAPAG-Gebäude‹** (Ballindamm Nr. 25). Es wurde 1903 von Martin Haller errichtet und 1922/23 von Fritz Höger umgestaltet. Unter dem Generaldirektor der Reederei Albert Ballin (1857–1918) war die HAPAG (Hamburg–Amerika-Linie) 1914 mit 174 Seedampfern auf 74 Linien die größte Reederei der Welt.

Nach der umfangreichen Neugestaltung von Hamburgs ›guter Stube‹ präsentiert sich der Jungfernstieg seit Sommer 2006 in großzügiger und eleganter Gestalt. Zu den Neuerungen zählen ein vergrößerter Fußgängerbereich, ein Boulevard an der Wasserseite, eine Freitreppe zum Anleger, eine Bühne am Wasser sowie ein Gebäude in Form eines Eiswürfels, das das Restaurant D.O.C. beherbergt.

6 Alsterpavillon

Südliches Flair im hohen Norden.

Jungfernstieg 54
S 1, S 3, U1 Jungfernstieg

An den **Terrassen und Treppenanlagen** der Binnenalster am Jungfernstieg legen die *Alsterschiffe* zu ihrer Fahrt durch die Fleete und die Kanäle ab. Südländisches Flair vermittelt im Sommer der Alsterpavillon, der sich zwischen *Palmen* und *Blumenkästen* in unmittelbarer Nähe des Anlegers befindet. Von seiner Terrasse hat man einen wunderschönen Blick auf die **Alster** und die **Alsterfontäne**. Der Pavillon wurde nach der Zerstörung des Vorgängerbaus im Zweiten Weltkrieg 1952/53 von *Ferdinand Streb* aus Anlass der Internationalen Gartenbauausstellung erbaut und zeichnete sich schon damals durch seine Modernität aus: Bei Regen konnte sein Dach ausgefahren werden.

Der heutige Alsterpavillon ist bereits der siebte Bau in der Reihe der Pavillons, die hier seit 1799 errichtet wurden. Stets waren die Pavillons in den vergangenen Jahrhunderten Anziehungspunkte für die Hamburger Gesellschaft. Entspannung und Vergnügen standen auf dem Programm. Einen besonderen Ruf hatte der Alsterpavillon in den 30er- und 40er-Jahren des 20. Jh., als man dort trotz staatlichen Verbots *Swingkonzerte* veranstaltete. Bei den Nazis galt die fröhliche Musik aus den USA als ›entartete Kunst‹.

Die Colonnaden, als Privatstraße der Hamburger Oberschicht im 19. Jh. entstanden, präsentiert sich heute als Flaniermeile mit vielen einladenden Straßencafés

7 Colonnaden

Die einstige Privatstraße der vornehmen Hamburger.

U 2 Gänsemarkt

Die vornehme Gesellschaft Hamburgs zog ab 1850 in die Wohngebiete westlich der Alster. Um eine direkte Verbindung zwischen Jungfernstieg und Dammtor zu schaffen, legten Unternehmer 1876/77 eine **Privatstraße** an – die Colonnaden. Unter der Regie der Gebrüder *Ernst* und *Adolf Wex* wurden **herrschaftliche Etagenwohnhäuser** im Stil der Neorenaissance geschaffen, mit Arkaden an der Ostseite der Straße. Indem der Bürgersteig überbaut wurde, schaffte man größeren Wohnraum. 1974–78 wurde die Straße in eine **Fußgängerzone** umgewandelt.

8 Neuer Jungfernstieg

Top-Adresse für Stars.

S 1, S 3, U 1 Jungfernstieg,
U 2 Gänsemarkt

Am Neuen Jungfernstieg, der Westseite der Binnenalster, steht das berühmte Luxushotel ›**Fairmont Vier Jahreszeiten**‹ (Nr. 9–14). 1904 wurde das Gebäude von den Architekten *Freytag & Würzbach* errichtet und ist seitdem neben dem Kempinski Hotel Atlantic die Top-Adresse für die Prominenz. Hier logierten bereits Stars wie Liz Taylor, gekrönte Häupter wie Kaiser Wilhelm II. oder Künstler wie Herbert von Karajan. In unmittelbarer Nähe steht das **Amsinck-Palais** (Nr. 19). Es ist heute Sitz des vornehmen Übersee-Clubs. Ursprünglich 1831–33 für den Bankier Gottlieb Jenisch von *Franz Gustav Forsmann* erbaut, ließ es der Kaufmann Gustav Amsinck 1900 durch Martin Haller umgestalten. Das Amsinck-Palais mit seinem beeindruckenden vergoldeten *Geländer* gilt als das einzige erhaltene Patrizierhaus in der Hamburger Innenstadt.

9 Gänsemarkt

Zentrum der Hamburger Neustadt.

U 2 Gänsemarkt

Der Gänsemarkt war nie wirklich ein Marktplatz, sondern vielmehr ein **Verkehrsknotenpunkt**, von dem aus die wichtigsten Landstraßen nach Norden führten.

Er wird gesäumt von **Kontorhäusern**, welche alle aus der Zeit nach dem Stadtbrand von 1842 und nach der Wende zum 20. Jh. stammen. In diesen Gebäuden befinden sich zahlreiche Geschäfte, Kinos und Lokale. Am meisten beeindruckt das Gebäude an der westlichen Seite des Gänsemarktes – die ehemalige Finanzdeputation, heute **Finanzbehörde** (Nr. 36). Fritz Schumacher schuf diesen mächtigen Stahlbeton-Skelettbau mit dunkelroter Klinkerfassade 1918–26 im Stil eines Kontorhauses. Sehenswert sind auch die farbigen *Reliefs* und *Skulpturen* mit Motiven aus der Schifffahrt an der Fassade sowie die *Keramikverkleidung* der Eingangshalle, die der Hamburger Künstler Richard Kuöhl gestaltete. Die Finanzbehörde wie auch das gegenüberliegende **Deutschlandhaus**, Eckhaus Gänsemarkt 1/Valentinskamp 91, haben eine zurückgestaffelte Dachzone, ein typisches Merkmal für Kaufmannsbauten zu Beginn des 20. Jh. Das Deutschlandhaus wurde 1929 für die *Ufa-Filmgesellschaft* von Fritz Block und Ernst Hochfeld errichtet. Ursprünglich befanden sich in dem Gebäude Restaurants und ein Kino mit rund 3000 Plätzen, damals war dies das größte und modernste Lichtspielhaus Europas.

Nur wenige Schritte weiter liegt der Eingang zur 1976–79 entstandenen *Gänsemarktpassage*. In der Passage steht der Gründungsstein des Englischen Stalls, der an dieser Stelle 1772 als Reitschule gegründet wurde.

Bei der Neugestaltung des Gänsemarktes erhielt das **Lessing-Denkmal** (1881, Friedrich Schaper), das bisher in der Mitte des Platzes gestanden hatte, einen neuen Standort vor der Einmündung in die Fußgängerzone Gerhofstraße. Der *Dichter* und *Philosoph Gotthold Ephraim Lessing* (1729–81) war zwischen 1767 und 1770 als Dramaturg am Deutschen Nationaltheater tätig. Unter anderem führte Lessing hier sein bürgerliches Lustspiel ›Minna von Barnhelm‹ zum ersten Mal auf.

Hinter der Klinkerfassade der Finanzbehörde regieren die Meister des Mammons

Ein Denkmal auf dem Gänsemarkt ehrt den Dichter Gotthold Ephraim Lessing

ABC-Straße, **Neue ABC-Straße** und **Hohe Bleichen** lohnen einen Abstecher. Die engen Straßen mit ganzen Häuserreihen aus der Zeit um die Jahrhundertwende haben sich durch die aufwendige Fassaden-Erneuerung zu einem städtebaulichen Juwel, auch *›Quartier Satin‹* genannt, entwickelt. Diese scherzhafte Bezeichnung bezieht sich auf die zahlreichen hier ansässigen Edelboutiquen, Antiquitätengeschäfte und Juweliere. Im Haus ABC-Straße Nr. 50 wurde bereits 1850 ein Laden mit einem Schaufenster eingerichtet, das damit das älteste erhaltene Schaufenster in der Stadt ist.

Nicht versäumen sollte man einen Gang durch die Poststraße, die man entweder über Hohe Bleichen oder Gerhofstraße erreicht. Die **Poststraße**, 1842 angelegt, avancierte mit ihren eleganten

Moderne Erlebniswelt Einkaufspassage: Auf 9400 m² kann man im Hanse-Viertel unter verglasten Tonnendächern alles finden, was das Konsumentenherz begehrt ▷

Geschäften zu einem beliebten Einkaufszentrum. In der schmalen Straße stehen noch viele gut erhaltene Kontorhäuser aus der Gründerzeit. Sehr schön ist das **Australhaus** (Nr. 17–19) mit seiner grünblau schimmernden ›grès flammée‹ – *Keramikverkleidung*. Eines der wenigen erhaltenen Etagen-Wohnhäuser befindet sich in der Poststraße Nr. 35, es wurde 1878–80 im Stil der Neorenaissance erbaut. Nur ein paar Schritte weiter steht das **Klopstockhaus** (Nr. 36) mit der Büste *Friedrich Gottlieb Klopstocks* (1724–1803): An dieser Stelle befand sich das Wohnhaus des Dichters, in dem der Schöpfer des ›Messias‹ von 1774 bis zu seinem Tode lebte.

Das interessanteste Gebäude in der Poststraße ist die **Alte Post** (Nr. 9–11). Der helle Backsteinbau wurde 1845–47 von Alexis de Chateauneuf im Stil italienischer Paläste entworfen. Der *Turm* erinnert an einen Campanile und diente für einige Jahre als Zeigertelegraf für die Nachrichtenverbindung zur Elbmündung nach Cuxhaven. 1968–71 wurde das Gebäude in ein *Büro- und Geschäftshaus* mit Einkaufspassage umgewandelt.

›Quartier Satin‹ heißt das Gebiet rund um die ABC-Straße wegen seiner Vielzahl von Edelboutiquen

10 Passagen

TOP TIPP

Die größte Ansammlung von Einkaufsgalerien in Europa. Shopping ohne Regenschirm.

Zwischen Jungfernstieg
und Rathausmarkt
U 2 Gänsemarkt, U 3 Rathaus

Gegenüber der Alten Post, Ecke Poststraße/Große Bleichen befindet sich der Eingang in das **Hanse-Viertel**. Die 9400 m² große Einkaufsmeile ist eine der 13 Passagen der Stadt, die sich zwischen Rathausmarkt und Gänsemarkt gut einen Kilometer lang durch ehemalige Kontorhäuser und ihre Höfe entlangziehen. Man nennt diesen Bereich deshalb auch das *Passagenviertel*. Der Bau dieser Galerien mit ihren vielfältigen Einkaufs- und Bummelmöglichkeiten wurde zu Beginn der 80er-Jahre des 20. Jh. initiiert, um die damals verödete Innenstadt wieder attraktiver zu machen. Das Konzept ging auf – heute ist die Stadtmitte auch an Regentagen und in den Abendstunden belebt.

Ein Bummel durch die Galerien könnte in der **Gänsemarktpassage**, die Ende der 1970er-Jahre erbaut wurde, beginnen und durch die gegenüberliegenden Einkaufszentren **Neuer Gänsemarkt** und **Gerhof-Passage** führen. In diesen Passagen finden sich Boutiquen und Ladenketten, die Waren in allen Preislagen an-

bieten. Im **Hanse-Viertel** (www.hanseviertel.de), zwischen 1976 und 1981 vom Architektenteam *Gerkan, Marg & Partner* im Kontorhaus-Stil angelegt, treffen sich begüterte Hamburger zum Schampus- und Austernschlürfen. Die 200 m langen Gänge sind aus Backstein und mit *verglasten Tonnendächern* versehen; das größte hat einen Durchmesser von 14,4 m. In den braunroten Klinkerboden eingelassen sind bronzene Intarsien, die auf die Hanse-Vergangenheit hinweisen.

Sehr gediegen und vornehm wirkt der 1990 eröffnete **Bleichenhof** (www.bleichenhof.com) am Ende der Großen Bleichen mit seiner hellen *Marmorausstattung*. Hier haben teure Boutiquen sowie Antiquitätengeschäfte ihren Standort. Auch wenn die Passage **Kaufmannshaus**, ein vor dem Ersten Weltkrieg errichtetes Kontorhaus, im Inneren schmucklos wirkt, so ist doch die Fassade aus weiß glasierten Ziegeln, geschmückt mit *Jugendstilornamenten*, sehenswert. 1976–78 wurde das Gebäude von den Architekten *Graf, Schweger & Partner* erneuert.

Eine der schönsten Hamburger Passagen ist die 1983 eröffnete **Galleria**, in deren rund 25 kleinen Läden das ebenso junge wie zahlungskräftige Publikum bevorzugt einkauft. Grauer Granitfußboden mit Marmoreinlege-Arbeiten, Marmorpilaster und bemalter Stuck erzeugen hier eine klassisch-kühle Atmosphäre. Weiter geht es durch die Passage der **Alten Post** in den gegenüberliegenden **Hamburger Hof**. Vor allem in der Weihnachtszeit ist der Besuch dieser Einkaufspassage ein ›Muss‹ – ein riesiger lämpchengeschmückter Tannenbaum beleuchtet dann die

Ein Blick nach oben lohnt sich immer: Die Mellin-Passage ist wegen ihrer bemalten Deckenwölbungen berühmt

EIS

Schaufensterauslagen. Nicht zu vergessen sind die Alsterarkaden, unter deren Rundbögen *traditionsreiche Geschäfte* ansässig sind, sowie die kleine **Mellin-Passage** [s. S. 21], deren bemalte Deckenwölbungen sie zu einem architektonischen Schmuckstück machen. Etwas abseits des Passagen-Viertels, am oberen Ende der Mönckebergstraße, befindet sich mit dem **Levantehaus** (www.levantehaus.com) eine der jüngeren Hamburger Passagen. Hier gibt es rund 40 Boutiquen, Cafés, Restaurants sowie das 5-Sterne-Hotel Park Hyatt Hamburg.

Mit Eröffnung der **Europa-Passage** (www.europa-passage.de) im Oktober 2006 ist schließlich zwischen Binnenalster und Mönckebergstraße [Nr. 14] eine Einkaufspassage gigantischen Ausmaßes hinzugekommen, für die ganze Gebäudekomplexe abgerissen worden waren. Auf insgesamt 30 000 m² verteilen sich rund 120 Geschäfte sowie zahlreiche Cafés und Restaurants.

11 Große Bleichen

Im Zentrum der Passagen.

S 1, S 3, U 1 Jungfernstieg

Eine beliebte **Einkaufsstraße** sind die Großen Bleichen, da hier die Eingänge zu fünf Passagen (Hanse-Viertel, Alte Post, Galleria, Kaufmannshof und Bleichenhof) liegen. Im 16. und 17. Jh. wurde diese Straße erschlossen, Mitte des 19. Jh. bauten hier wohlhabende Bürger ihre Stadtvillen. Um die Wende zum 20. Jh. wurden diese mehr und mehr als Bürohäuser genutzt bzw. durch Kontore ersetzt.

TOP TIPP In Haus Nr. 27 ist das **Ohnsorg-Theater** untergebracht, das seine plattdeutschen Volksstücke seit 1902 aufführt. Seit Jahren ist es einer breiten Öffentlichkeit durch das Fernsehen bekannt. Schräg gegenüber steht das Nobelhotel ›**Renaissance Hotel Hamburg**‹, ein dunkelrotes Backsteingebäude, das *Fritz Höger* 1926 entwarf. Das Haus, in dem damals Hamburgs wichtigste Zeitung, das ›Hamburger Fremdenblatt‹ herausgegeben wurde, gilt als eines der Hauptwerke des Architekten. Im Zweiten Weltkrieg wurde es stark zerstört. Wegen des Wohnraummangels fand hier 1946 der Journalist Kurt W. Marek Unterschlupf, der unter dem Pseudonym C. W. Ceram ›Götter, Gräber und Gelehrte‹ schrieb.

◁ *Italienisches Flair unter den Alsterarkaden am Jungfernstieg*

12 Neuer Wall

TOP TIPP *Traditionsreiche Geschäfte in alten Kontorhäusern.*

S 1, S 3, U 1 Jungfernstieg

Der Neue Wall ist weltweit bekannt als Hamburgs vornehmste Einkaufsmeile. In den z. T. sehr sehenswerten Kontorhäusern befinden sich traditionsreiche Geschäfte wie der Herrenausstatter **Ladage & Oelke**, der bereits seit 1845 feinste englische und hanseatische Kleidung anbietet, Einrichtungshäuser sowie zahlreiche Flagshipstores internationaler Designer-Labels. Seit der Umgestaltung des Neuen Walls verbinden sich hanseatische Gediegenheit und internationales Flair zu einem stimmigen Ambiente.

Unter den Kontorhäusern sind weiter beachtenswert: Das **Gutruf-Haus** (Nr. 10), das letzte vor dem Ersten Weltkrieg in der City erbaute Kontorhaus, sowie das **Hildebrandt-Haus** (Nr. 18), welches 1907/08 errichtet wurde und dessen Eingang *Marmor- und Mosaikdekorationen* sowie *Jugendstil-Lampen* zieren. Im Haus Nr. 28 lebte Heinrich Heine für einige Zeit mit seiner Mutter.

Am Ende des Neuen Walls steht das **Görtz-Palais** (Nr. 86), eines der seltenen Barockhäuser in Hamburg. Es wurde 1710 für den holsteinisch-gottorpschen Gesandten in Hamburg, Georg Heinrich Freiherr von Schlitz, genannt von Görtz (1675–1719), errichtet. Die *Front* wird durch Mittel- und Seitenrisalite, durch Pilaster und dorische Säulen gegliedert.

Gegenüber dem Haus steht das bronzene **Petersen-Denkmal** für den Bürgermeister Carl Friedrich Petersen (1806–1892), das Viktor Tilgner 1897 vom langjährigen Vorsitzenden der Rathaus-Baukommission schuf.

Der Komplex hinter dem Görtz-Palais, das **Stadthaus**, ist heute Sitz der Hamburger Baubehörde. Eine Gedenktafel am Eingang (Stadthausbrücke) weist darauf hin, dass hier von 1933 bis 1943 das Hauptquartier der Hamburger Gestapo untergebracht war. Auf der gegenüberliegenden Seite des Stadthauses befindet sich der Komplex **Fleetinsel** [s. S. 62]. Hier wurden zu Beginn der 1990er-Jahre Hotel- und Geschäftshäuser errichtet.

Die Mönckebergstraße: Einkaufsmeile zwischen Kontorhäusern

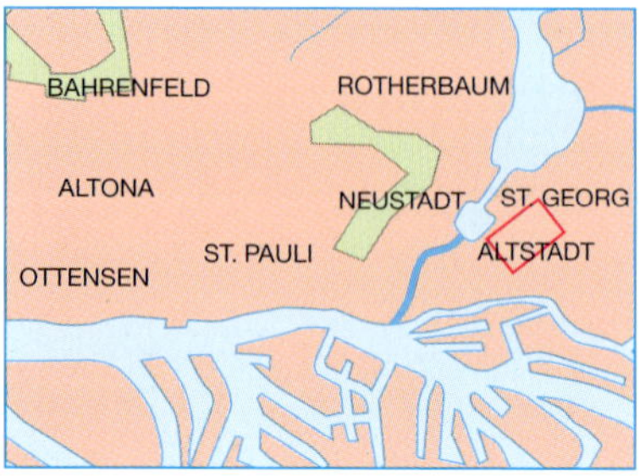

Die Mö, so nennen Hamburger Bürger liebevoll ihre **Mönckebergstraße**. Die verkehrsberuhigte Einkaufsmeile verbindet den Hauptbahnhof mit dem Rathausmarkt [Nr. 1]. Wo heute die größten Kaufhäuser der Stadt mit ihren Auslagen täglich 250 000 Passanten anlocken und Straßenmusikanten aus aller Welt auftreten, zählten Anfang des 20. Jh. die Hamburger ›Pfeffersäcke‹, wie man die Kaufleute gerne etwas ironisch nannte, ihr Geld: *Prachtvolle Kontorhäuser* (Kontor hat seinen Ursprung in dem Wort Konto) säumen die leicht s-förmig geschwungene Straße. Benannt ist der Boulevard nach dem Hamburger Bürgermeister *Johann Georg Mönckeberg* (1839–1908). Von 1909–13 wurde die noch relativ junge Mönckebergstraße angelegt. Kaum zu glauben, dass sich hier bis in den Ausgang des 19. Jh. ein **Gängeviertel** aus Fachwerkhäusern erstreckte. Nach der *Choleraepidemie* von 1892 und der Eröffnung des Hauptbahnhofes 1906 wurde das Quartier zum Sanierungsgebiet erklärt. Eine Kommission unter Hamburgs berühmtem Oberbaudirektor Fritz Schumacher setzte **städtebauliche Einheitlichkeit** in der Mönckebergstraße durch. Dem Baumeister Schumacher kommt in Hamburg eine Sonderstellung zu – denn er hat das Stadtbild der Elb-Metropole geprägt wie kein anderer. Unter seiner Ära erlebte der Backstein in Hamburg eine neue, dauerhafte Blüte. Während des Zweiten Weltkrieges wurden viele Häuser in der Mönckebergstraße zerstört, und beim Wiederaufbau sowie bei späteren Erneuerungen sind manche Fassaden zeitgemäß gestaltet worden. Gleichwohl kann man sich anhand der noch erhaltenen **Backsteinbauten** ein Bild des ursprünglichen Pracht-Boulevards machen.

13 Hauptbahnhof

Zugfahren und Einkaufen: Leben am Hamburger Hauptbahnhof.

Kirchenallee/Steindamm/Steintorwall
Alle U- und S-Bahnlinien

Die Bahnhofshalle mit den niedrigen Seitenschiffen ist der ›Halle des Machines‹ der Pariser Weltausstellung von 1900 nachempfunden. Die 35 m hohe und 140 m x 120 m breite frei tragende **Hallenkonstruktion** aus Glas und Stahl wird eingerahmt von zwei Seitenschiffen und überspannt sechs Gleispaare sowie fünf Bahnsteige. Der Hauptbahnhof stellt einen der bedeutendsten Knotenpunkte im *europäischen Eisenbahnnetz* dar – täglich verlassen mehr als 600 Fernzüge die Stadt. Lange Jahre als schmuddeliger Schandfleck der Stadt gescholten, wurde der Hauptbahnhof bis zum Jahr 1991 restauriert. Im nördlichen Bereich bietet die für umgerechnet 41 Mio. € errichtete **Wandelhalle** Einkaufsmöglichkeiten bis 22 Uhr. Sie machte den Hauptbahnhof zu einem beliebten Treff nicht nur für Reisende. In der zweistöckigen **Geschäftspassage** aus Stahl, Glas und Klinker ist eine ›Gourmet-Station‹ mit internationalen Einkaufsständen eingerichtet (geöffnet bis 23 Uhr).

Mit dem Bau des Hauptbahnhofs von 1903–06 wollten die Hamburger ein sichtbares Zeichen der Einigung der Stadt setzen. Der neue Schienenknotenpunkt auf dem Gelände des einstigen Stadtwalls ersetzte die Bahnhöfe der Berliner, der Hannoverschen sowie der Lübecker Bahn.

Nikolauspräsent an die Stadt – Am 6. Dezember 1906 wurde der Hauptbahnhof eröffnet

14 Mönckebergstraße

Reizvolle Gegensätze: Moderne Warenhäuser in traditionsreichen Kontorgebäuden.

U3 Mönckebergstraße (Mitte)

Lange galt der Anfang der Mönckebergstraße mit den düsteren, fensterlosen Fassaden zweier Warenhäuser als Schandfleck der Innenstadt. Frisch renoviert – in einem hellen und transparenten Stil – bilden sie nun einen reizvollen Kontrast zu den mächtigen Kontorhäusern. Den Anfang auf der rechten Seite macht das Kontorgebäude **Südseehaus** (Nr. 6). Erbaut 1911/12, ziert den roten Klinkerbau ein reiches Portal im Stil des Neobarock. Auf der gegenüberliegenden Seite liegt das **Klöpperhaus** (Nr. 3), das 1912/13 vom Architekten Fritz Höger für den Wollhändler Heinrich Adolf Klöpper entworfen wurde. Die *Backsteinfassade* ist durch Lisenen und nach außen gewölbte Fenstergruppen gegliedert. Am *Hauptportal* zur Straße Lange Mühren weisen Bronze-Schafe von August Gaul auf den Beruf des Bauherrn hin. Ein paar Schritte weiter steht das **Hammonia-Haus** (1912/13), Nr. 5. Steinerne Schotten in der Fassade erinnern an den früheren Namen des Hauses, *Caledonia-Haus*. Direkt daneben befindet sich das 1997 eröffnete **Levantehaus** [s. S. 29], eine Passage, in dessen rückwärtigem Teil – zur Bugenstraße hin gelegen – das Hyatt-Hotel seine Pforten geöffnet hat. Ursprünglich wurde der ehemalige ›*Hubertushof*‹ im Jahre 1912 vom Architekten Franz Bach als Kontorhaus errichtet und auch bis 1994 als Bürohaus genutzt. Gegenüber befindet sich das Doppel-Kontorhaus **Barkhof** von 1910 (Nr. 8–10) mit 170 Metern Straßenfront und einem Durchgang zur Spitalerstraße, der ›kleinen Schwester der Mö‹. An der spitzen

Vorhang auf für spektakuläre Inszenierungen im Thalia Theater!

Pfeffersäcke und Postmoderne

Schnörkelige Barockbauten und romantische Stadtschlösschen – solche Bauten wird man in Hamburg vergeblich suchen. Die Hansestadt zeigt auch mit ihren Fassaden, was sie seit jeher ist: Eine Kaufmannsstadt, deren Architektur Nützlichkeit und unauffällig-edle Schönheit miteinander verbindet. Bloß kein Firlefanz – ein hanseatisches Motto, das sich nicht nur in der historischen, sondern auch in der zeitgenössischen Bauweise der Stadt spiegelt.

Vier wichtige Bautypen machen das charakteristische Bild Hamburgs aus: die **Kontorhäuser** der Kaufleute, die ›Pfeffersäcke‹ genannt werden, die roten **Mietshäuser** aus Backstein, die eleganten weißen **Villen** um die Außenalster und – seit einigen Jahren – **postmoderne Geschäftsbauten** aus Glas, Stahl und natürlich Backstein.

Bereits Fritz Schumacher, Oberbaudirektor in Hamburg von 1909 bis 1933 – und damit verantwortlich für die Gestaltung der Mönckebergstraße [s. S. 30 f.], der Jarrestadt [s. S. 97] und des Stadtparks [s. S. 97] – achtete streng auf **städtebauliche Einheitlichkeit**. Und so haben auch die Bauherren und Architekten der Postmoderne Bauwerke geschaffen, die sowohl mit dem bereits bestehenden Stadtbild als auch mit den anderen Neubauten harmonieren. Zu den beeindruckendsten Gebäuden zählen der Bürokomplex *Berliner Bogen* in der City Süd mit über 14 000 m² Glasfläche, das zum Wohnhaus umgebaute ehem. Lagerhaus an der Großen Elbstraße 27, das *Verlagshaus Gruner+Jahr* [s. S. 53] sowie das ehem. *England-Fährterminal* in Neumühlen an der Van-der-Smissen-Straße 1–4.

Das städteplanerisch spektakulärste Projekt ist die im Bau befindliche **HafenCity** [Nr. 29], mit der die Innenstadt um 40 % wachsen und mit dem Hafengebiet verbunden werden soll. Als architektonisches Highlight des neuen Stadtviertels gelten die Pläne für die *Elbphilharmonie* (www.elbphilharmonie.de), die in Form einer riesigen Welle auf das bestehende Lagerhaus Kaispeicher A gebaut wird. Die Fertigstellung ist für 2010 anvisiert.

Ecke, in der beide Straßen zusammenlaufen, errichtete Fritz Schumacher (gemeinsam mit Georg Wrba) zum Andenken an den Bürgermeister Mönckeberg den **Mönckebergbrunnen** und einen dorischen **Tempel** (1913–15), in dem sich heute, zum Unwillen traditionsbewusster Hamburger, ein *Fast-Food-Restaurant* befindet. Etwas weiter südwestlich an der Mönckebergstraße liegt der **Gerhart-Hauptmann-Platz**, an dessen Nordende das Thalia-Theater beheimatet ist. Neben Klassikern von William Shakespeare bis Bertolt Brecht hat das Haus in den letzten Jahren viele zeitgenössische Stücke – u. a. von Bob Wilson und Tom Waits – aufgeführt und sich dadurch internationale Anerkennung verschafft. Das *neoklassizistische Säulenportal* des 1911/12 nach Entwürfen von Werner Lundt und Georg Kallmorgen errichteten Theatergebäudes verweist auf das Selbstverständnis des Schauspielhauses als Tempel der Musen (Eingang Alstertor 2). Im Theatergebäude bietet das französisch-inspirierte Restaurant-Bistro ›Le Paquebot‹ (Tel. 040/32 65 19, www.le-paquebot.de) eine exzellente Küche.

Gegenüber dem Theater steht der 1922 von Hans und Oskar Gerson entworfene **Thalia-Hof** (Alstertor 1). Der Name weist auf das erste, 1843 an dieser Stelle errichtete Thalia-Theater hin. Eine *Pferdeskulptur* von Ludwig Kunstmann, welche sich an der Hausecke befindet, erinnert an die ursprüngliche Bedeutung des Platzes, als hier noch der Hamburger Pferdemarkt stattfand.

Die Niederländer hinterließen hier ihre Spuren – Die Fassade des Hulbe-Hauses wird geschmückt von hübschen Medaillons

Das im niederländischen Renaissancestil errichtete Hulbe-Haus (1911) fällt zwischen den schlichten Kontorhäusern an der Mönckebergstraße aus dem Rahmen

Geht man zurück auf die Mönckebergstraße, unterbricht auf der gegenüberliegenden Straßenseite das **Hulbe-Haus** (Nr. 21) den einheitlich nüchternen Kontorhausstil und schafft dadurch architektonisch eine Verbindung zum Rathausmarkt mit dem Rathaus. Das kleine Gebäude im niederländischen *Renaissancestil* ließ 1911 Georg Hulbe von Henry Grell errichten, um hier einen Kunstgewerbehandel zu betreiben. Das Haus ziert eine vergoldete *Kogge* (dickbauchiges Hanseschiff).

15 St. Jacobi

In St. Jacobi befindet sich die größte erhaltene Barockorgel Nordeuropas.

Jakobikirchhof 22
Tel. 040/30 37 37 0
www.jacobus.de
April–Sept. Mo–Sa 10–17, Okt.–März Mo–Sa 11–17, So während des Gottesdienstes 10–11.30 Uhr
U 3 Mönckebergstraße

Als sei er eine Mahnung an die stark geschäftsorientierten Hanseaten, ragt der

Gekonnt in Gold: Der St.-Trinitatis-Altar in der Jacobi-Kirche besticht durch feines Schnitzwerk

kupferverkleidete Turm von St. Jacobi, von den Hamburgern auch ›**Bleistift**‹ genannt, hoch über die Kontorhäuser der Mönckebergstraße hinaus. St. Jacobi wird urkundlich erstmals 1255 erwähnt. Der heutige Nachfolgebau wurde um 1350 errichtet und im Laufe der Jahrhunderte immer wieder erweitert. Der Chor der gotischen dreischiffigen **Backsteinhalle** wurde 1493–1508 um eine Sakristei ergänzt. Alte Hamburg-Ansichten zeigen den hohen kuppelartigen Helm-Turm, der 1588 entstand. Er wurde 1826/27 durch den neogotischen ›Bleistift‹ von Hermann Peter Fersenfeldt ersetzt. 1707–08 erhielt die Nordseite einen lang gestreckten *Anbau*, der heute als Gemeindehaus dient. Nach den Kriegszerstörungen entwarfen Hermann Hopp und Alfred Jäger 1959–62 den heutigen 128 m hohen *Turmhelm*.

Aus der wertvollen Innenausstattung des Gotteshauses sticht die vom großen norddeutschen Orgelbauer *Arp Schnitger* 1689–93 geschaffene **Barockorgel** hervor. Auf den 4000 Pfeifen, 60 Registern und vier Manualen spielte 1720 auch *Jo-*

hann Sebastian Bach. Der **Lukas-Altar** im Südschiff wurde 1499 von der Hamburger Malergilde gestiftet und vereint sakrale Motive mit der Darstellung des weltlichen Malerberufes. Den **St.-Petri-Altar** in der südlichen Apsis spendeten 1508 die Fischer, und von den Böttchern stammt der **St.-Trinitatis-Altar** von 1518. Sandstein, Alabaster, Marmor und Blattgold verarbeitete 1610 der Hamburger Bildhauer Georg Baumann, als er die frühbarocke Kanzel schuf. Zwei bedeutende Bilder schmücken außerdem das Innere der Kirche: Eine *Stadtansicht* von Joachim Luhn (1681) sowie ›Der reiche Mann und der Tod‹ von David Kindt (1622). Wer nach so viel Kultur Entspannung sucht: Von Mai bis Oktober ist jeden 1. Samstag das **Turmcafé** (12–18 Uhr) geöffnet.

16 St. Petri

Die älteste Kirche Hamburgs.

Mönckebergstraße
Tel. 040/325 74 00
www.sankt-petri.de
Mo/Di/Do/Fr 10–18.30, Mi 10–19,
Sa 10–17, So 9–21 Uhr
U 3 Rathaus

St. Petri wurde erstmals 1195 als *Marktkirche* urkundlich erwähnt. Anfang des 14. Jh. entstand ein dreischiffiger Back-

St. Petri ist eine der fünf Hauptkirchen Hamburgs

Bereits Bach hat diese 4000 Pfeifen, 60 Register und vier Manuale in Schwung gebracht. Arp Schnitger schuf die prächtige Barockorgel von St. Jacobi 1689–93

Tradition und Tracht: Auf dem Gerhart-Hauptmann-Platz erfreuen eifrige Tänzer die Zuschauer

steinhallenbau, der beim Großen Brand von 1842 jedoch vollständig zerstört wurde. Alexis de Chateauneuf und Hermann Peter Fersenfeldt bauten 1844–49 die evangelische Hauptkirche auf den alten Grundmauern im neugotischen Stil wieder auf. Weil sich im Protestantismus der Prediger stärker zur Kanzel als zum Altar hin ausrichtet, wurde bei der Erneuerung im 19. Jh. ein viertes Seitenschiff angebaut. Somit besitzt die Kirche einen beinahe **quadratischen Grundriss**. Der kupferverkleidete **Turm** wurde 1878 nach Plänen von Johann Maack vollendet. Zahlreiche Ausstattungsstücke von St. Petri haben den Großen Brand sowie den Zweiten Weltkrieg glücklicherweise überstanden: so etwa der **bronzene Türzieher** mit Löwenkopf am Hauptportal, der von 1342 stammt. Die Kanzel schmückten die Erbauer mit **Alabasterfiguren** des alten Taufbeckens. Das Votivbildnis des hl. Ansgar vom Hamburger Maler Hans Bornemann ist von 1460, und eine lebensgroße **Sandsteinfigur** der Madonna mit Kind (um 1470) gehörte ursprünglich zum ehemaligen Theobaldaltar. Ein berühmtes Werk deutscher Gotik hatte seinen Platz bis 1734 in der Petrikirche. Man schenkte den bedeutenden Altar von *Meister Bertram* (um 1380) der Stadtkirche in Grabow. Diese großzügige Geste rettete den Altar vor dem verheerenden Brand. Nachdem das auch **Grabower Altar** genannte Meisterwerk danach lange Zeit als verschollen galt, konnte es 1903 für die Hamburger Kunsthalle [s. S. 39 f.] erworben werden.

Wie die mittelalterliche Kirche vor dem verheerenden Stadtbrand von 1842 aussah, zeigt ein *Modell* des Bauwerks im südlichen Seitenschiff.

Nur Schwindelfreie sollten den Blick in die Tiefe wagen: Treppenhaus des Sprinkenhofes. Das Gebäude an der Burchardstraße ist das größte Kontorhaus der Stadt

Flaggschiff in Backstein: Inmitten des Kontorhausviertels ragt das Chilehaus heraus. Fritz Höger errichtete das zeitlose Bauwerk in den 20er-Jahren des 20. Jh.

17 Chilehaus

TOP TIPP *Wie ein großes Schiff, so schneidet das mächtige Chilehaus mit seinem Bug in das umliegende Kontorhausviertel.*

Fischertwiete 2/Burchardplatz
www.chilehaus-hamburg.de
U1 Meßberg

Das Chilehaus war das erste und ist nach wie vor das bekannteste Gebäude im **Kontorhausviertel** zwischen Steinstraße und Meßberg. Es gilt als die bedeutendste Schöpfung des ›*Klinker-Expressionismus*‹ und wurde 1922–24 von Fritz Höger für den Kaufmann Henry Brarens Sloman erbaut. Seinen Namen verdankt das Chilehaus dem Land, in dem der Bauherr drei Jahrzehnte lang im Salpetergeschäft tätig war. Die Fassaden des Hauses laufen spitz zu einem monumentalen **Schiffsbug** zusammen. Als ›Flaggschiff in Backstein‹ soll es den Aufschwung der hanseatischen Wirtschaft nach dem Ersten Weltkrieg zum Ausdruck bringen. Es lohnt sich, einen Blick in die **Eingangshalle** und die seitlichen Treppenhäuser mit dem *Keramik-Wandschmuck* von Richard Kuöhl zu werfen.

Zwei weitere Klinkerbauten stechen im Kontorhausviertel hervor: Der **Sprinkenhof** und der **Meßberghof**. Der Sprinkenhof, Burchardstraße 6–14, welcher in drei Abschnitten zwischen 1927 und 1943 von Fritz Höger sowie Hans und Oskar Gerson erbaut wurde, ist das größte Kontorhaus der Stadt. Die Fassade wird wie ein Netz von *filigranem Klinkerschmuck* überzogen. Der Meßberg (Meßberg 1) wurde 1923/24 ebenfalls von den Gerson-Brüdern errichtet. Das Gebäude hieß ursprünglich Ballinhaus – nach dem Bauherrn und Generaldirektor der Hamburg-Amerika-Linie HAPAG, Albert Ballin (1857–1918).

Die Museumsmeile: Kunst kontra Kommerz

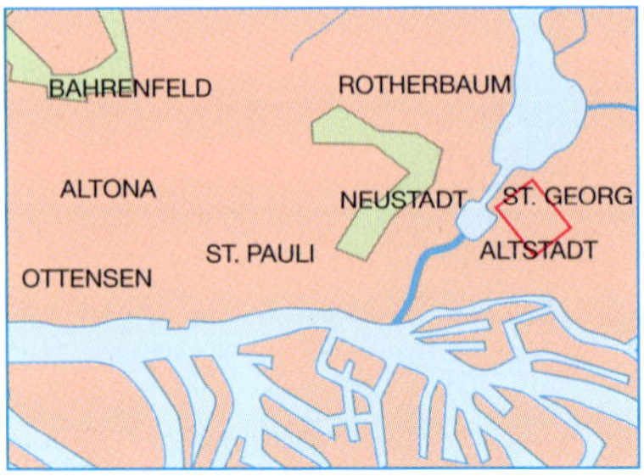

Kunstfans kommen in Hamburg auf ihre Kosten. Fakten widerlegen das alte Vorurteil, dass die Hansestadt die Kunst zugunsten von Kommerz vernachlässige. Hamburg verfügt über sieben **staatliche Museen** und circa 40 **öffentliche und private Museen**. Jährlich pilgern mehr als eine Million Touristen und Hanseaten in die kleinen und großen Ausstellungen in Hamburgs Museumslandschaft. Allein drei der bedeutendsten Museen der Stadt sowie die Markthalle sind bequem zu Fuß vom Hauptbahnhof aus zu erreichen.

18 Deichtorhallen

Wo einst Blumen blühten ...

Deichtorstraße 1–2
Tel. 040/32 10 30
www.deichtorhallen.de
Di–So 11–18 Uhr
U- und S-Bahn Hauptbahnhof/
U 1 Steinstraße

In den Deichtorhallen fand bis 1962 der **Gemüse- und Obstgroßmarkt** statt, bis 1983 gab es dort noch den **Blumengroßmarkt**. Heute werden in der *Nordhalle* auf rund 4000 m^2 Fläche Ausstellungen moderner Kunst von internationalem Rang gezeigt, seit 2005 präsentiert das **Internationale Haus der Photographie** in der *Südhalle* in wechselnden Ausstellungen die Schätze der Sammlung F.C. Gundlach: Modefotografie, dokumentarische Aufnahmen und avantgardistische Werke. Die Deichtormarkthallen wurden 1911–14 errichtet und sind ein typisches Zeugnis der *Architektur der Moderne*, die Ingenieurs- und Baukunst vereinigte. Die großzügigen Dachwölbungen werden gestützt von Eisenwänden mit Klinkerausfachungen. Nach der vom Hamburger Kunstmäzen *Kurt A. Körber* (1909–1992) finanzierten Umgestaltung durch Joseph Paul Kleihues wurde 1989 zum 800-jährigen Hafenjubiläum das **Ausstellungszentrum** eröffnet. Seither finden hier wechselnde Ausstellungen zeitgenössischer Kunst statt – gezeigt wurden u. a. bereits Werke von Andy Warhol, Annie Leibowitz, Helmut Newton oder Keith Haring.

Auch die **Markthalle** am Klosterwall 9 diente ursprünglich dem Verkauf von Blumen. Neben Konzertveranstaltungen befindet sich hier das Ausstellungszentrum des Kunstvereins, des Berufsverbandes Bildender Künstler und der Freien Akademie der Künste.

19 Museum für Kunst und Gewerbe

TOP TIPP *Jugendstil ohne Ende, auch Kunst aus Asien und Orient kommt nicht zu kurz.*

Steintorplatz 1
Tel. 040/42 81 34-27 32
www.mkg-hamburg.de
Di–So 10–18, Do bis 21 Uhr
U- und S-Bahn Hauptbahnhof

Das 1877 von *Justus Brinckmann* gegründete Museum für Kunst und Gewerbe wird seit einigen Jahren grundlegend saniert. Ende 2007 sind die Abteilungen Islam, Japan und Antike wieder eröffnet worden, dafür werden 2008 Renaissance, Barock und Ostasien geschlossen sein.

Im **Erdgeschoss** werden Kunstgegenstände aus den Epochen Mittelalter, Renaissance, Barock, Rokoko sowie Klassizismus gezeigt. Zu den Exponaten zählen Holzskulpturen, Textilien, Arbeiten aus Bronze, Silber, Gold und Elfenbein (Mittelalter), Möbel, Teppiche, Gläser und Majolika-Geschirr (Renaissance). Im Erdgeschoss kann man Einrichtungsgegenstände und Goldschmiedearbeiten (Rokoko und Klassizismus) besichtigen.

Kunst-Kubus auf rosa Sockel – 1997 wurde Ungers' Galerie der Gegenwart eröffnet

Der **erste Stock** ist in die Abteilungen Islam, Ostasien, Antike, Moderne und Jugendstil unterteilt. In den islamischen und ostasiatischen Abteilungen erwarten den Besucher u. a. Bronzen, Keramik, Teppiche, Porzellan und Bücher. Das Herzstück der antiken Sammlung bilden *etruskische Plastiken* und *griechische Keramik*. Die **Jugendstilsammlung** ist einzigartig in ihrer Breite. Die Krönung stellt das vollständig im Jugendstil eingerichtete *›Pariser Zimmer‹* dar, das der Gründer des Museums aus Einzelstücken zusammenstellte, die er auf der Weltausstellung von 1900 erworben hatte. Im ersten Stock findet sich die Sammlung zur Geschichte der Fotografie sowie die Abteilung der Moderne mit Bauhaus, Expressionismus und Design.

Im **zweiten Stock** sind weitere Exponate aus der Sammlung moderner Kunst zu besichtigen. Zusätzliche Ausstellungsfläche wurde durch die Überdachung des südlichen Innenhofs geschaffen. Der im September 2000 eröffnete Erweiterungsbau des **Schümann-Flügels** beherbergt eine *Sammlung historischer Tasteninstrumente* sowie im *Forum Gestaltung* Ausstellungsstücke aus Fotografie, Kunsthandwerk und Graphikdesign der 2. Hälfte des 20. Jh.

20 Hamburger Kunsthalle mit Galerie der Gegenwart

TOP TIPP

Eine der bedeutendsten Gemälde- und Skulpturensammlungen Deutschlands, vom 13. Jh. bis in die Gegenwart.

Glockengießerwall
Tel. 040/428 13-12 00
www.hamburger-kunsthalle.de
Di–So 10–18, Do 10–21 Uhr
U- und S-Bahn Hauptbahnhof

Die Hamburger Kunsthalle umfasst einen **Altbau**, welcher 1869 fertiggestellt war, mit zwei **Erweiterungsbauten** (Eröffnung 1919 und 1997). Gegründet wurde das Museum 1817 durch den ›Kunstverein Hamburg‹. Einen bedeutenden Teil der Sammlung verdankt die Kunsthalle ihrem umtriebigen ersten Direktor *Alfred Lichtwark*, der ab 1866 im Amt war. Unermüdlich trug er Werke Hamburger Maler des Mittelalters und Bilder damaliger zeitgenössischer Künstler zusammen.

Ein Rundgang durch die Kunsthalle sollte – gemäß der chronologischen Reihenfolge der Gemälde – im **ersten Stock** beginnen. Hier kann man, verteilt auf 13 Säle und 16 Kabinette, Werke vom späten

Mittelalter bis zum Ausgang des 19. Jh. betrachten. Hervorzuheben sind die *mittelalterlichen Altäre* der Hamburger Meister Bertram (um 1380) und Meister Francke (1424). Zu den bedeutenden Werken des 18. Jh. zählen Bilder von Giambattista Tiepolo, Canaletto, Jean Honoré Fragonard und Francisco José de Goya. Die *Kunst des 19. Jh.* ist u. a. vertreten durch Gemälde von Anselm Feuerbach, Eugène Delacroix, Edouard Manet, Claude Monet, Auguste Renoir sowie durch Werke verschiedener *Romantikschulen*, wie zum Beispiel der Nazarener. Ein eigener Saal präsentiert Werke des Hamburger Malers **Philipp Otto Runge**, darunter das wohl bekannteste Werk ›Die Hülsenbeckschen Kinder‹ von 1805/06. Ein weiterer Schwerpunkt der Sammlung liegt auf Werken von **Caspar David Friedrich**. Man sieht ›Das Eismeer‹ von 1823/24 sowie das berühmte Gemälde ›Der Wanderer über dem Nebelmeer‹ (um 1818). Von Adolph Menzel sind u. a. ›Friedrich der Große in Lissa: Bon Soir Messieurs!‹ (1858) und ›Atelierwand‹ (1872) ausgestellt.

Der **erste Stock** des Altbaus ist den Meistern des 20. Jh. vorbehalten. Werke von Max Liebermann und Lovis Corinth repräsentieren den *deutschen Impressionismus*, Bilder von Ernst Ludwig Kirchner und Emil Nolde vertreten den *Expressionismus*. Ein eigener Raum enthält Werke von **Max Beckmann**. Die Moderne dokumentieren zudem Werke von Edvard Munch, Pablo Picasso und Georges Braque. Den *Surrealismus* führen André Masson und Francis Picabia an, die *Neue Sachlichkeit* vertritt u. a. Otto Dix.

Die Kunst nach 1945 kann man im **Erdgeschoss** besichtigen. Teile davon werden aus Platzgründen in Wechselausstellungen gezeigt.

Die **Galerie der Gegenwart** des Architekten Oswald Mathias Ungers von 1997 ist unterirdisch mit den älteren Gebäuden verbunden. Als strahlend weißer Kubus auf einem pyramidalen rosafarbenem Sockel präsentiert sich der Erweiterungsbau der Kunsthalle für Werke zeitgenössischer internationaler Künstler von der Pop-Art bis heute. Im Zusammen-

Magisches Kaleidoskop – der Lichthof im Zentrum der Galerie der Gegenwart entfaltet ein faszinierendes Spiel von Fenstern und Lichtbändern

Hymne an Sinneslust und zugleich Elegie des Einsamen: Max Beckmanns Gemälde ›Odysseus und Kalypso‹ (1943)

spiel von Malerei, Skulptur und Installation sind faszinierende Erlebnisräume entstanden.

Ihre 5600 m² sind hochkarätiger internationaler Kunst der Zweiten Moderne seit etwa 1960 vorbehalten. Im Mittelpunkt stehen Werke und Werkgruppen bedeutender zeitgenössischer Künstler wie Andy Warhol, Joseph Beuys, Bruce Nauman, Richard Serra, Jannis Kounellis, Georg Baselitz, Gerhard Richter und Sigmar Polke. Gleichzeitig werden die von ihnen präsentierten künstlerischen Strömungen und kunsthistorische Zusammenhänge wie Pop-Art, Minimal Art oder Fluxus veranschaulicht. Gelungen ist die Inszenierung der zahlreichen monumentalen Werke auch dank der Lichtregie Ungers'. Zu den größten Attraktionen der Galerie der Gegenwart zählt das **Horst Janssen-Kabinett**, in dem jedes Jahr 4–6 Wechselausstellungen das Werk des Künstlers vorstellen. Ebenfalls sehenswert ist eine Kollektion von Künstler-Videos, die in einem Pavillon von Dan Graham zu sehen ist.

Das **Hubertus-Wald-Forum** bildet den Rahmen für die von der Kunsthalle veranstalteten Wechselausstellungen, seit dessen Fertigstellung rühmt sich die Kunsthalle, mit 13 000 m² größtes Museum Deutschlands zu sein.

Zwischen Domplatz und Trostbrücke: Hamburgs historische Zentren

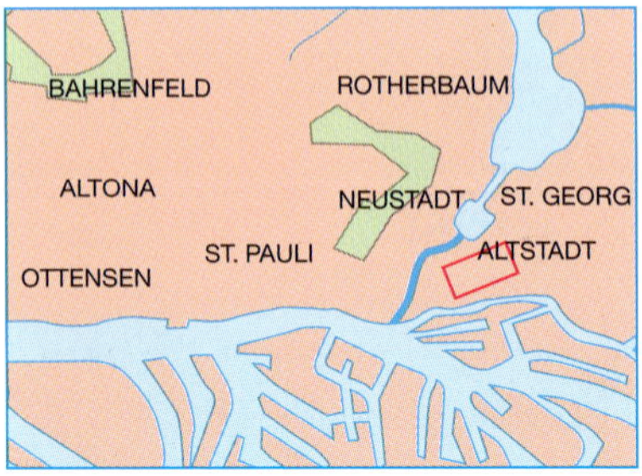

Historische Kontorbauten, Alt-Hamburger Kaufmannshäuser und Fleete – Zeugen einer Zeit, in der die Hansestadt zur wohlhabenden Metropole wurde. Doch vom historischen, mehr als 800 Jahre **alten Hamburg** kann man leider nicht mehr allzu viel besichtigen, denn der Große Brand von 1842 und die Bombennächte während des Zweiten Weltkrieges haben die Altstadt Hamburgs fast völlig vernichtet. Wer sich zur Erkundung auf die Suche macht, muss nach **zwei historischen Zentren** suchen. Rund um den Domplatz, dem ersten Zentrum, findet man indes nur noch einen spärlichen Rest der alten Stadt: das *Fundament des Bischofsturms*. Das zweite historische Zentrum der Stadt, 1188 mit dem Hafen an der Alster gegründet, befand sich im Bereich der Trostbrücke. Nur der *Hafen* ist geblieben – und eben einige *Kontorhäuser* aus drei Jahrhunderten. Man entdeckt sie noch in der Deichstraße [s.S. 50] und der Umgebung. Ein Spaziergang lohnt allemal!

21 Schauraum Bischofsturm

Das älteste Fundament Hamburgs.

Speersort 10
Tel. 040/30 38 47 98
Mo–Fr 10–13 und 15-17, Sa 10–13 Uhr
U 3 Rathaus

Die Spurensuche nach den Anfängen Hamburgs sollte im Schauraum Bischofsturm (auch Bischofsburg) bei der St.-Petri-Kirche beginnen. 1962 fand man hier bei Ausschachtungsarbeiten ein kreisförmiges **Stein-Fundament** mit einem Außenumfang von 19 m. Die Bezeichnung des Fundes rührt von der Vermutung her, der Steinring sei das Fundament des Mitte des 11. Jh. errichteten Wohnturms des damaligen Erzbischofs Bezelin-Alebrand (reg. 1035–1043). Möglicherweise war der Turm aber auch Teil der Verteidigungsanlage Hamburgs. Jedenfalls stand er im ersten städtischen Zentrum der Stadt um den heutigen Domplatz. Das zweite Zentrum, das sich Ende des 12. Jh. entwickelte, befand sich dann an der *Trostbrücke*. Im Schauraum **Bischofsturm** sind neben dem Fundament des Turms auch Reste eines Brunnens sowie Gebrauchsgegenstände aus dem Mittelalter zu sehen.

22 Domplatz

Die Bischofsstadt, das erste Stadtzentrum.

Zwischen Speersort und Curienstraße
U 3 Rathaus

Der geschichtlich bedeutende Domplatz, bislang Parkplatz mit Würstchenbude, soll bis zum Sommer 2008 in einen *historischen Garten* umgebaut werden.

Lange hatte man hier den Ort der legendären Hammaburg vermutet, Gründungszelle und Namensgeber Hamburgs. Ausgrabungen in den vergangenen Jahren ergaben jedoch, dass hier bereits im Frühmittelalter der **Mariendom** stand. Dieser wurde ab 830 zunächst aus Holz errichtet und im 13. Jh. durch eine Basilika im Backsteinbau ersetzt. Umgeben war der Mariendom von der Domburg, einer ringförmigen Wallanlage von ca. 140 m Durchmesser. Hier siedelten sich Händler und Kaufleute an und begründeten die erste städtische Bebauung Hamburgs. Anfang des 19. Jh. schließlich wurde der Mariendom abgerissen. Einzige Erinnerungen sind Überreste des *Lettners* (14. Jh.) sowie eine *Steinmadonna* (15. Jh.), die man heute im Museum für Hamburgische Geschichte [Nr. 42] besichtigen kann.

Zwei Elefanten aus Bronze bewachen den Eingang im Hof: Das Afrika-Haus wurde 1899 für die Reederei Woermann errichtet

1837 erbaute man auf dem Platz das Johanneum, eine **humanistische Gelehrtenschule**, die später Sitz der Staatsbibliothek war. Das Gebäude brannte 1943 ab, wertvolle Bücher gingen verloren.

Der nun geplante historische Garten wird aus einem Wall aus Stahlblech bestehen, der den Freiraum umrahmt. ›Zeit-Fenster‹ im Wall sollen den Besuchern Einblicke auf archäologische Ausstellungsstücke geben.

An der Nordostseite des Platzes (Speersort 1) steht das **Pressehaus**. Es wurde 1938 von den Nationalsozialisten errichtet, die hier das ›Hamburger Tageblatt‹ der NSDAP herausgaben. Nach dem Krieg arbeiteten in dem Gebäude die Redaktionen des Nachrichtenmagazins ›Der Spiegel‹ und diverser SPD-Zeitungen. Heute ist hier u.a. die Wochenzeitung ›Die Zeit‹ untergebracht.

23 Vom Alten Fischmarkt zur Großen Reichenstraße

Kontorhäuser wie das Afrika-Haus dokumentieren die Blüte der Stadt während der Kaiserzeit.

U 3 Rathaus, U 1 Meßberg

Südlich des Domplatzes liegt der **Alte Fischmarkt**. In den kleinen Straßen um diesen Markt finden sich noch einige sehr sehenswerte *Bürger- und Kontorhäuser* aus dem 18. und 19. Jh. Eine der in Hamburg seltenen spätbarocken Fassaden zeigt das **Haus Schopenstehl** Nr. 32/33, ein um 1730 erbautes Bürgerhaus. Beim Nachbarhaus Nr. 31 aus dem Jahre 1885 ist vor allem die Rückseite, die zur Kleinen Reichenstraße führt, interessant; die großen Fenster im Obergeschoss weisen auf die Nutzung als Kontorhaus hin.

Die **Kleine** und **Große Reichenstraße** beschreiben den Verlauf des *Reichenstraßenfleets*, das 1880 zugeschüttet wurde. An diesem Fleet lag bis zum 12. Jh. der erste Hafen der Stadt. Sein Name geht auf die besonders begüterten Bürger zurück, die sich hier angesiedelt hatten. In der Kleinen Reichenstraße weist das 1839 erbaute Haus Nr. 7 noch eine *spätklassizistische Fassade* auf. Das Haus Hopfensack Nr. 26 hat einen *Speichergiebel* aus dem 18. Jh. In der Großen Reichenstraße ist vor allem das **Afrika-Haus** (Nr. 27) einen Blick wert. Es wurde 1899 von Martin Haller für die Reederei Woermann errichtet. Die *Fassade* ist mit Afrika-Motiven geschmückt, über dem Eingang hängt ein Tropenbild, im Hof stehen zwei bronzene Elefanten. Schmuck und Name des Hauses haben einen Grund: Der Reeder Adolf Woermann galt als eine der mächtigsten Personen des Kaiserreiches, der Handel mit Afrika hatte ihn zu einem vermögenden und einflussreichen Mann gemacht.

Schöne Kontorhäuser findet man auch auf der westlich des Domplatzes gelegenen **Schauenburger Straße**. Die Gebäude Nr. 15 (1906) und Nr. 21 (1911) wurden von Leon Frejtag und Erich Ellingius erbaut. Ihre vertikal streng gegliederten Fassaden zeigen sich in grün und rot changierender *›Grès flammée‹-Keramik*, die um 1905 vom Architekten Hermann Wurzbach in Hamburg eingeführt wurde. *Reliefs* und *Ornamente* deuten auf Handel und Seefahrt hin. Im Gegensatz zur Schlichtheit der Häuserfassaden von Nr. 15 und Nr. 21 steht die im wilhelminisch-pompösen Stil gestaltete Front des **Bülowhauses**, Nr. 34, das Richard Jacobsen 1906/07 erbaute.

24 Trostbrücke

Das mittelalterliche Zentrum Hamburgs.

U 3 Rathaus, U 3 Rödingsmarkt

Die Große Reichenstraße führt in den Neß und damit ins mittelalterliche Zentrum der Hansestadt. Hier an der Trostbrücke befanden sich Rathaus, Börse, Waage und ab 1619 auch die Hamburger Bank. Am davorliegenden **Nicolaifleet**, das den Rest des einstigen Verlaufs der Alster darstellt, lag der Hafen. Der Große Brand von 1842, der ganz in der Nähe der Deichstraße ausbrach, zerstörte jedoch dieses Zentrum. Heute stehen hier moderne Gebäude neben Kontorhäusern aus der Zeit um die Wende zum 20. Jh. Am einstigen mittelalterlichen Hafen legen kleine Jachten an.

Bereits 1060 hatten an der Schleife des Nicolaifleets die Sachsenherzöge die **Neue Burg** gegründet, die den weltlichen Gegenpol zur Hammaburg der Bischöfe bildete. Um diese Burg entwickelte sich ab 1180 eine eigene Siedlung, die Neustadt. Am 7. Mai 1189 stellte ihr Kaiser Friedrich Barbarossa die Zollfreiheit für Handel und Schifffahrt auf der Niederelbe aus. Auch wenn das Dokument, das dieses Datum trägt eine Fälschung ist, wird an diesem Tag doch alljährlich der *Hafengeburtstag* gefeiert. 1216, während der Dänenherrschaft, wurden Altstadt und Neustadt vereinigt und erhielten ein gemeinsames Stadtrecht. Dort, wo heute die Patriotische Gesellschaft steht, errichtete man 1290 ein Rathaus, auf dem Gelände der Bank gründeten 1558 die Kaufleute eine Börse. Rund um den Neß entstand das **Handels- und Kaufmannzentrum** der Stadt.

Der Hafen an der Trostbrücke verlor jedoch bereits im 13. Jh. wieder seine Bedeutung. Die Segelschiffe waren zu groß und konnten die niedrigen Brücken nicht mehr passieren. Der Hafen wurde an die Mündung des Nicolaifleets verlegt.

Die **Trostbrücke**, 1226 erstmals genannt, stellte damals die Verbindung von gräflicher Neustadt und bischöflicher Altstadt dar – symbolisiert durch die *Statu-*

Die wilhelminische Ära an der Fassade verewigt: Die Figuren an der Front des Laeiszhofes spiegeln das Traditionsbewusstsein des Bauherrn

Verbindung zwischen gräflicher Altstadt und bischöflicher Neustadt: Die Trostbrücke, dahinter die Patriotische Gesellschaft

en des ersten Erzbischofs Ansgar und des Sachsenherzogs Graf Adolf III. von Schauenburg, dem Begründer der Neustadt. Die Figuren wurden 1881/82 von Engelbert Pfeiffer geschaffen, die Brücke von Franz Andreas Meyer. Ihren Namen erhielt die Brücke, weil sie die letzte Station der zum Tode Verurteilten auf dem Weg zum Galgen war.

Auf der Neustadtseite des Nicolaifleets stehen zwei beeindruckende Kontorhäuser aus Backstein: der **Globushof** an der Trostbrücke Nr. 2 und der **Laeiszhof** an der Trostbrücke Nr. 1. Den Globushof mit *Schiffsmodellen* und einem *Neptun* auf dem Giebel erbaute 1907/08 das Architekturbüro Lundt & Kallmorgen. Den Laeiszhof errichtete 1897/98 Martin Haller für die Reederei Laeisz. Ferdinand Laeisz gründete 1847 zusammen mit anderen Reedereien die Reederei HAPAG. Sein Sohn Carl machte sich einen Namen mit den ›Flying P Liner‹, den Großsegelschiffen ›Pamir‹ und ›Passat‹. Das Gebäude spiegelt das Traditionsbewusstsein seines Bauherrn. Die *Statuen* an der Fassade, Wilhelm I., Bismarck sowie die Generäle Roon und Moltke, verweisen auf die Zeit der Reichsgründung. Originell: Auf dem Dach des Hauses steht eine *Pudelplastik*, die an den Spitznamen der Ehefrau des Reeders Carl Laeisz erinnert.

25 Patriotische Gesellschaft

Eine traditionsreiche Hamburger Institution.

Trostbrücke 4–6
U3 Rathaus, U3 Rödingsmarkt

An der Stelle des Rathauses, das während des Stadtbrandes von 1842 gesprengt werden musste, entstand 1845–47 das Haus der Patriotischen Gesellschaft. Theodor Bülau entwarf es im Stil der *Neugotik*. Das Backsteinhaus wurde 1923/24 aufgestockt und nach den schweren Zerstörungen im Zweiten Weltkrieg vereinfacht wieder hergestellt. Von 1859 bis 1897 diente es der Hamburger Bürgerschaft als Tagungsstätte. Das Motto der Patriotischen Gesellschaft lautet »Emolumento Publico«. Der offene Bienenkorb über dem Eingang

Das postmoderne Bürogebäude Neuer Dovenhof zwischen Brandstwiete und Ost-West-Straße

symbolisiert diese Losung: »Viele tragen Honig hinein – zum Wohle aller.«

Die Patriotische Gesellschaft ist eine **Hamburger Institution**. Der Bürgerclub wurde 1765 als ›Hamburgische Gesellschaft zur Beförderung der Künste und nützlichen Gewerbe‹ gegründet, die im Geiste der Aufklärung humanitäre Ziele verfolgte. Dieser Institution, die heute noch wirkt, muss man die Gründung der ersten Sparkasse (1778) verdanken. Ebenso die Gründung der ersten deutschen Lebensversicherung, die Einrichtung der Museen für Hamburgische Geschichte sowie für Kunst und Gewerbe; außerdem rief die Gesellschaft öffentliche Bücherhallen ins Leben und führte Briefkästen ein.

26 St. Nikolai-Kirchturm

Ein Mahnmal gegen den Krieg.

Willy-Brandt-Str. 60
Tel. 040/37 11 25
www.mahnmal-st-nikolai.de
April/Mai tgl. 10–19, Juni–Aug. tgl. 9.30–20, Sept.–März tgl. 10.30–17.30 Uhr
U 3 Rödingsmarkt

Der 147 m hohe rußgeschwärzte Kirchturm der einstigen Hauptkirche St. Nikolai (dritthöchster Kirchturm in Deutschland) widerstand dem Bombenhagel von 1943 und 1944, das Kirchenschiff wurde jedoch völlig zerstört. Bereits 1195 stand auf dem Gebiet der Nikolaikirche eine Kapelle. Eine Backsteinkirche folgte ihr, brannte 1842 jedoch nieder, als Hamburg in Flammen stand. Zwischen 1846 und 1863 errichtete man nach Plänen des Engländers George Gilbert Scott eine Basilika im neugotischen Stil.

Der Turm von St. Nikolai fungiert heute als Gedenkstätte für die Opfer von Krieg und Verfolgung zwischen 1933 und 1945. Eine Schwarzweiß-Fassung des *Kreuzigungsmosaiks* ›Ecce homines‹ von Oskar Kokoschka ist seit 1978 im Turmgeschoss angebracht. 1993 wurden 51 neue *Bronzeglocken* aus der Königlich Niederländischen Glockengießerei Asten aufgehängt. Der 2005 in den Kirchturm eingebaute behindertengerechte Aufzug bringt Besucher auf eine Plattform in 76 m Höhe. Von oben bietet sich ein spektakulärer Blick über Hamburg. Neben dem Turm informiert ein *Dokumentations- und Ausstellungszentrum* über die Geschichte der Kirche.

Auf dem **Hopfenmarkt**, der Grünanlage vor der Kirche, steht ein *Monument aus Steinblöcken*, der ›Tempel‹, den der Bildhauer Ulrich Rückriem anfertigte.

Zwischen Speicherstadt und Fischmarkt: Hamburgs Tor zur Welt

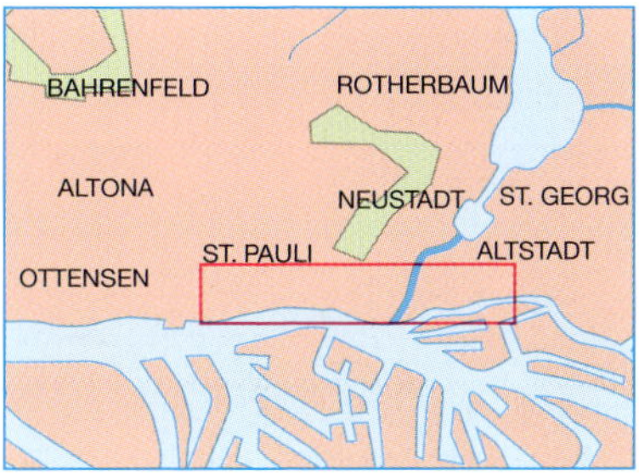

Hamburgs Tor zur Welt – das ist der Uferstreifen zwischen dem Fischmarkt im Westen und der Speicherstadt sowie der neu entstehenden HafenCity im Osten, die Hafenkante. Vom gegenüberliegenden modernen **Südhafen** grüßen scheinbar himmelhohe Kräne, Container-Berge und Ozean-Riesen. Aber hier an der Hafenkante spürt man noch die alte Hafen- und Seefahrer-Atmosphäre. Nahe der **Speicherstadt** duftet es nach Gewürzen aller Art. Das Museumsschiff ›Rickmer Rickmers‹ zeugt von der Zeit, als Lastschiffe noch auf die Windkraft angewiesen waren. An den **Landungsbrücken** starteten um die Wende vom 19. zum 20. Jh. Millionen Menschen auf Dampfschiffen in eine ungewisse Zukunft nach Übersee. Heute legen hier die Barkassen zur *Hafenrundfahrt* ab. Westlich der Landungsbrücken liegt der **Altonaer Fischmarkt**. Neben Fisch werden hier jeden Sonntagmorgen Grünpflanzen, Obst und Trödel lautstark angepriesen. Die Hafenkante hat aber auch **moderne Architektur** aufzuweisen, so das Verlagshaus Gruner+Jahr und das ›Hanseatic Trade Center‹. Empfehlenswert ist auch ein Abstecher in die nahen Straßen der **Altstadt**, wo man bis heute das typische Hamburg des 17. bis 19. Jh. mit seinen Speicherhäusern erleben kann.

27 Speicherstadt

TOP TIPP

Der Duft des Welthandels weht durch die Fleete der Speicherstadt, dem größten Lagerhauskomplex der Welt.

Kehrwieder- und Wandrahminsel
U 1 Meßberg

Die Speicherstadt ist eine der eindrucksvollsten **Denkmal-Landschaften** Hamburgs. In dem von *Fleeten* durchzogenen Gebiet lagern Gewürze, Teppiche, Kaffee und moderne Geräte. Eine besonders schöne Sicht auf die Speicherstadt hat man bei einer Hafenrundfahrt mit Barkassen. Die Speicherstadt entstand Ende des 19. Jh. auf der Brookinsel südlich des Zollkanals. Damals war sie der größte zusammenhängende **Lagerhauskomplex** der Welt. Anlass für den Bau war der Anschluss Hamburgs an das Zollinland des Deutschen Reiches 1888. Nur der **Freihafen** war jetzt noch zollfreie Zone, die Kaufmannsspeicher, die sich in der Stadt befanden, jedoch nicht. Die geschäftstüchti-

Hier lagert die Ware der ›Pfeffersäcke‹ zollfrei ▷

gen Hanseaten überlegten nicht lange. Die Wohnquartiere auf der im Freihafen gelegenen *Kehrwieder-* und *Wandrahminsel* wurden abgerissen, 23 000 Hafenarbeiter mussten in entfernte Stadtteile umsiedeln. Alfred Lichtwark, der damalige Direktor der Kunsthalle nannte seine Heimatstadt ›die Freie und Abrissstadt Hamburg‹. Doch die Kaufleute bekamen, was sie wollten: In der Speicherstadt konnten und können sie ihre Waren zollfrei lagern.

Die **Speicherstadt**, errichtet 1884–88 von *Franz Andreas Meyer*, besteht aus 17 sieben- bis achtstöckigen *Lagerhäusern* mit einer Gesamtfläche von rund 330 000 m^2. Noch immer bieten die dicken, frostsicheren Wände wegen minimaler Temperaturschwankungen ideale Speicherbedingungen. Die Häuser bestechen vor allem im Ensemble. Einheitlich sind sie im Stil der *Backsteingotik* gestaltet – ihr romantisches Aussehen verdanken sie den Giebeln, Erkern und Zinnen. Heute beherbergen die Lagergebäude entlang der so genannten **Museumsmeile Speicherstadt** eine Fülle außergewöhnlicher Museen und Ausstellungen.

Das *Deutsche Zollmuseum* (Alter Wandrahm 16, Tel. 040/30 08 76 11, www.museum.zoll-d.de, Di–So 10–17 Uhr,) dürfte alle angehenden Schmuggler begeistern. Zu den Exponaten gehören nämlich die originellsten Verstecke für Schmuggelgüter wie hohle Golfbälle oder in Broten versteckte Zigarettenstangen.

Das *Speicherstadtmuseum* (St. Annenufer 2, Tel. 040/32 11 91, www.speicherstadtmuseum.de, April–Okt. Di–Fr 10–17, Sa/So/Fei 10–18 Uhr, Nov.–März Di–So 10–17 Uhr) illustriert die Geschichte der Speicherstadt, zeigt typische Handelsgüter und erinnert an das harte Arbeitsleben der Ewerführer und Lastenträger. *Spicy's Gewürzmuseum* (Am Sandtorkai 32, 2. Stock, Tel. 040/36 79 89, www.spicys.de, Di–So 10–17 Uhr, Juli–Okt. auch Mo) präsentiert ein wichtiges Handelsgut des Hamburger Hafens: etwa 50 Gewürze in Originalgebinden, die angefasst und probiert werden können.

Oben: *Ende des 19. Jh. entstand die backsteinrote Hamburger Speicherstadt*
Rechts: *Hamburg en miniature im faszinierenden MiniaturWunderland*

Das *Afghanische Kunst- und Kulturmuseum* (Sandtorkai 32, 1. Stock, Tel. 040/37 82 36, www.afghanisches-museum.de, tgl. 10–17 Uhr) stellt die Kultur des Landes am Hindukusch vor.

Vor Jahrhunderten, lange bevor dieses Areal zum Hafengebiet ausgebaut wurde, diente es als Viehweide und als Richtstätte. Davon erzählt das *Hamburg Dungeon* (Kehrwieder 2–3, Tel. 040/36 00 55 20, www.hamburgdungeon.com, tgl. 11–18, Juni–Aug. ab 10 Uhr). Hier stellen Schauspieler mittelalterliche Foltermethoden nach, aber auch den Alltag in einem Pestkrankenhaus, das Große Feuer von Hamburg und die Hinrichtung des Piraten *Klaus Störtebeker*. An den berühmten Seeräuber erinnert am Brooktor bei der Speicherstadt auch eine 1982 von *Hansjörg Wagner* entworfene Bronzestatue.

28 MiniaturWunderland

Größte Modelleisenbahn der Welt.

Kehrwieder 2, Block D
Tel. 040/36 09 11 57
www.miniatur-wunderland.de
Mo–Fr 9.30–18, Di bis 21, Sa 8–21, So 8.30–20 Uhr
U1 Meßberg

Dass Hamburg das Tor zur Welt ist, beweist das MiniaturWunderland auf seine eigene, faszinierende Weise: Ein Besuch der größten Modelleisenbahn der Welt gleicht einer Reise zu den schönsten Orten der Welt – im Miniaturformat. Da die Ausstellung ein echter Publikumsmagnet ist, sind Wartezeiten, vor allem am Wochenende, nicht auszuschließen.

Auf einer Fläche von bislang 1150 m^2 und einer Gleislänge von 9000 m rattern ca. 700 Züge durch eine kunstvoll gestaltete Miniaturwelt. 33 Computer steuern die realistischen Zugabläufe. Bis zum vorläufigen Endausbau 2015 sollen zwölf Abschnitte mit insgesamt 1300 Zügen auf über 2300 m^2 fertig gestellt sein.

Mitmachen und Anfassen ist in vielen Bereichen des MiniaturWunderlandes durchaus erwünscht: Die Besucher können etwa einen Bergwerkzug starten, Windräder in Betrieb nehmen oder die 12 000 einzelnen Figuren eines großen Hamburger Stadions zum kollektiven Torschrei bringen.

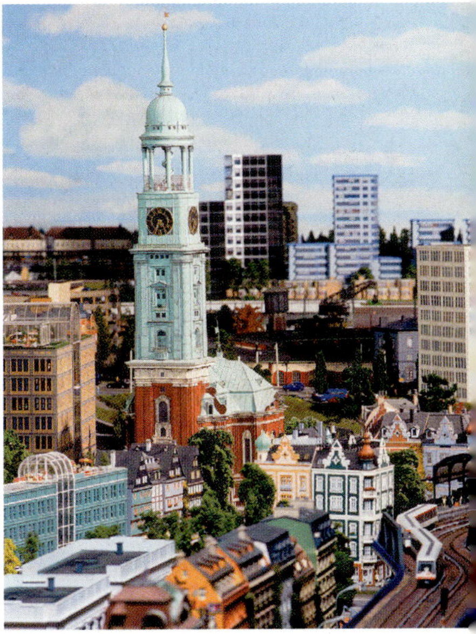

Vom Lager- zum Konzerthaus: die Elbphilharmonie, deren Eröffnung für 2010 geplant ist

29 HafenCity

Ein neuer Stadtteil im Herzen Hamburgs.

InfoCenter, Am Sandtorkai 30,
Tel. 040/36 90 17 99
www.hafencity.com
Di–So 10–18, Mai–Sept. Do bis 20 Uhr
Führungen Sa 15 Uhr, Mai–Sept. auch Do 18.30 Uhr, Radtouren (mit Voranmeldung): Mai–Sept. jeden 1. und 3. So im Monat 11 Uhr
U 1 Meßberg, U 3 Baumwall, Metrobus 6 HafenCity

Bis zum Jahr 2025 soll auf dem ehem. Hafengebiet südlich der Speicherstadt ein neuer Stadtteil heranwachsen. Auf 155 ha werden Wohnungen für 12 000 Menschen und Arbeitsplätze für rund 40 000 Beschäftigte entstehen. Doch schon jetzt ist die HafenCity mehr als eine Vision, sind die ersten Bewohner am Sandtorkai eingezogen und öffentliche Plätze wie der *Vasco-da-Gama-Platz* oder die *Magellanterrassen* fertig gestellt. Das **HafenCity InfoCenter** im ehem. Kesselhaus, der einstigen Energiezentrale der Speicherstadt, informiert über den aktuellen Stand der Arbeiten. Und der 13 m hohe *View Point* am Großen Grasbrook bietet einen beeindruckenden Überblick über das Gelände der HafenCity.

Großer Pluspunkt der **HafenCity** ist seine zentrale Lage: Von hier bis zum Rathaus sind es gerade einmal 800 m. Insgesamt wird die Innenstadt durch den neuen Stadtteil um 40 % wachsen. An der Errichtung sind so namhafte Architekten wie der Niederländer *Rem Koolhaas*, der Brite *David Chipperfield* oder die Schweizer *Jacques Herzog* und *Pierre de Meuron* beteiligt. Auch kulturell wird die HafenCity viel zu bieten haben. Die **Elbphilharmonie** (www.elbphilharmonie.de), ein von Herzog und de Meuron entworfenes Konzerthaus mit zwei Konzertsälen, wird in einer spektakulären Konstruktion gleich einer großen Welle auf ein altes Lagerhaus, den Kaispeicher A, gesetzt. Der 1963–66 errichtete Backsteinbau wurde bis Ende des 20. Jh. als Lagerhalle genutzt. Die Einweihung der Elbphilharmonie ist für August 2010 geplant.

Am Kaispeicher B, im 1879 erbauten, ältesten Lagerhaus der HafenCity, wird im Frühsommer 2008 das **Internationale Maritime Museum Hamburg** (Koreastr. 1, Tel. 040/30 09 23 00, www.internationales-maritimes-museum.de) eröffnet. Dann werden hier anhand von 95 000 Schiffsmodellen sowie Gemälden, Büchern und nautischen Geräten aus der einzigartigen Sammlung des Hamburger Professors Peter Tamm 3000 Jahre Schifffahrtsgeschichte auf neun Etagen präsentiert.

Westlich des Hamburger Hafens, im zukünftigen *Überseequartier*, ist ferner das **Science Center** geplant. Der sechsstöckige Bau aus Glas und Stahl, entworfen von Rem Koolhaas, soll auf 7700 m^2 ein neues Zentrum für erleb- und erfahrbares Wissen sowie ein Großes Aquarium beherbergen. Die Ferstigstellung ist für 2011 geplant.

Am Großen Grasbrook im Süden der HafenCity liegt das **Hamburg Cruise Center** (www.hamburgcruisecenter.de), das bereits vor der Fertigstellung des Kreuzfahrtterminals 2009 jährlich von rund 40 Kreuzfahrtschiffen angesteuert wird, darunter dem größten Passagierschiff der Welt, der Queen Mary 2.

30 St. Katharinen

Der Sage nach hat der Reichtum eines Seeräubers zum Bau der Kirche beigetragen.

Katharinenkirchhof, U1 Meßberg

Die Hauptkirche St. Katharinen wurde erstmals 1256 urkundlich erwähnt. Aus dem 13. Jh. stammt noch der **Turm**. Seinen barocken Aufbau schuf 1656/57 der Zimmermeister Peter Marquardt. Der Sage nach ist die vergoldete Krone aus Klaus Störtebekers Gold gefertigt worden. Die Kirche in Form einer lang gestreckten **Basilika** ohne Querschiff überstand den Großen Brand von 1842. Die Bomben des Zweiten Weltkrieges jedoch zerstörten den Bau bis auf die Grundmauern. Der *Wiederaufbau* wurde 1956 vollendet. Gottfried von Stockhausen gestaltete die *farbigen Glasfenster* (1955–57).

31 Reimerstwiete und Cremon

Hanseatische Architektur des 17.–19. Jh.

U3 Baumwall

Die Reimerstwiete liegt auf der Marschinsel Cremon. *Einwanderer* aus Friesland und Holland deichten die Insel zwischen dem westlichen Nicolaifleet und dem zugeschütteten Steckelhörnfleet im 12. Jh. ein und bebauten rund 30 Grundstücke mit Fachwerkspeichern und Wohnhäusern. In der engen **Reimerstwiete** sind noch fünf Wohn- und Speicherhäuser, Nr. 17–21, aus den Jahren 1761 bis 1824 erhalten. Sie sind die letzten Zeugnisse der *Fachwerkbauweise*, die Hamburg bis ins 19. Jh. hinein prägte.

Die Straße **Cremon** wurde erstmals 1251 urkundlich benannt. Auf der Fleetseite der Straße steht ein Ensemble von *Speicherhäusern* aus dem 18. und 19. Jh. (Nr. 33–36). Sie repräsentieren einen Teil der Speicherhaus-Geschichte außerhalb des Freihafengeländes.

Südlich der Straße Cremon, an der Einmündung des Nicolaifleets in den Binnenhafen, erhebt sich der **Neue Krahn**. Seit 1352 ist an dieser Stelle ein Kran bezeugt. Der heutige eiserne Schwerlastkran ersetzte 1858 den bisherigen Holzkran. Dank der ausgeklügelten Konstruktion konnte man die Ware per Handkurbel gleichzeitig heben und wiegen. 1896 wurde der Kran auf elektrischen Betrieb umgestellt.

32 Deichstraße

TOP TIPP

Ein architektonisches Juwel althamburgischer Bauweise.

U3 Baumwall

Westlich des **Nicolaifleets** verläuft die Deichstraße, in der das einzige Ensemble **althamburgischer Kaufmannsbauweise** aus dem 17. bis 19. Jh. erhalten geblieben ist. Ursprünglich wurde in der erstmals 1304 erwähnten Deichstraße nur die Landseite mit Binnendeichhäusern bebaut. Seit dem 15. Jh., als sich die Brauer hier niederließen, errichtete man am Fleet auch Gebäude am Außendeich.

Das **Haus Nr. 19** wurde gleich nach dem Großen Brand von 1842 errichtet. Die schöne *Fassade* hat der Architekt im Stil des romantischen Historismus gestaltet. Auch die **Häuser Nr. 21–23** haben – wenngleich schlichtere – romantisch-historistische Fronten.

Haus Nr. 27 mit den massiven Backsteinfassaden – um 1780 errichtet – ist der *älteste Speicher Hamburgs*. **Haus Nr. 37** wurde 1686 für den Kaufmann Jakob Lange gebaut. Bei der Renovierung 1980 wurden die *Prunktreppe*, die bemalte Balkendecke sowie die Galerie erneuert. Die Räume sind mit Mobiliar aus dem 17. bis 19. Jh. ausgestattet.

Im **Haus Nr. 42** brach am 5. Mai 1842 der **Große Brand** aus. Die Flammen vernichteten ein Drittel der Stadt, Feuerwehrleute brauchten drei Tage, um die Brände zu löschen. An der Binnenalster schließlich konnte das Feuer eingedämmt werden – deshalb heißt eine Straße dort ›Brandsende‹. 20 000 Menschen waren obdachlos geworden, 51 in den Flammen gestorben, und 1100 Wohnhäuser, 102 Speicher sowie sieben Kirchen wurden zerstört.

Rundfahrt der anderen Art

Die regulären **Hafenrundfahrten** [s. S. 132] starten von den Ablegern St.-Pauli-Landungsbrücken, Deichstraße/Binnenhafen und Vorsetzen. Es gibt jedoch noch eine andere Möglichkeit, durch den Hafen zu schippern. Von den **Landungsbrücken**, von **Blankenese** oder **Wedel-Schulau** legen die Elbfähren [s. S. 132] im Sommer ins Alte Land südlich der Elbe ab. Eine solche Tour kombiniert die tolle Aussicht auf das Hafengeschehen mit einem reizvollen Aufenthalt in Hamburgs ›**Obstgarten**‹ und schont das Urlaubsbudget. Denn auf den meisten Fähren gilt das Großraum-Ticket des Hamburger Verkehrsverbunds (HVV) bzw. die Hamburg Card [s. S. 117 und S. 138]. Mit demselben Ticket kann man auch eine Stadtrundfahrt – wenngleich ohne Führung – machen: Die U-Bahn-Linie U3 führt oberirdisch an den schönsten Ecken Hamburgs vorbei.

33 Sloman-Haus

Kontorhaus der ältesten Reederei Hamburgs.

Baumwall 3
U 3 Baumwall

Geht man die Deichstraße über Kajen zurück zur Hafenkante, erhebt sich am Baumwall das massige Sloman Haus. Das **Kontorhaus** für die Reederei Sloman wurde 1908/09 nach Entwürfen von Martin Haller und Hermann Geißler errichtet. Die barock gestalteten *Portale* des Backsteinbaus schmücken *Bronzereliefs* mit Schiffsmotiven. Von 1921/22 stammt ein *Anbau* (Steinhöft 11). Die Reederei Sloman wurde vom englischen Kapitän William Sloman und seinen Söhnen William Palgrave und Robert Miles Sloman im Jahre 1793 gegründet. Am 29. Mai 1850 lief mit der ›Helena Sloman‹ der erste hamburgische Dampfer zur Fahrt nach Übersee aus. Mit 21 Schiffen war das Unternehmen 1859 die **größte Reederei** der Hansestadt. Noch heute wird Sloman (jetzt Sloman Neptun Schifffahrts AG) von den Nachfahren geführt.

◁ *Herzstück des Hamburger Hafens sind die Landungsbrücken*

34 Verlagshaus Gruner+Jahr

TOP TIPP

Wie ein Dampfer auf Stelzen liegt der Verlagsneubau am Baumwall. Die ›Medienstadt‹ besteht weitgehend aus Glas.

Am Baumwall 11, zwischen Stubbenhuk und Neustädter Weg
U 3 Baumwall

Der Verlag Gruner + Jahr machte es den großen Reedereien nach und zog – von Harvestehude – an den Hafenrand. Der spektakuläre Neubau enstand in den Jahren 1987–90 nach den Entwürfen der Münchner Architekten *Otto Steidle, Uwe Kiessler und Partner*. Das Gebäude formiert sich aus vier zur Elbe gerichteten **Hauptschiffen** und drei kleineren Schiffen im Nordteil. Die Verbindung beider Gebäudeteile stellt der ›Toboggan‹ dar, ein 40 m hoher **Eingangsturm**. Zu 55 Prozent besteht das Pressehaus des Verlages aus Glas, die übrigen Fassadenflächen sind mit silber schimmerndem Titanzink verkleidet. Architektonische Details wie Bullaugen, Relings, Sonnensegel und Oberdecks verstärken den Eindruck eines riesigen Schiffes.

Ein Schiff der anderen Art: die spektakuläre ›Medienstadt‹ des Gruner + Jahr-Verlages

35 Landungsbrücken

TOP TIPP

Die Landungsbrücken sind das Herzstück des alten Hamburger Hafens.

U 3 und S 1, S 3 Landungsbrücken

Den Beinamen ›Tor zur Welt‹ verdankt Hamburg auch den Landungsbrücken. Mit der Sloman-Reederei oder der HAPAG-Linie verließen hier Millionen Menschen ihre Heimat. Nicht alle kamen in Übersee an. Die Fahrt war leidvoll, die Passagiere waren häufig primitiv untergebracht. Im Lauf des 19. Jh. verbesserten sich die Verhältnisse jedoch spürbar.

Die Landungsbrücken wurden 1839 als **Anlegeplatz** für die großen Dampfer errichtet. 1953–55 gestaltete man die 688 m lange Pontonanlage neu. Hier starten die **Hafenrundfahrten** an 364 Tagen im Jahr (außer 24. Dez.). Im Mittelpunkt der Landungsbrücken steht das 200 m lange, 1907–09 errichtete **Empfangsgebäude**. Zwei *Ecktürme* und zwei *Kuppeln* krönen das mächtige Gebäude aus Tuffstein. Wenn der Wasserstandsanzeiger am östlichen Turm 40 Dezimeter über Null zeigt, stehen weite Teile des Hafens wieder einmal unter Wasser.

Lange Jahre legten von den Landungsbrücken noch die Fährschiffe nach Großbritannien ab. In den 1990ern wurde der Fährverkehr mit England dann ca. 1 km weiter westlich in Neumühlen abgefertigt. Das an einen *Ozeanriesen* auf dem Trockenen erinnernde **England-Terminal** aus Glas, Beton und Stahl an der Van-der-Smissen-Straße 1–4 dient heute als Bürogebäude.

36 Rickmer Rickmers und Cap San Diego

Zwei Museumsschiffe, die an stürmische Zeiten erinnern.

Landungsbrücken, Brücke 1
Tel. 040/319 59 59
www.rickmer-rickmers.de
tgl. 10–18 Uhr
S1, S3 Landungsbrücken, U 3 Baumwall

Vorbei an zahllosen Souvenirgeschäften und Imbissbuden gelangt man zum *›Fiete-Schmidt‹-Anleger* an Brücke 1 a. Hier liegt die Dreimastbark **›Rickmer Rickmers‹**. Das heutige Museumsschiff wurde 1896 gebaut und ist einer der letzten Großsegler. An der Überseebrücke hat das 1962 erbaute Museumsschiff **›Cap San Diego‹** (www.capsandiego.de, tgl. 10–18 Uhr) festgemacht, der einzig erhaltene *Stückgutfrachter* aus den Tagen vor dem Containerzeitalter.

Im etwas weiter östlich gelegenen City Sporthafen am Vorsetzen wiederum liegt das **Feuerschiff** (Tel. 040/36 25 53, www.das-feuerschiff.de), ein nach alter Tradition in Nietenbauweise errichtetes Schiff

Jenseits von Afrika

Harry's Hafenbasar (Tel. 040/31 24 82, www.hafenbasar.de) ist ein echtes Hamburger Unikum, das man auf keinen Fall auslassen sollte. Der Laden befindet sich in der Balduinstraße/ Ecke Erichstraße 56 nahe der St.-Pauli-Hafenstraße. Ursprünglich verkaufte hier Besitzer Harry Raritäten, die ihm Seeleute mitbrachten – darunter sogar Schrumpfköpfe und ausgestopfte Reptilien. Diese Zeiten sind natürlich vorbei, aber noch heute kann man in dem vollgestopften Laden, geführt von Harrys Tochter Karin Rosenberg, Kuriositäten aus aller Welt gegen ein geringes Entgelt besichtigen oder kaufen.

Die stürmischen Zeiten sind vorbei: Am Fiete-Schmidt-Anleger kann man die Dreimastbark Rickmer Rickmers besichtigen

◁ *Shopping spezial: Von ihren Ewern aus verkaufen Gemüse- und Obsthändler (**oben**), geräucherter Aal vom Fischmarkt (**Mitte**), Stöberglück in Harry's Hafenbasar (**unten**)*

Treffpunkt für hungrige Frühaufsteher – auf dem Fischmarkt kann man sonntags ab 5 Uhr Meeresgetier und Marktschreier bewundern

mit viel maritimem Equipment, das heute ein Restaurant mit Bar beherbergt. Im Machinenraum werden regelmäßig Jazzkonzerte veranstaltet.

37 Alter Elbtunnel

In den Alten Elbtunnel werden Fußgänger und Autos per Fahrstuhl hinabgelassen.

Eingang neben den Landungsbrücken
U 3 und S 1, S 3 Landungsbrücken

An der Westseite der Landungsbrücken versteckt sich in einem **Kuppelbau** der Eingang zum Alten Elbtunnel. 1907–11 wurde der Tunnel konstruiert, um den Fährverkehr über die Elbe zwischen St. Pauli und Steinwerder zu entlasten. Die Autos werden einzeln in Fahrstühlen in den relativ schmalen, schön gekachelten Tunnel hinabgelassen. Zu Fuß führen Schwindel erregende Treppen in die 448,50 m langen **Röhren** (23,50 m unter dem Straßenniveau) hinab.

Gegenüber den Landungsbrücken thront das **Hotel ›Hafen Hamburg‹** mit seinem pyramidengekrönten Turm, der 1987 von *Kleffel, Köhnhodt und Jacobsgaard* entworfen wurde. Die *›Tower Bar‹* im obersten Stockwerk des Turmes bietet – möglichst bei Sonnenuntergang – einen grandiosen Blick über den Hafen. Ursprünglich war in dem 1853–63 errichteten Gebäude ein Krankenhaus für Seeleute untergebracht.

38 Bismarckdenkmal

Das größte Denkmal der Stadt.

Alter Elbpark
U 3 und S 1, S 3 Landungsbrücken

Inmitten des alten Elbparks, nördlich der Landungsbrücken, wacht Reichskanzler Otto von Bismarck über den Hamburger Hafen. Das größte **Denkmal** der Stadt schufen 1901–06 der Architekt Emil Schaudt und der Bildhauer Emil Lederer aus zusammengesetzten Granitquadern. Die auf einer ehemaligen Bastion der Stadtbefestigung stehende, als Rolandsfigur stilisierte Gestalt Bismarcks ist 14,8 m hoch. Die Kolossalstatue versinnbildlicht den Schutz des Deutschen Reiches für den Welthandel der Hansestadt.

Auf der gegenüberliegenden Straßenseite der Landungsbrücken Richtung Fischmarkt stehen die 1981 von z. T. radikalen Vertretern der ›autonomen Szene‹ besetzten **Hafenstraßenhäuser**, Nr. 116–126. Aus Protest gegen die Wohnungspolitik des Hamburger Senats errichteten die Hafenstraßenbewohner Mitte der 1980er-Jahre *Barrikaden*. Der damalige Erste Bürgermeister Klaus von Dohnanyi vermittelte 1987 durch einen Pachtvertrag. Inzwischen ist Ruhe eingekehrt. Die Häuser sind im Besitz einer Genossenschaft, die die Gebäude saniert. Geht man zwischen Landungsbrücken und Hafenstraße die Davidstraße hoch, so hat man einen beeindruckenden Ausblick über den Hafen.

39 Fischmarkt

TOP TIPP

Auf dem Fischmarkt treten am frühen Sonntagmorgen Hamburgs bekannte Marktschreier auf.

Große Elbstraße 137
Tel. 040/38 01 20
www.fischmarkt-hamburg.de
Sommer So 5–10, Winter So 7–10 Uhr
S 1, S 3 Reeperbahn, S 1, S 3 Königstraße

Auf dem 1730 eingerichteten Altonaer Fischmarkt wurde ursprünglich nur Fisch, vorwiegend Hering, verkauft. Heute ist hier für *Frühaufsteher* fast alles zu haben. Lebensmittel, Pflanzen, Antiquitäten und Kitsch. Auf dem Fischmarkt tummeln sich Touristen, nächtliche Szenegänger auf dem Weg nach Hause, Hausfrauen und Restaurantbesitzer. Wer erst kurz vor Ende kommt, kann ›Schnäppchen‹ machen. Da kann es sein, dass die **Marktschreier** auch ein ganzes Bündel Bananen »für 'n Euro« feilbieten. Die Marktschreier, die sog. Rappohändler, sind wahre Originale und große Selbstdarsteller. Spaßig ist es immer, wenn sie so richtig loslegen, auch wenn ihre Späße zuweilen derb und anzüglich sind. Kurzum, sie geben Vorstellungen, die man nicht verpassen sollte.

Ein Fisch namens Wanda? Frühes Aufstehen lohnt sich, um auf dem Fischmarkt alle Sorten näher kennenzulernen

In der Altonaer Fischauktionshalle kann man heute eine flotte Sohle aufs Parkett legen

Mitten auf dem Fischmarkt behauptet sich die würdige **Altonaer Fischauktionshalle**. Altona, erst 1937 in Hamburg eingemeindet, war Ende des 19. Jh. Hauptanlegeplatz der deutschen Fischereiflotte. Das *Eisenskelett-Gebäude*, verkleidet mit Backstein, wurde 1895–96 errichtet und 1982–84 von Günter Talkenberg umfangreich restauriert. Die Fischauktionshalle wird für Veranstaltungen genutzt.

Auf Höhe des Restaurants Fischerhaus (Nr. 14, Tel. 040/31 40 53) befand sich die *ehem. Fischauktionshalle*, die 1971 abgerissen wurde. Die ›Fünfziger-Jahre-Bahnhofshallen-Atmosphäre‹ im Fischerhaus hat einen eigenen Charme, die Fischgerichte aber sind vorzüglich und preiswert. Wer es vornehmer mag, sollte sich das westlich gelegene *Fischereihafen-Restaurant* (Große Elbstraße 143, Tel. 040/38 18 16) aussuchen. Hier speist man exzellent – und teuer – mit Blick auf den Hafen (und den Straßenstrich).

Das Gesicht der Hafenkante hat sich immer mal wieder verändert. Das lag jedoch nicht nur an der Hamburger Baupolitik. **Sturmfluten** zerstörten Gebäude und Anlagen. Die *Sturmflut im Februar 1962* forderte mehr als 300 Menschenleben; rund 20 000 verloren ihr Dach über dem Kopf. Der Wasserstand erreichte damals 5,73 m über Null; eine blaue Markierung gegenüber der ›Rickmer Rickmers‹ erinnert daran. Nach der Sturmflut wurden die Deiche erhöht, Schleusen und Sperrwerke geschaffen, und an der Hafenkante entstand die Flutschutzmauer, entlang der man heute promeniert.

Die attraktive Neustadt: ein einstiges Armenviertel boomt

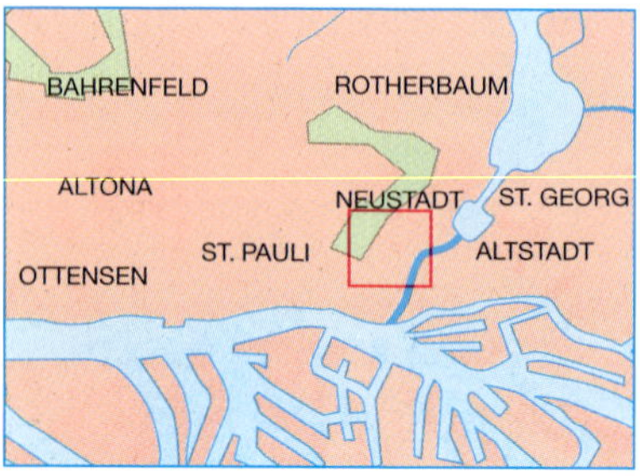

Obwohl nur 1000 m vom Rathaus entfernt, entwickelte sich die Neustadt zu einem fast kleinstädtisch anmutenden Wohngebiet. Zum Hamburger Stadtgebiet kam dieses Viertel, das vom Johannes-Brahms-Platz im Norden bis zum Hafen reicht, durch den **Bau der Bastion** 1615–1626. Ihr Verlauf ist heute noch deutlich am Wallring zu erkennen. Der Festungsbaumeister Johann van Valckenburgh nahm damals große freistehende Flächen in den Festungsring auf, die dann peu à peu um die **Hauptkirche St. Michaelis** mit Wohnquartieren bebaut wurden. Die Neustadt war immer das Wohngebiet der **Arbeiter und Armen**. In den *Gängevierteln* – ein Labyrinth drangvoll enger, lichtloser Wohnquartiere – herrschten krasse soziale Missstände. Doch mit dem Ende des 19. Jh. begann man, die Viertel zu sanieren.

40 Bäckerbreitergang

Erinnerung an das alte Hamburg.

U 2 Gänsemarkt

Ein Beispiel für ein solches Gängeviertel steht im Bäckerbreitergang. Zwar ist die Enge der Gänge nur noch an der Breite des Straßenpflasters zu erkennen, die originalgetreu restaurierten **Fachwerkhäuschen** aus dem 18. und 19. Jh. (Nr. 49 bis Nr. 58) geben jedoch noch einen Eindruck vom Leben in diesen Vierteln: je eine Tür führt in die *Bude*, den Wohnraum im Erdgeschoss des Hauses. Die mittlere Tür führt über eine Treppe hinauf zum *Sahl*, dem Wohnraum im Obergeschoss. Oft wohnte eine ganze Familie in nur einem Wohnraum. Das **Haus Nr. 49/50** aus der Mitte des 17. Jh. ist das älteste erhaltene Wohnhaus in der Neustadt.

Im Bäckerbreitergang wohnten Arbeiterfamilien sehr beengt

41 Johannes-Brahms-Platz und Sievekingplatz

Repräsentative Bauten der Stadt.

U 2 Messehallen

Mit dem Wachsen Hamburgs zur modernen Großstadt erlangte das Gebiet entlang des *Wallrings* seine Bedeutung. Um die Wende zum 20. Jh. wurden hier u. a. das Hamburger Justizforum am Sievekingplatz und das **Konzerthaus Laeiszhalle** (Johannes-Brahms-Platz 20, www.laeiszhalle.de) errichtet. Diesen Bau (1904–08, Architekten: Martin Haller, Wilhelm Emil Meerwein) finanzierte die Reederfamilie Laeisz, nach der das Konzerthaus benannt ist. Im Obergeschoss befindet sich ein *Brahms-Denkmal* von Max Klinger (1909).

Der nahe gelegene **Sievekingplatz** ist benannt nach dem Oberlandesgerichtspräsidenten Friedrich Sieveking, dem

Spross einer der führenden Hamburger Kaufmannsfamilien. Hier befinden sich das im Renaissancestil erbaute **Strafjustizgebäude** (1879–82, Carl Johann Zimmermann und Fritz Schumacher), das **Ziviljustizgebäude** (1898–1903, Carl Johann Zimmermann, Fritz Schumacher) und im Zentrum des Platzes das **Hanseatische Oberlandesgericht**. Der mächtige Kuppelbau wurde 1907 bis 1912 von Lundt & Kallmorgen errichtet. Den Sievekingplatz schmückt eine **Brunnenanlage** aus dem Jahr 1912 (Arthur Bock), deren Figurenschmuck Allegorien der Industrie und Seefahrt sowie der Hansestädte Hamburg, Lübeck und Bremen darstellt.

Der dunkle Backsteinbau am Johannes-Brahms-Platz Nr. 1 wurde in den vergangenen Jahren aufwändig saniert. Das Gebäude, das **Brahms-Kontor**, befindet sich heute im Besitz der Gewerkschaft Ver.di und bietet über 23 000 m^2 Bürofläche. Der Bau wurde 1904 von Lundt & Kallmorgen für den Deutschnationalen Handlungsgehilfen-Verband (DHV) errichtet. 1929–31 erfolgte eine Erweiterung durch die Architekten Sckopp & Vortmann auf acht Geschosse zum damals höchsten Gebäude der Stadt. Die mächtige *Backsteinfassade* stammt ebenfalls aus dieser Zeit, sie wird geschmückt von einer Figurenreihe heroischer Jünglinge und der *Figur des Elefantenreiters*. Möglicherweise stellt diese einen Hinweis auf die Versuche des DHV dar, Auslandsdeutsche als Mitglieder zu gewinnen.

Westlich des Justizforums, zwischen Feldstraße und Karolinenstraße, liegt das **Karo-Viertel**, ein Szeneviertel mit kleinen Boutiquen und Lokalen.

42 Museum für Hamburgische Geschichte

TOP TIPP *Touristisches Muss für Hamburg-Besucher.*

Holstenwall 24
Tel. 040/42 81 32 23 80
www.hamburgmuseum.de
Di–Sa 10–17, So 10–18 Uhr
U 3 St. Pauli, Bus 112 Museum für Hamburgische Geschichte

Im Besichtigungsprogramm nicht fehlen sollte das Museum für Hamburgische Ge-

Helden am Haus: Das Brahms-Kontor wird von einer Figurenreihe heroischer Jünglinge geschmückt ▷

schichte, das mit seinen Exponaten einen hervorragenden Einstieg für die geschichtliche Erkundung der Stadt bietet. Das **Backsteingebäude** wurde nach Plänen von Fritz Schumacher 1913–1922 errichtet. Die Einrichtung des Museums geht zurück auf den ›Verein für Hamburgische Geschichte‹, der bereits seit 1839 hamburgische Altertümer sammelte.

Das Erdgeschoss präsentiert Hamburgs Geschichte im 20. Jh., von den Hungerwintern und dem Flüchtlingselend nach Erstem und Zweitem Weltkrieg über die Zeit des Wirtschaftswunders bis zum Ende des Jahrhunderts. Der erste Stock umspannt die Zeit von Mittelalter bis Ende des 19. Jh. Die Abteilung ›*Hamburg im Mittelalter*‹ zeigt ein **Modell des Alsterhafens** um 1500, die Abteilung ›*Hafen und Schifffahrt*‹ dokumentiert anhand zahlreicher Schiffs- und Hafenmodelle die Entwicklung der Schifffahrt von 1650 bis heute. 2007 wurde die neue Abteilung ›*Aufbruch in die Moderne*‹ eröffnet. Hier kann man sich über den Brand von 1842, den Überseehandel und die Auswanderung über den Hamburger Hafen informieren. Der zweite Stock widmet sich der Geschichte der Juden in Hamburg, stellt barocke Wohnräume vor und beherbergt eine **Eisenbahnmodellanlage** der Strecke Hamburger Hauptbahnhof/Bahnhof Hamburg-Harburg.

Seit 1995 ist das ehem., aus dem 17. Jh. stammende Südportal der Petrikirche [s. S. 36], das bereits von Fritz Schumacher in den Innenhof des Museums eingefügt wurde, wieder zu besichtigen. Seit dem Zweiten Weltkrieg war das stark zerstörte Portal geschlossen gewesen. Das **Petriportal** führt in den mit Glas überwölbten *Innenhof* des Museums.

Nach dem Museumsbesuch bietet sich ein Abstecher in das Café **›Fées‹** (Tel. 040/317 47 66, www.fees-hamburg.de) an. Jung und Alt treffen sich in diesem Kult-Kaffeehaus, das dem Museum angeschlossen ist.

43 Peterstraße und Neanderstraße

Geschönte Traditionsinsel, die gelegentlich als Kulisse für Filmaufnahmen dient.

U 3 St. Pauli

Mit seinen Alt-Hamburger Kaufmannshäusern stellt die **Peterstraße** eine so genannte ›Traditionsinsel‹ dar, die zwar nicht historisch getreu, dafür längst ein *touristischer Blickfang* ist. Der Hamburger Kaufmann und Mäzen Alfred C. Toepfer hatte die *Backstein- und Fachwerkhäuser* mit ihren prunkvollen barocken Fassaden zwischen 1966 und 1982 errichten lassen. Historisch authentisch sind diese Gebäude allerdings nicht – denn solche Häuser hatten in diesem einstigen Armeleuteviertel nie gestanden. Geschichtsträchtig präsentiert sich indes das ab 1751 erbaute

Die Historie der Hansestadt vom Mittelalter bis in die heutige Zeit ist im Museum für Hamburgische Geschichte eindrucksvoll dargestellt

Tradition als Rekonstruktion: Alle Kaufmannshäuser in der Peterstraße wurden erst in den Jahren zwischen 1966 und 1982 errichtet

Beylingstift (Nr. 35–39), ein Mehrfamilienhaus mit überwiegend Altenwohnungen. Im Obergeschoss dieses Stiftes ist das **Johannes-Brahms-Museum** (Peterstraße 39, Tel. 040/41 91 30 86, www.brahms-hamburg.de, Di/Do 10–13 Uhr, jeden 1. So im Monat 11–14 Uhr, Juni–Sept. auch jeden 3. So) untergebracht. Johannes Brahms (1833–1897) war in der nahe gelegenen Speckstraße geboren worden. In den Räumen des Museums sind *Originalpartituren* ausgestellt sowie zahlreiche Dokumente, die den Besuchern das Leben des Komponisten vor Augen führen. Außerdem steht eine umfangreiche Präsenzbibliothek zur Verfügung.

Auch in der **Neanderstraße**, im vergangenen Jahrhundert das Handelszentrum der *jüdischen Bevölkerung*, stehen einige Häuser im historischen Stil. **Nr. 22** ist die – allerdings nicht originalgetreue – Nachbildung des *Paradieshofes* aus dem Alten Steinweg.

44 Großneumarkt

Kleinstadtleben und Kneipenszene.

S 1, S 3 Stadthausbrücke

Das Zentrum der **nördlichen Neustadt** stellt der Großneumarkt dar, der schon im 17. Jh. Hauptplatz dieses Stadtviertels war. Ein kleinstädtisch anmutendes Viertel, in dem trotz der Zerstörungen im Zweiten Weltkrieg noch einige Gebäude und Straßenzüge erhalten blieben.

Sehenswert am Großneumarkt sind die durch den **Hertz-Joseph-Levy-Stift** 1906 errichteten Gebäude, die bedürftige Juden beherbergen sollten (Nr. 56/57). Ebenfalls interessant: die **Pelikan-Apotheke** (Nr. 37) aus dem Jahr 1913, die ein spätbarockes *Sandsteinportal* hat, sowie das moderne **Wohn- und Bürohaus** (Nr. 50) der *Architekten Kleffel und Köhnholdt*. Sie gehören zu den führenden Architekten der Stadt, ihre Dachkonstruktionen, die so genannten ›Hamburger Flugdächer‹ und ›Doktorhüte‹, sind überall in der Stadt zu sehen. Ecke Großneumarkt/Thielbek steht ein **Fachwerkgiebelhaus** aus dem späten 18. Jh., das als Mietshaus genutzt wurde und heute ein Restaurant beherbergt.

Einen Eindruck vom Hamburg der Wende zum 20. Jh. erhält man in der Seitenstraße **Brüderstraße**, die von den Brüdern Friedrich Hermann und Ernst Wex 1876 als Privatweg angelegt wurde. Eine Besichtigung wert ist auch die ähnlich gestaltete, ebenfalls 1876 angelegte **Wexstraße** mit den kleinen Lädchen und Kneipen. Eines der in Hamburg seltenen Barockhäuser, der **Paradieshof**, steht am Alten Steinweg. Das Gebäude wurde 1762 als Mietshaus errichtet und komplett restauriert.

45 Fleetinsel

Fleetromantik zwischen modernen Cityhäusern und alten Kontoren.

S 1, S 3 Stadthausbrücke

Die durch die Bombennächte des Zweiten Weltkrieges verwüstete Fleetinsel wurde erst ab Ende der 1980er-Jahre neu bebaut. Unter anderem findet man dort moderne Bürohäuser wie den **Fleethof**, das 5-Sterne-Hotel **›Steigenberger‹** und das **Deutsch-Japanische Zentrum**. Ebenso trifft man auf der Fleetinsel auf alte Geschäftshäuser wie das **Neidlingerhaus** (Michaelisbrücke 1), welches Johannes Grotjan 1885/ 86 erbaute. Beachtenswert ist hier die *Neorenaissance-Fassade*.

Fleetromantik findet man noch im Bereich **Admiralitätstraße** und **Herrengraben**. Die Gebäude hier wurden als Kontore, Lager und Speicher genutzt. Zum Herrengrabenfleet hin stehen die Fassaden einiger Speicher mit ihren Windenluken. Dazu zählen das im klassizistischen Stil errichtete Wohnhaus Admiralitätstraße **Nr. 76** mit dem 1896 erbauten Speicher, ebenso das Geschäftshaus **Nr. 74** mit einem 1787 erbauten Speicher sowie das Kontorhaus **Nr. 72** (1889/90).

Die Fleetinsel ist eine namhafte Adresse für zahlreiche Galerien und künstlerische Fachbuchhandlungen. Straßencafés verleihen dem Areal im Sommer ein fast südländisches Flair. Jedes Jahr im Juli findet hier das **Fleetinsel-Festival** (Termin und Programm unter www.ducksteinfestival.de) mit Musik, Straßentheater, Comedy und Artistik statt.

Alt und Neu muss sich erst finden: An der Fleetinsel mischen sich historische Kontorhäuser mit modernen Citygebäuden

46 St. Michaelis

TOP TIPP

Die wohl schönste Barockkirche Norddeutschlands.

Englische Planke 1a
Tel. 040/37 67 81 00
www.st-michaelis.de
Mai–Okt. tgl. 9–20, Nov.–April tgl. 10–18 Uhr, Kirche So ab 12.30 Uhr, Turm letzter Einlass 30 Min. vor Schließung
S 1, S 3 Stadthausbrücke

Eines der Wahrzeichen der Hansestadt ist die Hauptkirche St. Michaelis, von den Hamburgern auch ›Michel‹ genannt. Sie gilt als die **schönste Barockkirche** in Norddeutschland.

Der Michel hat eine überaus bewegte Geschichte: Bereits 1649–61 wurde hier eine dreischiffige Basilika von Christoph Corbinus und Peter Marquardt errichtet, der Turm 1669 fertig gestellt. Ein Blitzschlag am 10. März 1750 zerstörte jedoch das Gotteshaus. Nur die Kleine St.- Michaelis-Kirche blieb bestehen. Der Neubau wurde 1750–62 von Ernst Georg Sonnin durchgeführt, er entwarf zusammen mit Johann Leonhard Prey eine barocke *Predigtkirche in Kreuzform*, in der von jedem Platz aus der Blick zur Kanzel möglich war. Die Errichtung des neuen *Turmes* erfolgte

Was wäre Hamburg ohne seinen ›Michel‹? Besonderer Genuss für Auge und Ohr ist immer dann angesagt, wenn ein Orgelkonzert stattfindet

1776–86. Ein Brand am 3. Juli 1906 zerstörte jedoch auch dieses Gebäude. Mit Hilfe des Senats, der Bürger sowie durch Spenden aus aller Welt wurde es ermöglicht, den Sonnin-Bau in den Jahren 1907–12 originalgetreu wieder aufzubauen. Erneute Zerstörungen erfuhr die Kirche in den Bombennächten 1944 und 1945, bis 1952 war sie wieder hergestellt.

Ein Besuch dieser Kirche ist unbedingt empfehlenswert, vor allem dann, wenn eines der zahlreichen *Orgelkonzerte* (Informationen zu Konzerten, auch zum Orgelsommer, unter Tel. 040/37 67 81 43, www.michel-musik.de) stattfindet. Alle drei Orgeln erklingen zur täglichen Andacht zwischen 12 und 12.20 Uhr. Über das barocke **Hauptportal [A]** kann nun jeder Besucher die Kirche erreichen. Besonders beeindruckend ist der in Weiß, Grau und Gold gehaltene *Innenraum*, in dem 3000 Menschen Platz finden. Der hohe Raum fasziniert vor allem wegen der freitragenden Decke, der formschönen Emporen und wegen des 20 m hohen marmornen **Altars [B]**. Ebenso aus Marmor sind der 1763 errichtete **Taufstein [C]** sowie die **Kanzel [D]**. Der barocke **Gotteskasten [E]** am Eingang, ein Spendenkasten für die Armen, wurde von Baumeister Sonnin

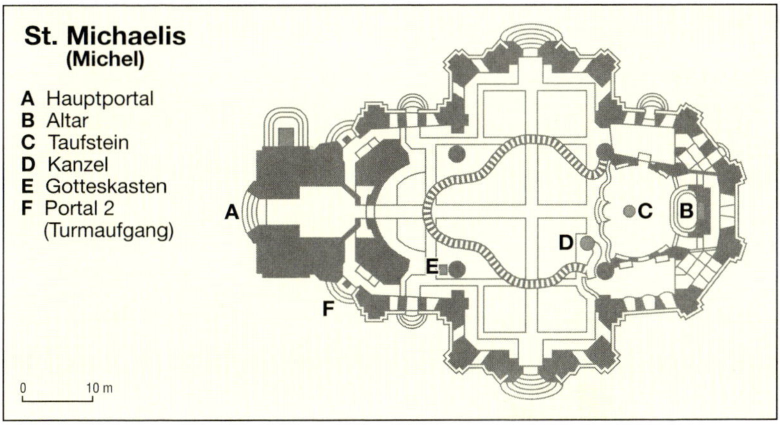

Ein Stück Wohngeschichte erlebt man in den Krameramtsstuben, die sich gleich neben der Kirche St. Michaelis befinden

1763 gestiftet. Im *Gruftgewölbe* ist die Dauerausstellung ›Michaelitica‹ (www.michaelitica.org, Mai–Okt. tgl. 11–17, Nov.–April Sa/So 11–17 Uhr, letzter Einlass 30 Min. vor Schließung) sehenswert, die anhand von alten Dokumenten, Münzen, Bibeln über St. Michaelis informiert.

Einen Gang auf den ›Michel‹, den 132,14 m hohen *Kirchturm*, sollte man nicht verpassen. Die Aussichtsplattform auf 82,54 m Höhe bietet einen herrlichen Blick auf die Elbe, die Hafenanlagen und den Rest von Hamburg. Man erreicht den Turm über das **Portal 2 [F]** im Südwesten des Gotteshauses. Wer gut zu Fuß ist, kann die 449 Stufen steigen. Ansonsten steht auch ein Fahrstuhl bereit. Übrigens: Werktags um 10 und 21 Uhr, sonn- und feiertags um 12 Uhr, bläst ein so genannter *Türmer* unter den Uhren des Turms in alle Himmelsrichtungen einen Choral – eine rund 300-jährige Tradition. Im Turm selbst informiert eine **Multivisions-Show** über die Geschichte Hamburgs.

47 Krameramtsstuben

TOP TIPP *Romantisches Alt-Hamburg, einst Heimstatt von Krämerwitwen.*

Krayenkamp 10
tgl. 10–22 Uhr
S 1, S 3 Stadthausbrücke

Gegenüber der Michaeliskirche, hinter dem Eingang von Haus Krayenkamp Nr. 10, befindet sich eine kleine **Wohnhofanlage**, die 1676 errichteten Krameramtswohnungen oder -stuben. Die fünf zweistöckigen *Fachwerkhäuschen* sind die letzten ihrer Art in Hamburg und verkörpern ein Stück althamburgischer Geschichte. In ihnen wohnten die Witwen der Krämer. Die Häuser A, M und N stammen höchstwahrscheinlich bereits aus dem Jahr 1620. Im 19. Jh. nutzte man die Wohnzeile als Altenwohnungen, von 1971–74 wurde sie renoviert. Heute findet man in den Krameramtsstuben eine kleine Buchhandlung, eine Galerie, gemütliche Restaurants und das **Museum Krameramtsstuben** (Tel. 040/37 50 19 88, April–Okt. Di–So 10–17 Uhr), in dem eine *historische Witwenwohnung* mit Möbeln aus der Zeit um 1850 zu sehen ist.

Die vielen Gesichter von St. Georg: Kirchen, Künstler, Kneipen

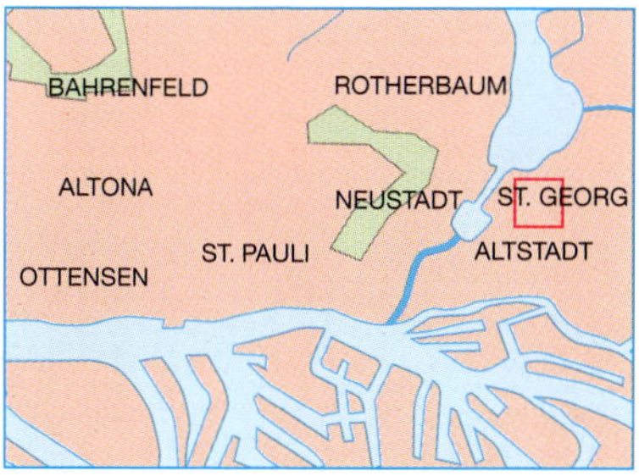

Neben St. Pauli entwickelte sich in St. Georg mit dem Bau des **Hauptbahnhofs** 1906 ein weiteres Rotlichtmilieu – und ein Treffpunkt der Drogenszene. Dabei bietet St. Georg ungleich mehr: Knapp 17 000 Einwohner aus mehr als 100 Nationen sorgen für eine **bunt gemischte Bevölkerung**. Billiger Wohnraum zog Künstler und Studenten in das Viertel, ließ Kneipen und kleine Läden ihre Kundschaft finden. Neben den **Prachtbauten** an der Kirchenallee und an der Alster, den **Bürgerhäusern** in der Langen Reihe und rund um den Hansaplatz bietet St. Georg vor allem in den engen Seitenstraßen sehenswerte **Terrassen- und Hinterhofbauten**. Und darüber hinaus Szeneleben pur.

Zwischen Außenalster im Nordwesten und Hammerbrook im Südosten gelegen, ist St. Georg der **älteste Hamburger Stadtteil** außerhalb des alten Befestigungsrings. Hierher verlegten die Hamburger, was ihnen innerhalb ihres Schutzwalles nicht ganz geheuer war: ein Hospital für die Leprakranken mit der St.-Georgs-Kapelle (um 1200), den Galgen (um 1500), den Pestfriedhof (1564) oder auch manch feuergefährliches Gewerbe wie den Pulverturm. 1679/80 wurde St. Georg in den Festungsring der Hansestadt einbezogen, 1789 sperrte man die Bewohner durch eine Torvorrichtung wieder aus. Wer abends in die Stadt wollte, musste zahlen. Nach 60 Jahren begehrten die St. Georgianer auf, stürmten die Sperre und steckten sie in Brand.

St. Georg wurde Ende des 19. Jh. zum aufblühenden Viertel: **Handwerkerhäuser** und erste Wohnblocks entstanden, das **Deutsche Schauspielhaus** wurde 1900 eröffnet, und **prachtvolle Hotels** wurden erbaut. Um das Jahr 1970 sollte das Gebiet zwischen Außenalster und Hansaplatz Versuchsfeld für eine ›richtungsweisende‹ Baumaßnahme der Neuen Heimat werden. Das gesamte Viertel sollte einer Art *Alster-Manhattan* weichen mit bis zu 60-stöckigen Gebäuden – Pläne, die jedoch bald wieder verworfen wurden. Seitdem wird St. Georg behutsam saniert. Zu Ehren kam der Bezirk schließlich durch die Wiedervereinigung Deutschlands. Der Bischof des neu gebildeten **Nordbistums** (Schleswig-Holstein, Hamburg und Mecklenburg) nämlich wählte die Hauptkirche St. Marien (Danziger Straße) zu seinem Sitz.

48 Deutsches Schauspielhaus

TOP TIPP

Ambitioniertes Theater in einem reich geschmückten Bau.

Kirchenallee 39
Tel. 040/24 87 13
www.schauspielhaus.de
U 2 Hauptbahnhof Nord

So recht fügt sich dieser reich dekorierte Bau, der in der Fassade Elemente der Renaissance und des Barock aufnimmt, nicht in die nüchterne Kaufmannsstadt Hamburg. Man stelle sich das Gebäude leicht erhöht auf einem Sockel vor mit einer prächtigen Freitreppe – schon würde es bestens nach Süddeutschland oder Österreich passen! Und das nicht ohne Grund: Der Bau stammt von den Wiener Architekten Ferdinand Fellner und Hermann Helmer, die damit eine **Kopie des Wiener Volkstheaters** schufen. Bei seiner Eröffnung bot das Deutsche Schauspiel-

Little Vienna an der Waterkant – Das Deutsche Schauspielhaus kopiert architektonisch das Wiener Volkstheater. Hier wirkte von Gründgens bis Zadek alles, was Rang und Namen hatte

haus 1800 Plätze und war damit eines der größten Theater Deutschlands. Abend für Abend mussten diese Plätze besetzt werden, denn immerhin gehörte das Theater einer Aktiengesellschaft und sollte Gewinn erwirtschaften. Daher standen hauptsächlich populäre Stücke auf dem Programm des Schauspielhauses.

An der beeindruckenden *Fassade* finden sich Büsten von Goethe und Schiller, Lessing, Kleist, Shakespeare und Grillparzer. Bekrönt wird die Vorderfront des Hauses von *Skulpturengruppen*, welche die ernsten und heiteren Musen versinnbildlichen. Der Schmuck der Fassade und des Innenraumes wurde bei der Renovierung 1984 im alten Feststil wieder hergestellt. Gespielt wird heute auch auf der Nebenbühne ›**Malersaal**‹. Die Aufführungen im Deutschen Schauspielhaus sorgten und sorgen immer wieder für Schlagzeilen. Was nicht zuletzt an den Intendanten lag. *Gustaf Gründgens* führte das Haus von 1955 bis 1963 und machte es zu einer der führenden Sprechbühnen im deutschsprachigen Raum. In den späten 1980er-Jahren gab Peter Zadek dem Haus neue Impulse – und sorgte für Begeisterung, aber auch für manchen Skandal.

In unmittelbarer Nähe des Deutschen Schauspielhauses verweisen die Hotels ›**Bismarck**‹ (Kirchenallee Nr. 49), ›**Kronprinz**‹ (Nr. 46) und ›**Reichshof**‹ (Nr. 34–36) auf die ehrgeizigen Pläne, die mit dem Bau des Hauptbahnhofes verbunden waren. Das Hotel ›Reichshof‹ [s. S. 136] war bei seiner Eröffnung im Jahr 1910 das größte Hotel Deutschlands. Noch heute zeigt das Haus die *prachtvolle Innendekoration* aus dieser Zeit.

Das **Bieberhaus** (Hachmannplatz/Ernst-Merk-Str. 9), 1908 bis 1910 erbaut, sollte ebenfalls ein Hotel werden, wurde dann jedoch als Kontorhaus genutzt.

49 Dreieinigkeitskirche

Kirchenneubau mit historisierendem Turm.

St. Georgs Kirchhof
S 1, S 3 Hauptbahnhof und U 2 Hauptbahnhof Nord

Die Kirchenallee führt zur Dreieinigkeitskirche, dem **historischen Zentrum** des Stadtteils St. Georg. Um das Jahr 1220 stiftete Graf Adolf III. hier ein Lepra-Hospital, dessen Kapelle man dem hl. Georg weihte. In den Jahren 1743–47 enstand an dieser Stelle die **Kirche der Heiligen Dreieinigkeit** im spätbarocken Stil. Mittlerweile hatten sich rund um das Hospital erste Handwerker angesiedelt, eine Vorstadt war entstanden.

1943 schwer zerstört, wurde das Kirchenschiff der Dreieinigkeitskirche von 1954 bis 1957 nach Plänen von Heinz Graaf mit betont schlichtem Innenausbau neu errichtet. Einzig der 67 m hohe **Kirch-**

turm, den die Figur des hl. Georg krönt, wurde 1959–61 im alten Stil wieder hergestellt. In der *Turmkapelle* findet sich eine bronzene Kreuzigungsgruppe aus der Zeit um … ahr 1500. Sie stand einst an dem … vom Mariendom im St… henhaus des St.- … der Kirche ste… mit Drachen…

Welt… okal **›Max und** … 7, Tel. 040/24… r ten.de) zu. Im Ja… net, nimmt sie im … der Hafenarbeiter auf. … den die Hafenarbeiter ge… Quartiermacher ein Team bil…

50 Kempinski Hotel Atlantic

TOP TIPP

Ein Hotel vom Feinsten im ›Edelviertel‹ von St. Georg.

An der Alster 72–77
www.kempinski.atlantic.de
S 1, S 3 Hauptbahnhof und
U 2 Hauptbahnhof Nord

Ebenso wie das ›Maritim Hotel Reichshof‹ an der Kirchenallee stammt auch das ›Kempinski Hotel Atlantic‹ aus dem Beginn des 20. Jh., als sich Hamburg endgültig zur modernen Großstadt entwickelte. Die **schneeweiße Fassade** des Hotels (erbaut 1907–09), bekrönt von der *Weltkugel*, hebt sich prächtig gegen das Blau der Alster ab. Dass das Hotel Elemente der Neorenaissance in der *Fassade* zeigt und bei Architekten schon zu Bauzeiten als unmodern galt, dürfte kaum einen der illustren Gäste gestört haben. Schon gar nicht Hans Albers, der hier während seiner Hamburg-Aufenthalte logierte und den Ausblick auf die Anleger der Außenalster genoss – dort, wo der berühmteste St. Georgianer als Junge gearbeitet hatte.

51 Lange Reihe

Schlendermeile mit kleinen Geschäften.

S 1, S 3 Hauptbahnhof und
U 2 Hauptbahnhof Nord

Die Straße Lange Reihe und der Steindamm bilden sozusagen die Hauptstra-

Schneeweiße Schönheit – Das ›Kempinski Hotel Atlantic‹ an der Außenalster

Shoppen und Schlemmen auf der Langen Reihe in St. Georg

Hans Albers wurde am 22. September 1891 in diesem Haus Lange Reihe Nr. 71 geboren

ßen von St. Georg. Während der Steindamm noch immer für Prostitution und eine hohe Kriminalitätsrate bekannt ist, hat sich die Lange Reihe mit ihren vielen kleinen Läden und Cafés zur **Promeniermeile** gemausert. Dass St. Georg heute gern mit dem New Yorker Stadtteil Greenwich Village verglichen wird hat seinen Grund auch darin, dass sich hier seit den 1980er-Jahren eine selbstbewusste homosexuelle Mittelschicht niedergelassen hat.

Renovierte Häuser aus der Gründerzeit einerseits und moderne Glasfassaden andererseits, ausgefallene und alteingesessene Geschäfte ebenso wie neue Szenekneipen prägen heute das Bild der quirligen Langen Reihe. Sie löste nach dem Zweiten Weltkrieg den seinerzeit gutbürgerlichen Steindamm als Geschäftsstraße ab. Im Bombenhagel des Weltkrieges weitgehend zerstört, wurde der Steindamm danach zur zweispurigen Hauptverkehrsstraße umgebaut.

Unter den Gebäuden in der Langen Reihe fällt zunächst der Handelshof (Nr. 29) auf, der 1913/14 nach Plänen des Architekten Fritz Höger errichtet wurde. Höger führte in Hamburg die Klinkerbauweise ein. Die schöne **St. Georg Apotheke** (Nr. 39) stammt aus der Mitte des 19. Jahrhunderts.

Besonders der Bau Lange Reihe **Nr. 71** besticht durch seine schmuckvolle Fassade aus der Gründerzeit. Eine Gedenktafel erinnert an den wohl berühmtesten Sohn St. Georgs, **Hans Albers**. Der Schauspieler wurde hier am 22. September 1891 als Sohn des Schlachters Wilhelm Albers geboren. Vater Albers hatte es durch eine Großschlachterei zu beträchtlichem Wohlstand gebracht. Umso ärgerlicher empfand er es, dass aus dem Sohn kein Kaufmann werden wollte. Der Schule verwiesen, versuchte sich Hans Albers zunächst auf mehreren Lehrstellen, bevor er ohne Wissen seines Vaters eine Ausbildung als Schauspieler absolvierte. Fürchterliche Kritiken für erste Auftritte in Provinztheatern sowie Rollen in mehr als 100 Stummfilmen musste Albers hinter sich bringen, bis ihm mit dem Tonfilm der große Durchbruch gelang. Mit Filmen wie ›Große Freiheit Nr. 7‹ wurde der 1960 verstorbene Hüne zum ›Blonden Hans‹, zum Darsteller des Seemanns, in dessen blauen Augen alle nur denkbare Sehnsucht lag.

Der Durchgang beim Haus Lange Reihe Nr. 75 führt nicht nur zu einer sehenswerten, weil typischen Hinterhausbebauung. Er führt auch in das *›Haus des Kunsthandwerks‹* (Koppel Nr. 66). 1981 wurden in der ehemaligen, 1924 erbauten Maschinenfabrik Werkstätten und Läden für Kunsthandwerker eingerichtet.

52 Steindamm

Ehemals großbürgerliches Viertel zwischen Verfall und neuem Aufbruch.

S 1, S 3 Hauptbahnhof und U 2 Hauptbahnhof Nord

Oft ist Hans Albers auch in dem im Jahre 1894 eröffneten **Hansa-Theater** am Steindamm aufgetreten. Das Varieté-Theater warb zuletzt mit dem Anschlag »Garantiert nicht im Fernsehen«, um auch im TV-Zeitalter noch Menschen ins Theater zu locken. Starke Frauen, fliegende Teppiche und seilspringende Hunde standen auf dem Programm. Trotz Werbung: Schließlich musste das Hansa-Theater, das selbst den Bombenkrieg in den 1940ern überstanden hatte, Ende 2001 den Betrieb einstellen.

Trauern dürften die Bewohner St. Georgs auch um das nahe dem Steindamm gelegene Pulverfass. Doch ist das traditionsreiche Travestie-Cabaret den Hamburgern erhalten geblieben: Das Haus mit den ›Crazy Boys‹, einer Männerstrip-Gruppe, ist lediglich auf die Reeperbahn gezogen.

Eine kulturelle Wüste ist der Steindamm dennoch nicht: Das ehem. Kino ›Neues Cinema‹ am Steindamm 45 gehört nun dem **Deutschen Schauspielhaus**, das die Räume mit den gemütlichen Sesseln an das Kabarett ›Polittbüro‹ (www.polittbuero.de), der Trägerin des Deutschen Kabarettpreises 2003, Lisa Politt, verpachtet hat.

Erhalten haben sich auf dem Steindamm weiterhin Spielhallen, Pornoshops und Stundenhotels, in Hamburg ›Steigen‹ genannt, sowie Amüsierbetriebe. Der Besucher beurteile den Wert der angebotenen Vergnügungen selber. Allerdings: Auch viele **exotische Geschäfte** und Lebensmittelhändler geben dem Steindamm ein durchaus buntes und sehenswertes Aussehen.

Nur die Hausfassaden und der Hansabrunnen (1878) erinnern heute noch daran, dass das Wohnquartier um den **Hansaplatz** zur Gründerzeit bürgerliche Wohnkultur in ein sanierungsbedürftiges Viertel bringen sollte. Die *Hanseatische Baugesellschaft* hatte das ehedem als **Borgesch** bekannte Viertel von der Stadt im Gegenzug für die Übernahme der Kosten für die Aufwertung des Viertels durch Straßenbeleuchtung und Abwasserkanäle erworben. Die Stadt hoffte darauf, nach der baulichen Umgestaltung solventere Bewohner in das Viertel zu locken. Leidtragende waren die weniger vermögenden, alteingesessenen Mieter: Sie mussten ihre Häuser verlassen.

Das Standbild der ›Harmonia‹ auf dem **Hansabrunnen** soll den Betrachter an die große Geschichte der Hanse erinnern, jenen in der glorifizierenden Erinnerung von Harmonie und Einigkeit geprägten Städtebund. Auch die Straßen um den Hansaplatz verweisen mit ihren Namen – Greifswalder, Revaler, Rostocker oder Soester – auf die ruhmreiche Vergangenheit Hamburgs als Hansestadt.

Heute schlägt dem Besucher auf dem Hansaplatz das blanke soziale Elend entgegen. Prostitution, Drogensüchtige und billige Absteigen bestimmen das Bild, der Platz wurde damit zum Symbol der offenen Drogenszene in der Hansestadt. Doch die Stadtplaner haben Besserung gelobt: Einige heruntergekommene Bürokomplexe sind bereits abgerissen und durch attraktive Neubauten ersetzt, viele der kleinen Stehimbisse und Läden renoviert worden. Mehr und mehr gelingt es dem Steindamm, früher auch ›Schmuddelmeile‹ oder ›Dönerallee‹ genannt, sich zu einer ›sauberen Amüsierstraße‹ zu entwickeln.

Mythos St. Pauli: ein Rotlichtviertel im ewigen Aufschwung

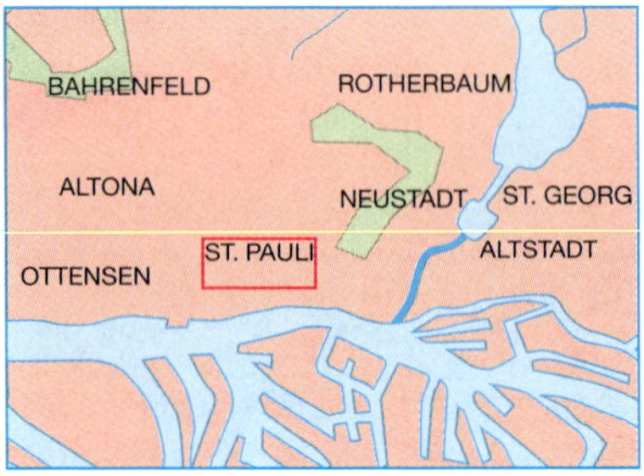

St. Pauli, das sind **Reeperbahn** und **Große Freiheit**, das sind die Sexclubs, in denen es bisweilen noch etwas ›sündiger‹ zugeht als in gleichartigen Etablissements in anderen deutschen Städten: So stellt sich das gängige Bild von St. Pauli dar. Ein Bild, das niemals gestimmt hat. Und doch hat dieser Mythos rund um vergnügungssüchtige Seebären und leichte Mädchen einst Weltruhm erlangt.

Wie nicht anders zu erwarten, ist St. Pauli, im Volksmund ›*St. Liederlich*‹ genannt, ein Hamburger Stadtteil mit einer ganz eigenen Geschichte. Zwischen dem hamburgischen Millerntor und dem altonaischen Nobistor gelegen, war dieses Gebiet lange Jahre eine Art ›Niemandsland‹. Der **Hamburger Berg**, so der Name für das Gebiet, stand zwar unter hamburgischer Gerichtsbarkeit, lag aber vor der Stadtmauer. Die Schauenburger Grafen ließen auf dem altonaischen Teil **religiöse Minderheiten** und auch **Handwerker** siedeln, die ohne den alten Zunftzwang ihrem Gewerbe nachgehen durften. An dieses Recht erinnern die Straßennamen *Große Freiheit* und *Kleine Freiheit*.

Die Hamburger legten um 1626 im Bereich Reeperbahn, Hamburger Berg, Simon-von-Utrecht-Straße und Kleine Seilerstraße ein Handwerksgelände an, auf dem die Reepschläger den Reep, die Taue und Seile für die Segelschiffe, fertigten. Aber damit nicht genug. Unmittelbar vor dem Millerntor etablierte sich schon um 1800 der **Spielbudenplatz**. Wie sein Name sagt, war er Bühne für allerlei Vergnügungen, die damals innerhalb der hamburgischen Stadtmauern nicht geduldet wurden.

Sein heutiges Aussehen verdankt St. Pauli einer drakonischen Maßnahme der französischen Besatzungstruppen im Jahr 1813. Um den napoleonischen Truppen Schutz zu bieten, wurde Hamburg zur Festung erklärt. St. Pauli stand im Schussfeld vor der Stadtmauer und wurde in weiten Teilen in Schutt und Asche gelegt. Beim Wiederaufbau legte man regelmäßige Straßenzüge an. Danach fanden hier viele Arbeiter hafennahe Wohnungen.

Mit dem Aufkommen der Dampfschifffahrt, die den Welthandel ankurbelte und viele Schiffe in die Stadt brachte, wurde St. Pauli auch zum **Vergnügungsviertel der Seeleute**. Es bildeten sich zugleich Gemeinden von Zugereisten, darunter auch die *Chinesische Gemeinde*. Für das Viertel prägend waren aber vor allem Kneipen, Stimmungslokale und dazu die obligaten ›leichten Mädchen‹ – ab Mitte der 1960er-Jahre entwickelte sich die berühmt-berüchtigte Sexmeile. Die Seeleute blieben zwar aus, da sich die Liegezeiten der Schiffe rapide verkürzten. Dafür kamen die Touristen, denen etwas geboten werden sollte. Als dann in den 1970er-Jahren die Sexwelle anrollte, war endgültig Schluss mit der Kiez-Romantik. Trauriger Ausdruck dieser Entwicklung: Kontakthöfe, Eros-Center und Peepshows.

In der zweiten Hälfte der 1980er-Jahre setzte ein Umschwung auf St. Pauli ein, der bis heute anhält. Natürlich gibt es auf dem Kiez noch immer Sexkinos und Tabledance-Bars, doch daneben auch zahlreiche Clubs und Diskotheken, die ein junges Publikum anlocken. Auch **Theater** wie das ›Schmidts Tivoli‹ oder **Musical-Spielstätten** wie das Operettenhaus haben sich hier angesiedelt. Ein Angebot, aus dem sich jeder Besucher das für ihn Passende heraussuchen kann.

Verheißungsvolles Neongeglitzer – die Reeperbahn bei Nacht

53 Reeperbahn

TOP TIPP *Die Vergnügungsmeile Deutschlands.*

U 3 St. Pauli,
S 1, S 3 Reeperbahn

Auf gut 600 m Länge erstreckt sich die **Amüsiermeile**, die ihren Namen nach dem Gelände der Reepschläger trägt. Einst verrufen, ist die Reeperbahn doch eine der sichersten Straßen der Stadt, da sowohl die Polizei als auch das ›Milieu‹ dafür sorgen, dass den Touristen in der Regel nichts geschieht. Wenngleich die Reeperbahn durch kriminelle Aktionen von Zuhältern oder auch Drogendealern in den vergangenen Jahren immer wieder in die Schlagzeilen geriet, so bekommt man nur selten etwas davon mit.

›Geile Meile‹ hat Sänger Udo Lindenberg die Reeperbahn besungen und ihrem Rotlicht-Ruf wird die wohl bekannteste Straße Hamburgs noch immer gerecht, wenngleich die Reeperbahn auch eine der ersten Adressen für angesagte *Diskotheken* und *Clubs* ist. Viele Sexkinos, Sexclubs und Tabledance-Bars säumen die Reeperbahn und vor den Türen versuchen die in Hamburg so genannten ›*Koberer*‹, Passanten mit flotten Sprüchen in ihre Etablissements zu locken. Eine der beliebtesten themenbezogenen Stadtteilführungen Hamburgs führt auf die Reeperbahn: Die **›Hurentour‹** (www.hurentour.de) ist eine Reise in die Welt der Prostitution. Die etwa zweistündige Wanderung über den Hamburger Kiez beinhaltet auch den Besuch eines Sexshops. Das jüngere Reeperbahn-Publikum trifft sich in Clubs und Diskotheken wie z. B. im ›Mandarin Kasino‹ oder im ›Tunnel‹ (beides Reeperbahn 1), im ›Neidclub‹ (Reeperbahn 25), in der ›China Lounge‹ (Nobistor 14) oder im ›Herzblut St. Pauli‹ (Reeperbahn 50).

Legendär ist das **›Café Keese‹**, das mit seinem ›Ball paradox‹ bundesweit Berühmtheit erlangte: Hier durfte sich die Dame den Herrn aussuchen oder das Sternzeichen über die Partnerwahl entscheiden lassen. Heute gibt es im Café Keese an den Wochenenden immer etwas zu lachen: Von Donnerstag bis Samstag tritt hier der ›Quatsch Comedy Club‹ auf. Eine echte Kult-Kneipe ist der etwas versteckt im Hinterhof liegende Promineten- und Boxer-Treff ›Zur Ritze‹ (Reeperbahn 140). Die berühmten gespreizten Frauenbeine links und rechts vom Eingang stammen von Kiez-Maler *Erwin Ross*, der unzählige Etablissements und Fassaden mit seinen Pin-up-Girls verziert hat. Noch nicht allzu lange auf der Reeperbahn ansässig ist das **›Pulverfass‹** (Reeperbahn 147, www.pulverfasscabaret.de) aus St. Georg. Das legendäre Travestie-Cabaret unterhält seine Zuschauer mit Starparodien, Comedy und Gesang. Fester Bestandteil jeder Show sind die ›Crazy Boys‹, bei deren Man-Strip laut Eigenwerbung »nichts verborgen bleibt«.

In den Seitenstraßen der Reeperbahn, z. B. am Hamburger Berg, mischen sich Sexkinos und Kneipen, in denen mancher Gestrandete mit Hilfe von Alkohol vergessen will. Ebenso findet man dort Szenetreffs wie das ›Roschinsky's‹ (Nr. 19), das ›Ex-Sparr‹ (Nr. 4), ›Rosi's Bar‹ (Nr. 7) oder die ›Barbarabar‹ (Nr. 11), die zwar nicht besonders schick, dafür aber umso angesagter sind.

›Schmidt Theater‹ auf dem Spielbudenplatz

54 Spielbudenplatz

Eine Theaterstraße mit Tradition ist wieder im Aufschwung.

U 3 St. Pauli,
S 1, S 3 Reeperbahn

Der Name Spielbudenplatz erinnert an die **Verkaufs- und Amüsierstände**, die hier schon Anfang des 19. Jh. die Hamburger über die Stadtgrenze hinaus nach St. Pauli lockten. In den 1960er- und 1970er-Jahren zur öden Fläche verkommen, bietet der Spielbudenplatz heute über 4000 m^2 Veranstaltungsfläche für Konzerte, Shows, Kundgebungen und Festivals. Zwei große Bühnen mit LED-Installationen beleuchten den Platz künstlerisch bei Nacht.

Entlang des Spielbudenplatzes gibt es eine Reihe wichtiger Theater. Das **Ope-**

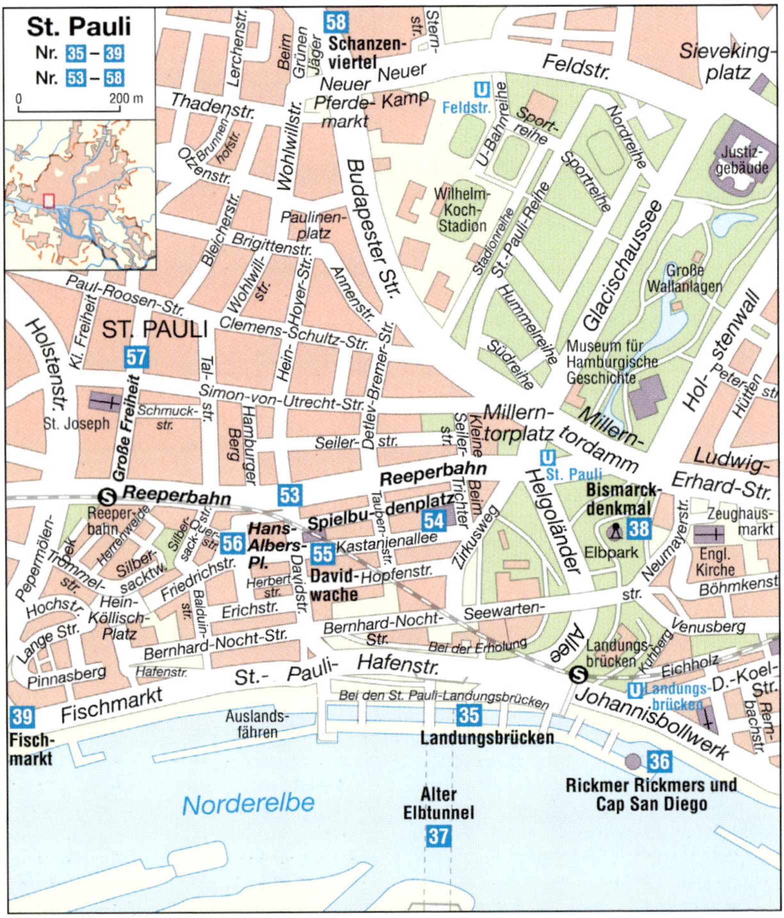

Hier ist der Wiedererkennungswert garantiert: Der König der Löwen, als Trickfilm der erfolgreichste Disney aller Zeiten, kam vom Broadway an die Elbe

Gut gebrüllt, Löwe!

In den 1990er-Jahren wurde Hamburg zur Musicalmetropole – und diesen Ruf verteidigt die Hansestadt noch heute. Gegenüber den Landungsbrücken, im ›Theater im Hafen‹, bricht Disneys ›**Der König der Löwen**‹ mit der Musik von Elton John und Tim Rice alle Besucherrekorde. Übrigens ist bereits die Anfahrt mit den Shuttle-Schiffen durch den nächtlichen Hafen ein tolles Erlebnis.

Im Operettenhaus kommen Udo-Jürgens-Fans auf ihre Kosten: Die Musical-Komödie ›**Ich war noch niemals in New York**‹ erzählt eine spritzige und bewegende Geschichte von unerfüllten Träumen, Lebensfreude und Liebe mit 23 Hits des Sängers. Romantiker und Tanz-Fans sind in der ›Neuen Flora‹ richtig: Hier läuft das Musical ›**Dirty Dancing**‹ von Eleanor Bergstein nach dem gleichnamigen Kino-Klassiker aus den 1980er-Jahren.

Aber Hamburg wäre ja nicht Hamburg, wenn das schon alles wäre. Parallel zu den weltbekannten Aufführungen hat sich auch eine junge, freche Musical-Szene in der Stadt etabliert, der es an Witz und Professionalität nicht mangelt. Das ›**Schmidts Tivoli**‹, das ›**St. Pauli Theater**‹, das ›**Royal Theater am Holstenwall**‹ und das ›**Imperial Theater**‹ beispielsweise sind bekannt für ausgeflippte Revuen, originelle Unterhaltungsshows und fetzige Musicals. Das aktuelle Programm erfährt man aus der Tagespresse.

rettenhaus (Nr. 1) führte ab 1986 das Musical ›*Cats*‹ auf, ab 2003 ›*Mamma Mia*‹. Der Erfolg beider Musicals brachte Besucher aus ganz Deutschland nach Hamburg. Ab Dezember 2007 steht ein neues Musical auf dem Spielplan, ›*Ich war noch niemals in New York*‹, eine Musical-Komödie, welche die Songs von Udo Jürgens mit einer turbulenten Drei-Generationen-Geschichte verwebt.

Das ›**Panoptikum**‹ (Nr. 3, Tel. 040/31 03 17, www.panoptikum.de, Mo–Fr 11–21, Sa 11–24, So 10–21 Uhr) bietet ein etwas unzeitgemäßes Vergnügen. Als es weder Fernsehen noch die ›Foto-Flut‹ gab, waren *Wachsfiguren* die einzige Möglichkeit, den Großen der Welt zu begegnen. Rund 100 Figuren bietet das Panoptikum heute, darunter Hans Albers, Freddy Quinn, Erich Honecker und Michail Gorbatschow.

In unmittelbarer Nachbarschaft steht das ›**Docks**‹ (Nr. 19, www.docks.de), seit Jahren eine Adresse für Rockkonzerte und Musikfilme. Das ›**Schmidt Theater**‹ (Nr. 24–25, www.schmidts.de) gilt mittlerweile als echte Hamburger Kultur-Institution, das seine Berühmtheit vor allem der samstäglichen ›Schmidt-Mitternachtsshow‹ sowie dem Kiez-Musical ›Heiße

Ecke‹ verdankt. Initiator Corny Littmann trat mit dem schrillen Theater den Beweis an, dass Kunst auch ohne staatliche Unterstützung auskommen kann. Das Programm des ›Schmidt‹ war so erfolgreich, dass nur wenige Meter weiter **›Schmidts Tivoli‹** (Nr. 27–28, www.tivoli.de) eröffnet wurde, in dessen Obergeschoss sich **›Angies Nightclub‹** (www.angies-nightclub.de), eine Heimstatt gepflegter Livemusik befindet.

Das **St. Pauli-Theater** (Nr. 29, www.st-pauli-theater.de) ist der älteste noch existierende Theaterbau Hamburgs. Welches Schmuckstück sich hinter der Fassade von 1898 verbirgt, wird erst bei einem Besuch des Theaters deutlich: Hier ist das *Interieur* aus den Gründungsjahren 1840/41 erhalten. Auf dem Programm stehen sowohl volkstümliche und humorvolle Shows als auch anspruchsvolle Theaterstücke, inszeniert etwa von Peter Zadek oder mit so bekannten Darstellern wie Ulrich Tukur.

55 Davidwache

Das bekannteste Polizeirevier Deutschlands.

Spielbudenplatz 31
U 3 St. Pauli

Die exponierte Lage an der Hamburger Vergnügungsmeile und die Filme des Hamburger Regisseurs Jürgen Roland haben dem **Polizeirevier** Weltruhm eingebracht. Zum Leidwesen der diensthabenden Beamten, kommen doch Touristen bisweilen in die Wache, um einfach mal kurz ›Hallo‹ zu sagen. Dabei haben die Beamten alle Hände voll zu tun, ihren täglichen Dienst zu erledigen. Seit 1854 leisten die Ordnungshüter unmittelbar am Spielbudenplatz ihren Dienst. Ein Indiz dafür, dass hier schon zur Mitte des 19. Jh. die bürgerliche Ordnung gesichert werden musste. Die heutige Davidwache aus den Jahren 1913/14 ist ein gutes Beispiel für die *Klinkerbauweise*, die Fritz Schumacher in Hamburg durchsetzte. Mit ihrem hohen Giebel wirkt die Wache wie ein Hamburger Bürgerhaus. Die *Uhr* im Erker des Gebäudes soll an die Ordnung mahnen, die bisweilen auf der Reeperbahn leicht ins Wanken gerät.

Überquert man die Reeperbahn auf Höhe der Davidwache, findet man in der nördlichen Verlängerung der Davidstraße, in der Hein-Hoyer-Straße Nr. 56, das **St. Pauli Museum/Galerie Golden Sixties** (Tel. 040/439 20 80, www.st-pauli-museum.com, Mo–Fr 10–16 Uhr). Fotos und Memorabilia lassen die Besucher in Erinnerungen an Hans Albers, die Beatles und die 1960er-Jahre schwelgen.

Dramatisch geht es manchmal sowohl im St. Pauli-Theater als auch auf dem benachbarten Polizeirevier Davidwache zu

56 Hans-Albers-Platz

Das Zentrum des alten St. Pauli, das zunehmend auf Vordermann gebracht wird.

S 1, S 3 Reeperbahn

Dem einen ein Schandfleck der Stadt, dem anderen nüchterner Ausdruck der Verhältnisse auf St. Pauli – das ist der Hans-Albers-Platz mit seinem Toilettenhäuschen im Mittelpunkt, dem Unrat, den Sportwagen der Zuhälter und den Damen des Gewerbes. Tristesse, die nächtens überstrahlt wird vom Rotlicht. Viel konnte da die eigenwillige Plastik des Schauspielers Hans Albers, 1986 von Jörg Immendorff (1945–2007) aus 1,5 Tonnen Bronze geschaffen und der Stadt geschenkt, nicht retten. Zumal die Bedingung Immendorffs – die Neugestaltung des Platzes – nicht erfolgte. Vorübergehend holte der Künstler das Denkmal deshalb zurück an den Rhein, inzwischen blickt Hans Albers aber wieder über seinen Platz.

Einen verständlicheren Beitrag zur Verbesserung der Atmosphäre auf dem Hans-Albers-Platz leistete Jörg Immendorff dann schon mit der Eröffnung der Kneipe ›**La Paloma**‹ am Platz. Hier kann man neben bierseligem Singen in den frühen Morgenstunden auch Bilder der so genannten ›Jungen Wilden‹ bewundern. Viele Kneipen finden sich mittlerweile in restaurierten Hinterhöfen – ein Konzept, das man aus der Düsseldorfer Altstadt und anderen Städten kennt. Mittlerweile alteingesessen – und von Udo Lindenberg besungen – ist etwa das ›**Mary Lou**‹ auf der gegenüberliegenden Seite des Platzes.

Ziel vieler Touristen ist die nur wenige Meter vom Hans-Albers-Platz entfernte **Herbertstraße**, die letzte geschlossene *Bordellstraße* in Hamburg, zu der nur Männer über 18 Jahren Zutritt haben. In den Schaufenstern beiderseits der Gasse bieten Damen ihre Dienste an – wie es heißt, ohne ›männlichen Schutz‹, sprich ohne Zuhälter, der die Einnahmen abkassiert. Der Name Herbertstraße erinnert nicht etwa an einen besonders beliebten Kunden, sondern fügt sich ein in die Namensgebung der umliegenden Straßen. Beim Wiederaufbau des Viertels nach dem von den französischen Besatzern gelegten Brand von 1814 (General Dovout brauchte freies Schussfeld) wählte man Vornamen als Straßenbezeichnungen.

Plüschiges Straßencafé, nicht nur für Prince-Fans: Purple Rain bei Nacht

57 Große Freiheit

Sexmeile mit Rock-Einschlag.

S 1, S 2 Reeperbahn

Wenn es um das Nachtleben geht, ist die Große Freiheit wohl die erste Adresse der Stadt. Auf rund 350 m wird gebummelt, getrunken, gegessen, getanzt, gefeiert und natürlich gestrippt – wenn es auch in Sachen Sex längst nicht mehr so doll hergeht wie in der Vergangenheit. Das berühmt-berüchtigte ›*Salambo*‹, in dem Besitzer René Durand in den 1950er-Jahren die erste Nackt-Show Deutschlands auf die Bühne brachte, gibt es nicht mehr, und auch der Sexclub ›*Tabu*‹ wurde geschlossen. Dafür lockt jetzt das ›**Dollhouse**‹ mit nackten Tänzerinnen, die sich zu angesagter Musik auf den Tischen wiegen. Gegenüber befindet sich das ›**Dollhouse Diner**‹, ein amerikanisch gestylter Szene-Laden mit Sound und Snacks. Aber auch echte Live-Sex-Shows gibt es noch, etwa im ›**Safari**‹.

Bekannt ist die Große Freiheit auch für ihre große Dichte an Diskotheken, Tanz- und Live-Clubs. Da sind etwa die 1968 eröffnete und damit älteste Diskothek Hamburgs, das ›**Grünspan**‹ (Nr. 58), in der

Zum Glück nicht ansteckend! – In der Disko Grünspan wirken manche Tänzer bei entsprechender Beleuchtung wie im ›Gelb-Fieber‹

auch Rock- und Popkonzerte stattfinden, das legendäre Veranstaltungszentrum **›Große Freiheit 36‹** mit dem dazugehörigen **›Kaiserkeller‹** oder jüngere Clubs wie das **›Halo‹** (Nr. 6), das **›Cult‹** (Nr. 2) oder der **›Funky Pussy Club‹** (Nr. 34), dessen Räumlichkeiten von Studenten der Hamburger Kunsthochschule entworfen wurden. In den Musik-Clubs der Großen Freiheit starteten übrigens auch die *Beatles* ihre Weltkarriere. Zwischen 1960 und 1962 hatten sie zahlreiche Konzerte im ›Kaiserkeller‹ oder im ehem. ›Star Club‹. Damals entwickelten sie ihren Stil, und hier entstand auch ihr ›Pilzkopf‹. Mehr über die Beatles in Hamburg erfährt man bei einem themenbezogenen **Stadtrundgang** (Mai–Sept. Sa 19 Uhr, Treffpunkt U-Bahn Feldstraße, www.stattreisen-hamburg.de).

Und noch ein bekannter Sänger wird eng mit der Großen Freiheit verbunden: *Hans Albers*. Dabei hat die Große Freiheit Nr. 7 nie so existiert; die Adresse des ›Hippodroms‹, in dem Hans Albers im gleichnamigen Film seine Lieder sang, war frei erfunden. Der Film ist ohnehin im fernen Prag entstanden, weil sich nur dort während des letzten Kriegsjahres noch ungestört drehen ließ. Aber dafür wurde dann das Tanzlokal **›Große Freiheit Nr. 7‹** eröffnet, das auch tatsächlich diese Adresse hat, und dort singt der ›Blonde Hans‹ noch heute – wenn auch nur vom Band.

58 Schanzenviertel

TOP TIPP

Eine Schmuddel-Ecke wird zum Szeneviertel.

Bus 115 und 181, S 31, S 21 und U 3 Sternschanze

Das Schanzenviertel ist der wohl widersprüchlichste und innovativste Stadtteil Hamburgs. Zum größten Teil zu St. Pauli gehörig, umfasst es das Dreieck zwischen dem Neuen Pferdemarkt im Süden, Max-Brauer-Allee im Westen und Schanzenstraße im Osten.

Der Neue Pferdemarkt führt auf das **Schulterblatt**, die Hauptstraße des Viertels. Um 1700 stand hier das Gasthaus ›Zum Schulterblatt‹, das als Symbol das Schulterblatt eines Wals führte, da hier damals Hamburgs Walfänger ansässig waren. Berühmt und berüchtigt wurde das Schulterblatt Ende der 80er-Jahre des 20. Jh., als das Gebäude des ehemaligen Varieté-Theater ›Flora‹ einer Musical-Halle weichen sollte. Es folgten stürmische Proteste, und tatsächlich wurde das Projekt gestoppt. Autonome nahmen von der sog. ›Alten Flora‹ Besitz, Dealer und Drogenabhängige folgten. Trotzdem mauserte sich die Gegend in den vergangenen Jahren zum sehr lebendigen Szene- und Modeviertel. In kaum einem anderen Stadtteil findet man derartig viele Szene-Bars, Restaurants und ausgefallene Boutiquen. Immer mehr bekannte Modedesigner, Filmproduktionsfirmen und Fotostudios lassen sich hier nieder.

Altonas herber Charme: von Fischern, Dichtern und Zigarrendrehern

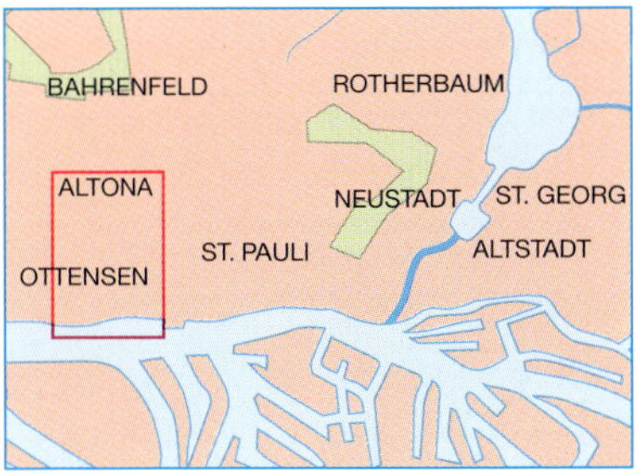

Platz der Republik – Grünfläche, Parkbänke, der Lärm der teilweise vierspurigen Max-Brauer-Allee sinkt auf einen erträglichen Pegel. Hier soll das **Zentrum** des Hamburger Bezirks Altona sein? Hier soll die Mitte der alten Stadt Altona liegen, die Hamburg in Sachen Seefahrt, Fischerei und Industrie über Jahrhunderte heftige Konkurrenz machte? Die Geschichte Altonas geht bis in das 13. Jh. zurück. Die Chroniken berichten, dass auf dem Gebiet westlich der Stadtgrenze Hamburgs ein Meierhof in ein Kloster umgewandelt wurde. Für das Jahr 1536 ist festgehalten, dass der Gastwirt Joachim von Lohe beim Schauenburger Landesherrn um die Genehmigung nachsuchte, Bier zu brauen und in der Gastwirtschaft ›Altona‹ auszuschenken. 1664 erhielt die Stadt, die mittlerweile zum Herrschaftsbereich der dänischen Krone gehörte, **Stadtrechte und Zollfreiheit**. Das Zentrum Altonas lag am *Nobistor*, das alte Rathaus stand am Rathausmarkt, der in der Königstraße aufgegangen ist. Mit dem Anschluss an Preußen Anfang des 19. Jh. war der rasante **Aufschwung Altonas** zur Industriestadt mit Hafen vorgezeichnet. Die Dörfer *Ottensen*, *Othmarschen* und *Bahrenfeld* wurden eingemeindet. Die Einwohnerzahl stieg nochmals an, als die ersten Dampfschiffe in Altona anlegten und die Fisch verarbeitende Industrie aufgebaut wurde. Das alte Stadtzentrum reichte da nicht mehr aus. Mit der Neuordnung der Bahnverhältnisse in Hamburg und in Altona ergab sich dann eine günstige Gelegenheit für die Stadtväter. Mit dem **Altonaer Bahnhof** (erbaut 1893–95), dem **Altonaer Rathaus** (1896–98) und der Anlage des **Platzes der Republik** (seinerzeit Kaiserplatz) schufen sie einen neuen Mittelpunkt. 1937 schließlich wurde Altona ein Bezirk der Hansestadt Hamburg.

Das alte Zentrum am Nobistor wurde während des Zweiten Weltkrieges fast vollständig zerstört. Restbauten fielen dann den Plänen der ›Neuen Heimat‹ zum Opfer. In den 70er-Jahren des 20. Jh. wurde die **Große Bergstraße**, die auf den Platz der Republik führt, zur gesichtslosen Fußgängerzone umgestaltet. Den **Hauptbahnhof** aus der Gründerzeit riss man kurzerhand ab und errichtete an dessen Stelle 1975–79 ein Bahnhofsgebäude.

59 Altonaer Rathaus

Eines der wenigen historischen Gebäude in Altona. Erbaut 1896–98 mit einem Relief von Ernst Barlach an der Vorderfront.

Platz der Republik
S 1, S 3 Altona

Einen mächtigen Vierflügelbau ließen sich die Stadtväter als **neues Rathaus** am Südende des neuen Zentrumsplatzes in Altona bauen. Zu beachten ist das *Relief* im Giebel der Platzseite. Karl Gerbers und Ernst Barlach gestalteten ein Schiff, das in bewegter See dahinfährt – ein Symbol für die Stadt Altona. Beim Bau des Rathauses wurden Teile des Empfangsgebäudes des alten **Dänischen Bahnhofs** (Gottfried Semper) aus dem Jahre 1844 integriert. Hier endete im vergangenen Jahrhundert die Altonaer-Kieler Eisenbahn, die als Ostseebahn noch auf dänischem Territorium lag.

An die Zeit nach 1867, als Preußen die Herrschaft über Schleswig-Holstein und auch über Altona übernahm, erinnert das **Reiterstandbild von Kaiser Wilhelm I.** (1898). In den Grünanlagen wurde 1989 ein Kunstwerk des Amerikaners Sol LeWitt

Reiterstandbild von Kaiser Wilhelm I. vor dem Altonaer Rathaus

aufgestellt – der schwarze **Steinblock** soll an die Verschleppung Altonaer Juden durch die Nationalsozialisten erinnern.

60 Altonaer Museum

Die Geschichte von Schiffen und Fischen.

Museumstraße 23
Tel. 040/428 13 50
www.altonaer-museum.de
Di–So 10–18, Do bis 21 Uhr
S 1, S 3 Altona

Neben dem *Haus der Jugend* am Platz der Republik findet sich ein weiteres Gebäude, das nach Planung der Stadtväter zum Zentrumsplatz gehört: das Altonaer Museum. Nur noch wenige Elemente erinnern an den Bau aus den Jahren 1898 bis

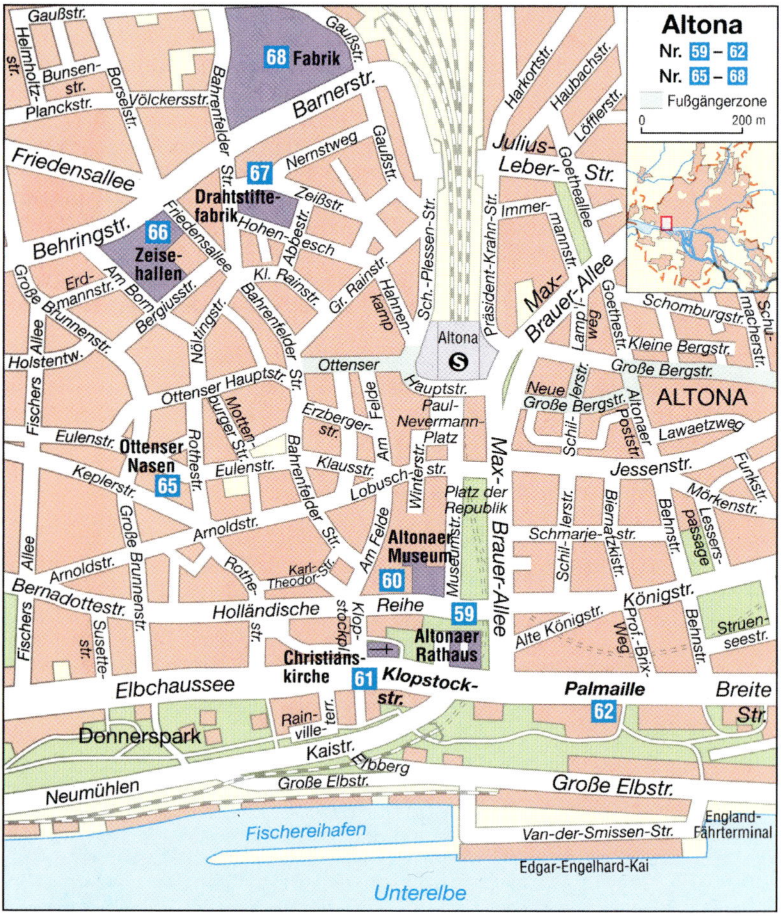

1901, da das Museum 1945 zum großen Teil zerstört wurde. 1955 und 1967 durch zwei Neubauteile ergänzt, zeigt das Museum heute eine **sehenswerte Sammlung**, die Themen der Kulturgeschichte und der Landeskunde aus dem gesamten norddeutschen Küstengebiet aufnimmt. Diese Vielfalt der Exponate erklärt sich aus einer einfachen Tatsache: Die Sammlung geht zurück auf eine private Museumsgesellschaft, die ab 1863 ihre Schätze ausstellte. Zu dieser Zeit gehörte Altona noch zu Schleswig-Holstein. In der **Abteilung Schifffahrt** kann der Besucher *Schiffsmodelle* bestaunen, die einen Überblick über die Entwicklung der Küsten- und Hochseefischerei geben. Ebenso erhält man einen Einblick in das Schiffbauhandwerk. Die **Abteilung Fischerei** erläutert anschaulich die verschiedenen *Fangmethoden*, bietet aber auch Schiffsmodelle, Seekarten und nautische Instrumente. Handwerksberufe, die mit der Schifffahrt zusammenhängen, wie die Reepschlägerei, die Schiffszimmerei und die Segelmacherei werden in einer weiteren Abteilung präsentiert.

26 Hausmodelle, 17 originale Bauernstuben, dazu eine Abteilung, die der **ländlichen Hauswirtschaft** gewidmet ist, sowie Sammlungen mit den Schwerpunkten Keramik, Textilien, Spielzeug und Gemälde verdeutlichen das Leben im norddeutschen Raum vom 17. bis 19. Jh. Lohnend ist der Besuch der ›**Vierländer Kate**‹, die zu einem gemütlichen Speiserestaurant umgebaut wurde. In einer weiteren Abteilung wird die **Geschichte der Stadt Altona** dokumentiert.

Auf dem **Paul-Nevermann-Platz** zwischen Altonaer Museum und Bahnhof thront der monumentale, prachtvoll restaurierte ›*Stuhlmannbrunnen*‹. Die Plastik stellt zwei Zentauren dar, die sich um einen Fisch streiten – eine Anspielung auf die Konkurrenz der Städte Altona und Hamburg.

61 Klopstockstraße mit Christianskirche

An der Christianskirche in der Klopstockstraße befindet sich das Grabmal des Dichters Friedrich Gottlieb Klopstock.

S 1, S 3 Altona, S 1, S 3 Königstraße

Nur wenige Meter östlich des Altonaer Rathauses, schon auf Ottenser Grund,

Über Schiffe, Fische und Hauswirtschaft wird man im Altonaer Museum informiert

zeigt sich die Umgebung der Christianskirche unvermittelt ländlich. In den Jahren 1735 bis 1738 wurde das Gotteshaus als **barocke Saalkirche** erbaut. Benannt

Ein Straßenname und sein Grab erinnern an Friedrich Gottlieb Klopstock

Einst Gartenhaus, heute Galerie: Hier lebte der Bankier Salomon Heine, Onkel des berühmten Dichters

wurde die Kirche nach Christian IV., dem dänischen König, der nicht nur Glückstadt an der Unterelbe ausbaute, sondern auch die Stadt Altona entscheidend förderte. 1946–1952 wurde die Kirche wieder aufgebaut, nachdem sie während des Zweiten Weltkrieges schweren Schaden davongetragen hatte.

Im *Inneren* der Kirche finden sich wertvolle Gegenstände aus mehreren Jahrhunderten: Ein gotländisches Kalksteinbecken im *Taufstein* aus dem Jahr 1744 sowie eine barocke *Kanzel*. In der Turmhalle entdeckt der Besucher *Holzkruzifixe* aus der Zeit um 1900.

Der **Friedhof** der Kirche, angelegt 1758, wurde 1954 in eine Grünanlage umgewandelt. Neben alten Grabsteinen findet sich hier die *Ruhestätte des Dichters Friedrich Gottlieb Klopstock* (1724–1803) sowie seiner ersten Frau Meta († 1758) und seiner zweiten Frau Elisabeth († 1821). Die Inschrift auf dem Grabmal seiner ersten Frau stammt von Klopstock selbst.

Obwohl der Lärm der Autos, die Richtung Elbchaussee fahren, den Eindruck erheblich stört, erinnern die **Hausfassaden** entlang der Klopstockstraße an das Ottensen des 19. Jh. Die Häuser Nr. 2 bis Nr. 8 wurden 1797 erbaut, das Haus Nr. 3 im Jahr 1840. Martin Haller entwarf 1881 das Haus Nr. 5; die Häuser Nr. 11 und Nr. 25 stammen aus den Jahren nach 1840.

62 Palmaille

Eine klassizistische Prachtstraße.

S 1, S 3 Königstraße

Etwas weiter östlich, dort wo die Klopstockstraße in die Elbchaussee übergeht, steht das 1832 erbaute **Heine-Haus** (Elbchaussee 31, Tel. 040/428 13 50, www.altonaer-museum.de). In dem Häuschen, das Salomon Heine, dem Bankier und Onkel des Dichters *Heinrich Heine*, als Gartenhaus diente, befinden sich eine *Galerie* und *Ausstellungsräume*. Der Landsitz des Mäzens und Kaufmanns, ein Stück weiter elbabwärts, wurde 1880 abgerissen.

In westlicher Richtung geht die Klopstockstraße in die **Palmaille** über, benannt nach der Kugelspielbahn (ital. ›palla a maglio‹), die 1638/39 angelegt worden war. Hier schuf der dänische Architekt Christian Frederik Hansen, ein Bewunderer des Renaissance-Baumeisters *Palladio*, um das Jahr 1800 eine vornehme, in klassizistischem Stil gestaltete Häuserzeile. Das Haus **Nr. 116** mit der einem Tempel nachempfundenen Fassade errichtete Baumeister Hansen für sich selbst. Im ältesten erhaltenen Etagenhaus der Stadt (Nr. 100), erbaut 1870, lebte der Dichter Detlev von Liliencron (1844–1909).

Unterhalb der Palmaille, verbunden durch einen Park, liegt die **Große Elbstraße**. Lange verkehrten dort nur die großen Lastwagen der hier ansässigen Fischhändler. Mittlerweile haben Unternehmen und Privatleute jedoch den Reiz der elbnahen Straße entdeckt. Neben modernen Büro- und Wohngebäuden haben sich hier auch interessante Geschäfte und neue Restaurants niedergelassen, darunter das ›Stilwerk‹ (Nr. 68), eine edle Passage für Möbel-Design, das ›Henssler&Henssler‹, ein Sushi-Lokal (Nr. 160) oder das ›Au Quai‹ (Nr. 145 b-d), ein Restaurant mit grandioser Aussicht über die Elbe. Extra-Tipp für den kleinen Hunger: Bei den Fischgroßhändlern am westlichen Ende der Großen Elbstraße können auch Privatleute frischen Fisch oder einen Snack kaufen.

63 Övelgönne

Ausflugsort am Elbstrand mit Museumshafen.

Am Elbstrand, ca. 5 km von der City entfernt
Bus 112

Übelgunst (= Övelgönne) würde heute niemand mehr dieses Dörfchen nennen, das sich auf 1 km Länge zwischen Elbstrand und dem steil ansteigenden Geestrücken erstreckt. Hier gibt es nur eine einzige **Häuserzeile** aus ein- oder zweistöckigen Häuschen, die zum Teil noch aus dem 18. Jh. stammen (Nr. 65, 66, 70, 71 und 75, 88–89). Zu den Häusern gehört jeweils ein Stückchen Garten, das dem Elbstrand abgerungen wurde.

Gesiedelt haben in der ›Übelgunst‹, die ihren Namen den schwierigen Baubedingungen verdankt, Fischer. Nebenbei bewirtschafteten sie als Elbbauern Wiesen auf der anderen Flussseite. Es folgten Lotsen, die hier mit Booten auf die Schiffe übersetzten, um sie sicher elbaufwärts zu geleiten. Im **Haus Nr. 13** hatte die Lotsenbrüderschaft – die erste wurde 1745 gegründet – ihren Versammlungsraum.

64 Museumshafen

Interessante Sammlung gut restaurierter Segelschiffe und Nutzschiffe.

Tel. 040/41 91 27 61
www.museumshafen-oevelgoenne.de
Hafen frei zugänglich, Führungen auf Anfrage
Bus 112, Linie 62 (Schiff)

1977 schuf die private ›Vereinigung zur Erhaltung segelnder Berufsfahrzeuge‹ einen weiteren Anziehungspunkt in Övelgönne: den Museumshafen. In zwei kleinen Becken am Anleger Neumühlen ankern **liebevoll restaurierte Segelschiffe**. Darüber hinaus kann man dort auch täglich motorgetriebene Schiffe wie das Feuerschiff ›Elbe 3‹ (1888), den Dampfschlepper ›Tiger‹ (1910) oder das Feuerlöschboot ›Walter Hävernick‹ (1932) besichtigen. Ein zweiter Museumshafen befindet sich im

Ein schwimmendes Museum mit restaurierten Schiffs-Oldtimern gibt es in Övelgönne

Freihafen. Am Schuppen 50A in der Australiastraße liegt das **›Hafenmuseum im Aufbau‹** (Tel. 040/73 09 11 84, www.museum-der-arbeit.de/hafen, Ostern–Okt. Di–Fr 14–18, Sa/So 10–18 Uhr, Gruppen auf Anfrage). Dort sind neben historischen Kaianlagen Hafenumschlagsgeräte wie ein Schutendampfsauger, Schwimm-Dampfkran oder ein Van Carrier zu besichtigen.

65 Ottenser Nasen

Ottensen wurde vom Bauerndorf zum Industrieort und dann zum Szeneviertel.

S 1, S 3 Altona

Ottensen, heute ein Ortsteil des Hamburger Bezirkes Altona, ist viel deutlicher als Altona selbst ein Produkt der Industrialisierung ab 1850. Stark bäuerlich geprägt war die Siedlung vor der Grenze der Hafenstadt Altona, bis Maschinenfabriken, Fischfabriken und Werkstätten der Zigarrendreher hier angelegt wurden. Hier ließ sich ohne lästige Zollschranken für das Hamburger Umland produzieren. Deutlich zeichnen sich noch heute im verwinkelten Verlauf der Straßen die früheren Feldwege und Raingrenzen ab. Typisch für den Stadtteil sind daher die sog. **Ottenser Nasen**. Gemeint sind damit die Ecken der mehrgeschossigen Wohnbauten, die in die spitzen Winkel der alten Grundstücke gebaut wurden, um keinen Meter des teuren Grundes ungenutzt zu lassen. Ein Beispiel für eine solche Ottenser Nase findet sich an der **Ecke Arnoldstraße/Keplerstraße**.

Mottenburg, so nannten die Ottenser ihren Stadtteil wegen der Lungenkrankheiten (Motten), die sich die Arbeiter ob der ungesunden Arbeitsbedingungen holten. Keine kulturhistorischen Sehenswürdigkeiten, dafür aber Stadtteilleben pur erwartet Passanten, wenn sie vom Altonaer Bahnhof durch die Fußgängerzone zum **Spritzenplatz** schlendern. Ein Abstecher lohnt sich zur Straße **Am Felde**, in deren alten Arbeiterwohnhäusern heute *Trödelgeschäfte* und *Antiquariate* zum Stöbern locken.

Der Platz **Bei der Reitbahn** zeigt die für Ottensen so typische Dreiecksform. Die katholische Kirche **St. Marien** und das **St. Ansgar-Stift** erinnern an die vielen ostdeutschen und polnischen Arbeiter, die in der zweiten Hälfte des 19. Jh. in den Ort kamen. Das **Café Katelbach** (Große Brunnenstr. 60, www.katelbach.de) ist wegen der fast vollständig erhaltenen Einrichtung im Jugendstil sehenswert.

Bezeichnend: ›Begegnung‹ heißt die Bronzeplastik auf dem Ottenser Spritzenplatz

66 Zeisehallen

Industriekultur vom Feinsten, Veranstaltungszentren und Szenetreffs.

Friedensallee
S 1, S 3 Altona, Bus 37

In den Zeisehallen wartet nicht nur das eindrucksvolle Szene-Restaurant **›Eisenstein‹** (www.restaurant-eisenstein.de) auf den Besucher. Die Hallen erinnern auch an die Tradition Ottensens als Industriestandort, handelt es sich doch um die **Schiffs-Schraubenfabrik Zeise**, die 1857 von Theodor Zeise gegründet wurde.

Aus den Bauten der Schiffs-Schraubenfabrik entwickelte sich ein **kulturelles Zentrum des Stadtteils**. Im ehemaligen Kontorhaus (Friedensallee Nr. 7) kam das *Filmhaus* unter. 1986–88 wurde dann das Restaurant Eisenstein eingerichtet. Im benachbarten Hallenkomplex befindet sich heute ein *Kino* sowie eine *kleine Passage* im postmodernen Stil. Auf der gegenüberliegenden Straßenseite, im ehemaligen Werk II, ist das *Medienhaus* untergebracht.

Zeisehallen in Altona – Wo sich früher Schiffsschrauben drehten, tobt nun das kulturelle Leben

67 Drahtstiftefabrik

Wo einst Nägel mit Köpfen gemacht wurden ...

Zeißstraße 28
www.stadtteilarchiv-ottensen.de
S 1, S 3 Altona oder Bus 2 und 37

Das Stadtteil-Archiv Ottensen übernahm neben allen Werkzeugen die **Drahtstiftefabrik Feldtmann**, die nach 100-jährigem Betrieb 1985 geschlossen wurde. Die Einrichtung der *Werkstatt* (Tel. 040/ 390 36 66, Di/Mi 9.30–13 und 14–16.30, Do 14–19 Uhr) ist zu besichtigen. Hier erfährt man, dass Drahtstifte die Arbeitsmittel sind, die landläufig als Nägel bezeichnet werden. Der Fachmann aber weiß: Ein Nagel wird geschmiedet, ein Drahtstift dagegen maschinell hergestellt. Übrigens: Das Archiv veranstaltet auch informative Rundgänge durch den Stadtteil.

Längst etabliert in Hamburgs Kulturszene: In der Fabrik finden Konzerte und Festivals statt

Die **Häuser Zeißstraße 31–49**, erbaut 1861–64, zeigen eine für die frühen Arbeiterquartiere typische Bauform. Drei Türen finden sich in der Fassade der Häuser – die beiden äußeren führen in je eine ›Bude‹, einen Wohnraum im Erdgeschoss des Hauses. Die mittlere Tür führt über eine Treppe in den ›Sahl‹ im ersten Stockwerk des Hauses.

Ganz in der Nähe, in der Straße **Hohenesch**, steht auf dem Hinterhof des Hauses **Nr. 70** ein *Doppelschornstein*, der an die früher so zahlreichen Fischräuchereien in Ottensen erinnert.

Wer wissen will, wie man Nägel mit Köpfen macht, besucht am besten die Drahtstiftefabrik in Ottensen

68 Fabrik

Legendäre Konzerthalle und Stadtteilzentrum.

Barnerstraße 36
Tel. 040/39 10 70
www.fabrik.de
S 1, S 3 Altona, Bus 37

Unübersehbar präsentiert sich die Fabrik in der Barnerstraße – dort, wo ein Kran aus dem rosafarbenen Gebäude ragt, finden nicht nur Rock- und Jazzkonzerte statt. Hier wird werktags für den Stadtteil wichtige *Sozial- und Jugendarbeit* geleistet. Die Fabrik war der erste Ort in Deutschland, in dem dieses kombinierte Konzept ausprobiert wurde.

Die Fabrikhalle, in der Maschinen zur Holzbearbeitung hergestellt wurden, stand 1971 zum Verkauf. Ein Verein übernahm das Gebäude und baute es zum **Veranstaltungszentrum** aus. 1977 war die Fabrik schon derart etabliert, dass sie nach einem Brand schließlich wieder aufgebaut wurde. Man übernahm dabei auch die *Holzkonstruktion* des Gebäudes und behielt die Raumaufteilung mit Mittelschiff und den dreigeschossigen Seitenschiffen bei. So ist die Fabrik auch **Denkmal einer Industriekultur**, die an die Konzeption sakraler Bauten erinnert. Die *Krananlage*, auf die der Besucher der Fabrik am Eingang trifft, stammt aus der Maschinenfabrik Menck & Hammbrock, die bis zum Abriss in unmittelbarer Nachbarschaft stand.

Viertel westlich der Außenalster: das weiße Hamburg

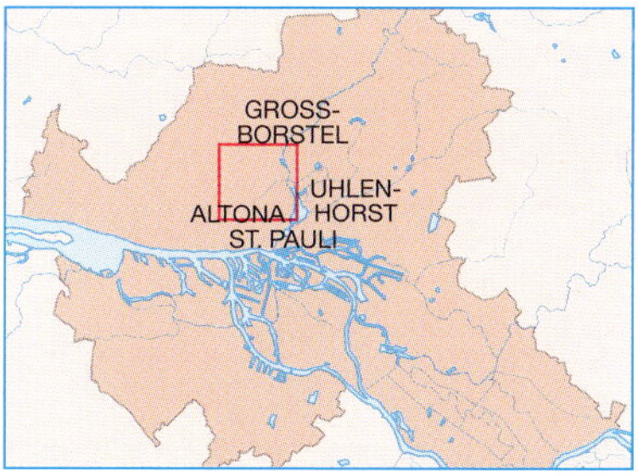

Wo wohnen die begüterten Hamburger? An der Elbchaussee und in Blankenese. Vergessen wird dabei, dass Hamburg mit dem Westufer der Außenalster eine weitere ›Schokoladenseite‹ zu bieten hat. Da ist das **Alstervorland**, eine gepflegte Grünfläche unmittelbar am Binnensee. An die Parkanlage schließen sich die prachtvollen **weißen Villen** an, die Reeder und Bankiers um die Jahrhundertwende erbauen ließen. Umrahmt wird das ganze von den Stadtteilen **Rotherbaum**, **Harvestehude** und **Eppendorf** – Viertel, die um 1900 großzügig ausgebaut wurden. Bombenschäden – wie in den Arbeitervierteln östlich der Alster – hat es hier kaum gegeben. War es in den 1960er-Jahren schick, sich in den Randgebieten der Stadt einen Bungalow zu bauen, kamen seit Mitte der 1970er-Jahre die großen, citynahen *Altbauwohnungen* wieder in Mode. Und so wurde erst saniert, danach verkaufte man die edel renovierten Räume als teure Eigentumswohnungen.

69 Dammtorbahnhof

Ein Bahnhof der Begüterten im Jugendstil.

Theodor-Heuss-Platz
S 1, S 3 Dammtor

Wie ein repräsentatives Eingangstor zum ›Viertel der Reichen‹ wirkt der Dammtorbahnhof. Für die so genannten besseren Herrschaften, die von hier aus bequem ihre Villen westlich der Alster erreichen konnten, wurde zu Beginn des 20. Jh. auf der Bahnstrecke Hamburg–Altona der Dammtorbahnhof errichtet. Hier stieg Kaiser Wilhelm II. aus, wenn er die Hansestadt besuchte. Der Kaiser logierte in der *Preußischen Gesandtschaft*, die in einer Villa am Ufer der Außenalster untergebracht war. Der Bahnhof, der nach dem

Schöner Wohnen – reiche Reeder ließen sich um die Wende vom 19. zum 20. Jh. ihre weißen Villen an der Außenalster errichten

Dammtor, dem Stadttor Hamburgs Richtung Norden, benannt ist, wurde 1901–03 im Stil Berliner Bahnhöfe errichtet. Eine **Empfangshalle** mit Geschäften liegt im Erdgeschoss. Die hoch gelegene **Gleisanlage**, die über eine Treppe zu erreichen ist, wird von einer Halle überwölbt – dieses Bauprinzip findet man auch im Bahnhof Berlin-Friedrichstraße. In der **Fassade**, die Jugendstilornamente schmücken, findet sich ein *Hamburgwappen*, umgeben von Symbolen des Handels, der Bahn und der Schifffahrt.

Unweit des Dammtorbahnhofs Richtung Innenstadt lädt seit 2006 das **Casino Esplanade** der Spielbank Hamburg Risikobereite zu Roulette, Black Jack oder Poker ein. Untergebracht ist das Casino in einem herrschaftlich-klassizistischen Gebäude von 1907, das ursprünglich ein luxuriöses Grand Hotel beherbergte.

Grün und mit plattdeutschem Namen versehen: Im Erholungsgebiet ›Planten un Blomen‹ kann man mitten in der City relaxen

70 Congress Centrum Hamburg (CCH)

Tagungsräume und das höchste Gebäude der Stadt.

St. Petersburger Straße 1
U 2 Messehallen, S 21, S 31 Dammtor

Pünktlich zur Internationalen Gartenbau-Ausstellung 1973 war nach dreijähriger Bauzeit das Congress Centrum Hamburg (CCH) fertig. Säle für **Kongresse** und andere Veranstaltungen, u.a. auch große

Zweckbau für Tagungen – das Congress Centrum Hamburg (CCH) mit Fernsehturm und Segelboot auf Rädern

Rockkonzerte, stehen zur Verfügung. Der mächtige Baukomplex besitzt beinahe 20 große Veranstaltungsräume, darüber hinaus gibt es Projektoren für Film und Fernsehen sowie Tonübertragungs- und Dolmetschanlagen. Darüber erhebt sich der 110 m hohe *Hotelturm* des ›Radisson‹, des höchsten Gebäudes der Stadt. Mit mehr als 1000 Betten ist das ›Radisson‹ das größte Hotel Hamburgs.

71 Planten un Blomen

Ein großer Garten mitten in der City.

St. Petersburger Straße
www.plantenunblomen.hamburg.de
U 2 Stephansplatz und S 21, S 31 Dammtor

›Pflanzen und Blumen‹ – eine treffende Bezeichnung für ein **Erholungsgebiet** nahe der Innenstadt. Die Parkanlage verläuft entlang der alten Befestigungsanlage der Stadt aus dem 17. Jh. Den weiteren Verlauf der Wallanlagen zeigen auf dem Stadtplan deutlich die Straßen Steintorwall, Klosterwall, Glockengießerwall, Esplanade, Gorch-Fock-Wall und Holstenwall. Von 1863 bis 1930 befand sich auf dem Gelände Hamburgs erster Zoologischer Garten; Direktor war Alfred Brehm, der hier sein ›Tierleben‹ schrieb.

Angelegt wurde ›Planten un Blomen‹ in den Jahren 1934/35 von Karl Plomin anlässlich der Niederdeutschen Garten-

Idylle auf Wasser und Eis

Der idyllische Park ›Planten un Blomen‹ in der Hamburger Neustadt bietet mehr als Pflanzen und Blumen: Wer an Sommerabenden noch kein festes Programm hat, kann hier die romantische Wasserlichtorgel bestaunen. **Farbige Wasserlichtkonzerte** finden von Mai bis Ende August um 22 Uhr und im September um 21 Uhr statt. Am Nachmittag zwischen 15 und 17 Uhr erklingen im Pavillon von Mai bis September **Konzerte** von Jazz-Bands, dem Polizeiorchester sowie in- und ausländischen Folklore-Gruppen. Im Winter geht's in ›Planten un Blomen‹ sportlich zu: Jung und Alt, Profis und Amateure treffen sich zum Schlittschuhlaufen.

Das Budge-Palais war Anfang des 20. Jh. kultureller Mittelpunkt der Hamburger Gesellschaft. Heute ist hier die Hochschule für Musik und Theater untergebracht

schau. 1953, 1963 und zuletzt 1973 fanden hier die **Internationalen Gartenbauausstellungen** statt. Originelle Highlights der Anlage sind das Tropenhaus mit seinen exotischen Pflanzen, der Apotheker- und Rosengarten und Europas größter Japanischer Garten. Von Mai bis Ende September lädt sonntags ab 15 Uhr das Japanische Teehaus zum Verweilen ein.

72 Alstervillen

Schmucke Villen am Binnensee.

S 21, S 31 Dammtor U 1 Hallerstraße

Schon seit der Zeit um 1800 bauten reiche Hamburger Bürger entlang des **Ufers der Außenalster** ihre Landsitze. Um 1850 war das Gebiet verkehrsmäßig so gut erschlossen, dass die Villen ganzjährig als Wohnsitz genutzt wurden.

Sieht man die Villa am Alsterufer Nr. 25–27 (1880, Martin Haller), so wird klar: Auch Hamburg hat ein **›Weißes Haus‹**. Nach dem Zweiten Weltkrieg nahm das *Generalkonsulat* der USA dort seinen Sitz. 1950 ließen die neuen Hausherren vor dem Haupteingang einen *Säulenvorbau* errichten, der dem Bau eine entfernte Ähnlichkeit mit dem *Regierungssitz des amerikanischen Präsidenten* gibt. Ab 1891 wohnte hier Anton Riedemann, Begründer der ›Deutsch-Amerikanischen Petroleum-Gesellschaft‹, aus der die Firma ›Esso‹ hervorging.

Wie eine englische Burg aus der Zeit der Gotik wirkt die Villa am Harvestehuder Weg Nr. 5–6, die Jean David Jolasse 1848 erbaute. Damit ist das Gebäude der älteste erhaltene Bau an der Alster. Nach seinem ersten Besitzer, dem englischen Reeder *Robert M. Sloman*, wurde es **›Sloman-Burg‹** genannt. Robert M. Sloman gründete in Hamburg eine Reederei, die noch heute an der Straße Baumwall direkt am Hafen Geschäfte tätigt. Die Sloman-Reederei (heute Sloman-Neptun Schifffahrts-AG) ist die älteste Privatreederei Deutschlands.

In der neoklassizistischen Villa am Harvestehuder Weg 8 (Albert Rosengarten, 1872) logierten Bismarck und Kaiser Wilhelm II., wenn sie in Hamburg zu Besuch waren. Unter den Nationalsozialisten war die Villa Sitz des SS-Oberabschnitts Nord-West.

Der Schiffsmakler Ivan Gans beauftragte *Martin Haller*, den bedeutendsten Architekten Hamburgs Ende des 19. Jh., mit dem Bau der größten Villa an der Alster (Harvestehuder Weg Nr. 12). 1903 kaufte der Bankier Henry Budge das Anwesen, um hier mit seiner Frau Emma, einer gebürtigen Hamburgerin, den Lebensabend zu verbringen. Schnell wurde das **Budge-Palais**, das über *Ausstellungsräume* und einen *Theatersaal* verfügte, zu einem kulturellen Mittelpunkt der Hamburger Gesellschaft. 1937, nach dem Tod Emma Budges, richtete der NSDAP-Gauleiter Kaufmann hier seine Reichsstatthalterei ein, obwohl Emma Budge das Haus der US-Regierung bzw. der Israelitischen Gemeinde vererbt hatte. 1957 übernahm die Hansestadt die Villa von den Budge-Erben. Das Gebäude wurde mit einem Anbau zur **Hochschule für Musik und Theater** umgebaut. Der Spiegelsaal, der bei den Umbaumaßnahmen weichen musste, wurde 1987 im Museum für Kunst und Gewerbe [s. S. 38] aufgebaut.

73 Pöseldorf

Boutiquen und Bistros zwischen Alsterchaussee und Mittelweg.

U 1 Hallerstraße

Der Name Pöseldorf stammt vom Anfang des 19. Jh. und erinnert spöttisch an die damaligen Bewohner, durchweg einfache Leute, die dort ›herumpöselten‹, auf hochdeutsch werkelten. Von Hamburgern wird der Stadtteil inzwischen als ›*Schnöseldorf*‹ verspottet, denn Pöseldorf avancierte seit den 1960er-Jahren zur schicken Wohngegend. Einst war dieses Viertel Gegend der ›einfachen Leute‹. Eduard Brinkama baute den Stadtteil aus und schuf so eine **Einkaufs- und Vergnügungsstätte** für die Schickeria. Man findet hier exquisite Antiquitätenläden, Modegeschäfte und eine ungewöhnlich große Anzahl an Restaurants und Edel-Kneipen.

74 Universität

Die viertgrößte Universität Deutschlands.

Zwischen Edmund-Siemers-Allee und Grindelhof
S 21, S 31 Dammtor und U 1 Hallerstraße

Erst 1919 fasste die Hamburger Bürgerschaft den Beschluss, eine Universität in der Hansestadt zu gründen. Zum Kern der Universität wurde das Gebäude Edmund-Siemers-Allee 1, das der Reeder Edmund Siemers 1909–1911 für das ›Allgemeine Vorlesungswesen‹, einen Vorläufer der Universität, bauen ließ.

Der Bau im spätbarocken Stil besitzt eine Putzfassade sowie eine kupfergedeckte Kuppel. Die **Hauptfassade** richtet sich dem Dammtorbahnhof und damit der Innenstadt an der Binnenalster zu. Die Erweiterungsbauten der Universität, die in den 1950er- und 60er-Jahren not-

An edlen Lokalen ist im Stadtteil Pöseldorf kein Mangel. Die ehemalige ›Armeleutegegend‹ wurde in den 60er-Jahren des 20. Jh. zur teuren Wohngegend für die Schickeria ausgebaut

Kunst von A.R. Penck an der Brandmauer der Staats- und Universitätsbibliothek

wendig wurden, fanden hinter dem Hauptgebäude, im Bereich zwischen Grindelhof und Schlüterstraße, Platz. Eindrucksvoll ist der 52 m hohe **Philosophenturm** (1957–62, Paul Seitz). Im Hörsaal D des Philosophenturms findet sich das *Triptychon* ›Thermopylae‹ des Künstlers Oskar Kokoschka aus dem Jahr 1954. Vor dem Hörsaal erinnert eine *Büste* an den Philosophen Ernst Cassirer, der 1929/30 zum ersten jüdischen Direktor einer deutschen Hochschule bestellt wurde.

75 Museum für Völkerkunde

Ausstellung von Kulturzeugnissen europäischer und außereuropäischer Völker in Jugendstil-Ambiente.

Rothenbaumchaussee 64
Tel. 018 05/30 88 88 (0,14 €/Min.)
www.voelkerkundemuseum.com
Di–So 10–18, Do bis 21 Uhr
S 21, S 31 Dammtor und U 1 Hallerstraße

Das Völkerkundemuseum gilt als Ausdruck der Weltoffenheit Hamburgs. Es wurde 1879 gegründet und befindet sich seit 1915 in dem eindrucksvollen Bau an der Rothenbaumchaussee. Im **Erdgeschoss** sind die Abteilungen Afrika, Ägypten, Europa und Vorderer Orient ausgestellt. Einführungen zu den jeweiligen Themenkreisen vertiefen das Verständnis der gezeigten Kunst und Gewerbeobjekte.

Das **obere Geschoss** widmet sich den Kulturkreisen von Südsee, Süd- und Ostasien, Amerika und Indonesien. Das Gebäude wurde zwischen 1907 und 1911 von Albert Erbe errichtet.

76 Joseph-Carlebach-Platz

Erinnerung an das jüdische Leben im Grindelviertel.

Bus 4 und 5 (Grindelhof)

Das Grindelviertel um die Grindelallee war in den 1920er-Jahren das **Zentrum der jüdischen Gemeinde** in Hamburg. Rund 70% der 25 000 Mitbürger jüdischen Glaubens lebten hier. Während der NS-Zeit wurden sie vertrieben, später deportiert. Sammelpunkt für die Schreckenstransporte war die Moorweide nahe dem Hauptgebäude der Universität. Hier erinnert der **›Platz der jüdischen Deportierten‹** an die Gräueltaten der NS-Zeit.

Im Bereich des 1989 neu angelegten Joseph-Carlebach-Platzes stand die **Hauptsynagoge** der jüdischen Gemeinde. In Erinnerung an das Gotteshaus wurde der Grundriss in die Pflasterung des Platzes eingearbeitet. Die 1904–06 erbaute Synagoge war das erste freistehende Gotteshaus, das sich jüdische Mitbürger in Hamburg errichten durften. Vorher waren Synagogen nur in Hinterhöfen eingerichtet worden. Während der Reichspogromnacht am 9. November 1938 war die Synagoge in Brand gesteckt worden, 1939/40 riss man sie ab.

Eine Erinnerung an das rege Leben der jüdischen Gemeinde Hamburgs stellt auch die **Talmud-Tora-Schule** dar; sie wurde 1909–11 erbaut und 1939 von den Nationalsozialisten geschlossen. 2004 gab die Stadt Hamburg das Gebäude an die Stiftung ›Jüdisches Leben‹ zurück, die die ehem. Schule im Juni 2007 als jüdisches Gemeindezentrum wiedereröffnet hat. Vor der NS-Zeit zählte die Ausbildungsstätte zu den bedeutendsten Schulen des orthodoxen Judentums in Deutschland. Nach ihrem Direktor Dr. Joseph Carlebach, der im Getto Riga ermordet wurde, ist der Platz benannt.

Einen Abstecher lohnen die Straßen **Durchschnitt** und **Grindelweg**. Hier finden sich um die Wende zum 20. Jh. angelegte, gründerzeitliche *Arbeiterquartiere*. In ihrer zwei- bzw. dreigeschossigen Bauweise, dem kleinen Vorgarten und der dörflich anmutenden Straße geben sie einen Eindruck von den Gebäuden, die an die Stelle der engen, lichtlosen Arbeiterquartiere der Innenstadt (Gängeviertel) treten sollten. Sehenswert auch der Bereich **Rutschbahn**, **Heinrich-Barth-Straße** und **Rappstraße** westlich der Straße Grindelhof. Hier werden aufgrund der einheitlichen Fassadenreihen immer wieder Aufnahmen für historische Filme, die in den 20er- und 30er-Jahren des 20. Jh. spielen, gedreht.

Exotische Erlebniswelt: Figur der indischen Gottheit Adhanari im Museum für Völkerkunde

77 Grindelhochhäuser

Die ersten Hochhäuser Deutschlands.

Grindelberg/Hallerstraße
Bus 4 und 5

Auch Hochhäuser können unter Denkmalschutz stehen. Den Beweis treten die zwölf Grindelhochhäuser an, die acht bis vierzehn Geschosse haben. 1946 wurde von Bernhard Hermkes mit dem Bau der **Hochhäuser auf dem Grindelberg** begonnen. Sie sollten der britischen Militärregierung als Sitz dienen. Da aber kurz nach Baubeginn die Entscheidung für Frankfurt als gemeinsamer Sitz der Verwaltung der vereinigten drei Westzonen fiel, stockte das Projekt bis 1949. Die Hochhäuser wurden schließlich bis 1956 von der Stadt Hamburg fertig gestellt. Die modernen Wohnungen und die hellen Ateliers erregten seinerzeit großes Aufsehen. Ebenso wie die Frage der Zeitung ›Hamburger Abendblatt‹ an die Mieter der obersten Stockwerke: »Werden Sie nicht seekrank?« Denn bei Wind sollen die Spitzen der Häuser angeblich leicht schwanken.

78 Isestraße und Jungfrauenthal

Jugendstil-Träume und Markttreiben.

U 1 Klosterstern, U 3 Hoheluftbrücke

Mit den Grindelhochhäusern nördlich der Hallerstraße beginnt der Hamburger Stadtteil **Harvestehude**. In diesem Namen ist die Erinnerung an das Kloster Harvestehude erhalten, das seit dem Jahr 1293 am Nordende der Außenalster lag. 1866 übernahm ein so genanntes Klosterlandkonsortium den gesamten Besitz nördlich der Hallerstraße. Man legte hier Straßen, Parks und erste Wohnbauten an, und so entstand rund um den **›Innocentiapark‹** ein Wohnviertel für Begüterte; die Ansiedlung von Industrie oder Kleingewerbe auf den Hinterhöfen war ausdrücklich untersagt. Bis ins 20. Jh. hinein wurde Straße für Straße mit Mietsbauten oder auch Einzelvillen im Stil der Zeit bebaut.

Besonders schöne Häuserzeilen im Jugendstil sind in der Straße **Jungfrauenthal** zu finden. Die Isestraße wurde nach der Kanalisierung der Isebek 1906 angelegt. Einheitliche Jugendstilfassaden sieht der Besucher vor allem im nördli-

Wer diese Tür passiert, muss ihr einfach einen Blick gönnen: Viele solcher kunstvollen Eingänge im Jugendstil findet man in Isestraße (wie hier bei Haus Nr. 115) und Jungfrauenthal

chen Bereich der Straße. 1909 bis 1912 wurde im unteren Bereich, zwischen Eppendorfer Baum und Hoheluftchaussee, ein **Hochbahnviadukt** angelegt. Unter den S-Bahnbögen findet jeweils dienstags und freitags vormittags ein viel besuchter Wochenmarkt, der **Isemarkt**, statt. Ganz in der Nähe, rund um den **Eppendorfer Baum**, befinden sich zahlreiche hübsche Geschäfte und Boutiquen für den besonderen Geschmack.

79 Falkenried-Terrassen

Größte in Hamburg erhaltene Terrassenbebauung.

U 3 Hoheluftbrücke

Nordwestlich der Isestraße beginnt der Bereich Eppendorfs und des Stadtteils Hoheluft, in dem sich Wohnbebauung wieder mit Industrieanlagen und Gewerbebetrieben mischt. Ein Beispiel dafür

Oben fährt die Bahn, unten wird Gemüse an den Kunden gebracht: Auf dem beliebten Isemarkt werden dienstags und freitags frische Waren aus dem Hamburger Umland angeboten

Sehr persönlich kann die Beziehung zwischen Mensch und Tier bei ›Hagenbeck‹ werden, denn: Hier gibt es keine Gitterstäbe, die der Freundschaft Grenzen setzen

sind die Falkenried-Terrassen. Für die Arbeiter der Straßen- und Eisenbahngesellschaft wurden zwischen 1890 und 1903 die Terrassen zwischen Falkenried und der Löwenstraße errichtet. Es handelt sich um dreigeschossige **Hinterhaus-Doppelreihen**, die seinerzeit aufgrund ihrer lichten Bauweise als vorbildlich galten. Die Falkenried-Terrassen sind die größte Wohnanlage dieser Art, die in Hamburg erhalten blieb.

80 Hagenbecks Tierpark

Eine weltberühmte ›Hamburgensie‹.

Eingang Lokstedter Grenzstraße 2
Tel. 040/530 03 30
www.hagenbeck.de
März–Juni tgl. 9–18, Juli/Aug. 9–19, Sept./Okt. 9–18, Nov.–Febr. 9–16.30 Uhr
U 2 Hagenbecks Tierpark

›Gehn wir mal zu Hagenbeck‹ – das sagen die Hamburger schon seit Generationen und meinen damit einen sonntäglichen Besuch in Hamburgs traditionsreichem Tierpark Carl Hagenbeck. 1848 hatte der Fischhändler Gottfried Clas Carl Hagenbeck damit begonnen, *Seehunde* auf dem **Spielbudenplatz** in St. Pauli gegen Geld einem Publikum zu präsentieren. Die Tiere hatten ihm Fischer statt des versprochenen Fanges gebracht, da die Seehunde ihnen die Netze zerrissen hatten. Bald stellte Hagenbeck auch *exotische Tiere* aus. Sein Sohn Carl Hagenbeck revolutionierte dann die Dressur der Tiere. Wurden die wilden Tiere bis dahin in dunklen, engen Käfigen eingepfercht und brutal gefügig gemacht, führte Carl Hagenbeck die erste *artgerechte Haltung* und Dressur durch Belohnung ein. Sensationen waren die ›**Völkerschauen**‹, für die Hagenbeck wahlweise Eskimofamilien, Lappen oder afrikanische Eingeborene in die Hansestadt brachte, die dann vor dem Publikum ihre alltägliche Lebensweise, z. B. Kochen oder Zeltaufbau, vorführten.

Um die Wende zum 20. Jh. erwarb Carl Hagenbeck das heutige Gelände des Tierparks in **Stellingen**. Hier konnte er genügend Land erwerben, um seinen Traum zu verwirklichen. Er baute so weit wie möglich den *natürlichen Lebensraum* seiner Tiere nach. Eindrucksvoll für die Besucher: Der Zoo kam – und kommt – ohne schwere Gitter und Schutzzäune aus, da durch einen Graben den Tieren ein Ausbruch unmöglich gemacht wurde. Dieses Modell des Tierparks Hagenbeck wurde weltweit kopiert. Heute werden 2500 Tiere in einer herrlichen **Parklandschaft** präsentiert.

Besondere Attraktion ist das neue, 2007 eröffnete **Tropen-Aquarium** (tgl. 9–18 Uhr, gesonderter Eintritt), das 13 000 exotische Tiere präsentiert. Ebenfalls zu empfehlen sind im Mai/Juni die **Dschungel-Nächte** mit Musik und Tanz sowie im August die **Romantik-Nächte** mit klassischer Musik.

Viertel östlich der Außenalster: Villen im Grünen

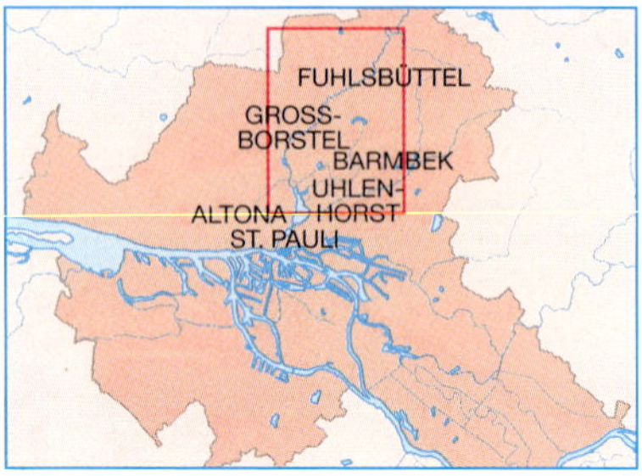

Das Areal ›östlich der Außenalster‹ erstreckt sich nördlich der Kennedybrücke über die einstigen Dörfer und heutigen Stadtteile **Uhlenhorst** und **Winterhude** bis nach **Barmbek**. Wie am Westufer, so dominieren auch entlang der östlichen Uferpromenade vornehme weiße Villen.

Bis zur Mitte des 19. Jh. bedurfte es einer langen Fahrt, um zu den Bauerndörfern Uhlenhorst und Winterhude zu kommen. Hier lag die *Kornkammer* Hamburgs, hier wurde die Milch für den täglichen Bedarf der Stadt gewonnen. Auf Ewern schifften die Bauern ihre Waren über die Alster in die Stadt. Erst nach Aufhebung der Torsperre 1860/61 zogen die Hanseaten aus der damaligen eigentlichen Stadt in die fast unbewohnten Gebiete entlang der Außenalster. Mit dem **Ausbau der Kanäle** siedelte sich auch die Industrie an.

Doch während sich die betuchten Kaufleute westlich der Alster niederließen, galt der Osten noch lange als wenig vornehme Gegend. »Die Alster trennt so ungemein«, fanden die Damen der feinen Gesellschaft aus Harvestehude noch vor 100 Jahren. Und sie meinten damit, dass es gut sei, wenn ihre ›höheren‹ Töchter von den ›windigen‹ Überseekaufleuten sowie dem niederen Volk aus Uhlenhorst fern gehalten wurden.

Einer der ersten, der auch die östlichen Gebiete für die Oberschicht erschloss, war der Goldschmied *Johann Friedrich Sierich*. Sein Sohn Adolf war bis um die Jahrhundertwende einer der größten Großgrundbesitzer in Winterhude. Ihm gehörte das Land rund um den **Leinpfadkanal**, wo später die edlen weißen Villen gebaut wurden. Sein Jagdforst war der heutige Stadtpark. Noch heute erinnern die Straßennamen Sierichstraße, Agnesstraße, Dorotheenstraße und Maria-Louisen-Straße an den Geschäftsmann und die weiblichen Angehörigen der Familie.

Während Uhlenhorst und Winterhude mittlerweile zu den begehrtesten Wohngegenden der Stadt zählen, haftet Barmbek für viele Hamburger noch immer der Ruf eines Arbeiterviertels an. In ›Armbek‹, wie man den Stadtteil früher spöttisch nannte, wurden Ende des 19. Jh. mit der Beseitigung der Arbeiterwohngebiete im Freihafen verstärkt Werktätige angesiedelt. Von 1800 Einwohnern im Jahre 1855 stieg die Bevölkerungszahl rapide auf 225 000 im Jahre 1938 an. Klar, dass sich hier seit 1987 das **Museum der Arbeit** befindet. Als ›rotes Hamburg‹ wird Barmbek nicht nur aus politischen Gründen bezeichnet. Die in den 20er-Jahren des 20. Jh. errichteten Wohnquartiere – großzügig und hell angelegt – sind fast ausnahmslos Bauten aus rotem Backstein. Als Grünfläche für die Wohnquartiere schuf Hamburgs sozialpolitisch engagierter Oberbaudirektor Fritz Schumacher von 1912–14 den **Stadtpark**, ein 180 ha großes Erholungsgebiet.

Nördlich vom Stadtpark trifft man wieder auf den Flusslauf der Alster, deren Quelle einige Kilometer weiter nahe dem schleswig-holsteinischen Ort Henstedt-Ulzburg entspringt. Der von der Binnenalster bis zur Quelle den Fluss begleitende, insgesamt 56 km lange **Alsterwanderweg** führt ab der Fuhlsbütteler Schleuse hinauf in den idyllischen Norden Hamburgs. Nur ein Stück zu Fuß, mit dem Rad oder Boot – und man ist mitten auf dem Land!

Im Museum der Arbeit wird die Vergangenheit lebendig – Handelskontor des 19. Jh.

81 Museum der Arbeit

Der Wandel von Lebens- und Arbeitsalltag im Industriezeitalter

Wiesendamm 3
Tel. 040/428 13 30
www.museum-der-arbeit.de
Mo 13–21, Di–Sa 10–17, So/Fei 10–18 Uhr
S 1, U 2, U 3 Barmbek

In der 1908 errichteten Fabrik der *New York-Hamburger Gummi-Waaren Compagnie* befindet sich das **Museum der Arbeit**. Gezeigt wird eine überaus sehenswerte Sammlung, die die Geschichte der Arbeit in der Hafenstadt dokumentiert. Am Beispiel der Gummi-Waaren Compagnie wird die Arbeit in einem Hamburger Fabrikbetrieb dargestellt. Zudem werden zahlreiche Produkte aus Hartgummi – von der Madonnenfigur bis zur Gebissprothese – gezeigt. In ›Frauen und Männer: Arbeits- und Bilderwelten‹ sieht man typische Arbeitsorte wie Heringsfiletiermaschinen und Räucherofen, in der Abteilung ›Arbeit im Kontor‹ ein Büroensemble um 1900. Die Abteilung ›Graphisches Gewerbe‹ zeigt alte Druckmaschinen, Gießinstrumente und Lettern. Zu dieser Ausstellung gehören auch einige Werkstätten, in denen noch immer an den historischen Maschinen gearbeitet wird. Komplettiert werden die Abteilungen durch Exponate aus dem Arbeitsalltag wie Telefon und Kontrolluhr, Spuckfläschchen für Tuberkulosekranke und den altbewährten Henkelmann.

82 Schöne Aussicht

TOP TIPP

Die Grünanlagen zwischen der Außenalster und der Straße Schöne Aussicht sind, wie der Name besagt, ein besonders hübscher Abschnitt zum Spazierengehen.

Schöne Aussicht
U 2 Mundsburg, weiter zu Fuß über Uhlenhorster Weg

Entlang der Schönen Aussicht schließt sich die westliche Rundung der Außenalster in Höhe von Schwanenwik. Man hat darum bei klarem Wetter von hier aus einen reizvollen Blick auf die ›Skyline‹ der City an der Binnenalster. Welcher Platz in Hamburg wäre besser geeignet, um offizielle Gäste repräsentativ unterzubringen? Am idyllischen Feenteich steht das **Gästehaus des Senats** (Schöne Aussicht Nr. 26). Seit 1965 residieren in der 1868 von Martin Haller für einen Baustoffhändler errichteten Villa prominente Politiker und Staatsoberhäupter aus aller Welt, die in der Hansestadt weilen. Der weltoffene Charakter Hamburgs zeigt sich auch in einem weiteren Bau: Nr. 36 ist die **Imam-Ali-Moschee** der 13 000 Mitglieder starken iranisch-schiitischen Gemeinde. Sie wurde 1963–69 errichtet.

Hinter der Moschee mündet die Außenalster in die Ausbuchtung **Langer Zug**, an die sich der Osterbek-Kanal anschließt. Ein ›Umweg‹, der den Spaziergänger über die Straße Am Langenzug – vorbei am Anleger Mühlenkamp mit dem **Café ›Fiedler's‹** (Tel. 040/22774 03) – zum Mühlenkamp führt. Hier laden Boutiquen, Antiquitätenhändler, Möbel- und Design-Geschäfte sowie internationale Wein- und Feinkostläden zum Bummeln und Geldausgeben ein.

83 Krugkoppelbrücke und Leinpfad

Reizvolle Gegend zum Spazierengehen und Verweilen in Cafés.

Bellevue, Fernsicht
Bus 6 bis Gertigstraße,
weiter zu Fuß über Poelchaukamp,
Gellerstraße, Fernsicht

Wer das seitliche Ufer entlang geschlendert ist und keinen Shopping-Abstecher in den **Mühlenkamp** machen will, der kann hinter dem Anleger Mühlenkamp über Körnerstraße und Bellevue auch gleich zur Außenalster zurückgehen. Der nächste Punkt zum Verweilen ist nicht weit: An der nördlichen Spitze der Außenalster liegt das **Restaurant-Café ›Bobby Reich‹** (Tel. 040/48 78 24). Daneben verbindet die Krugkoppelbrücke Winterhude mit dem westlich der Alster gelegenen Stadtteil Harvestehude. Den Neubau der 1891 errichteten **Holzbrücke** gestaltete Fritz Schumacher 1927/28. Er verband Technik mit Formschönheit; die Bögen der Eisenbeton-Brücke sind mit Klinkern verkleidet, die Brüstungen werden verziert von Terrakotta-Figuren. Auf der gegenüberliegenden Straßenseite von ›Bobby Reich‹ unterbricht die **Villa Agnesstraße Nr. 1** die traditionell weiße Alsterarchitektur. Den herrschaftlichen Bau in grauem Stein entwarf 1909 der Berliner Architekt William Müller für den Apotheker Oscar Troplowitz, Mitbegründer der Firma Beiersdorf. An der westlichen Grundstücksseite beginnt der **Leinpfad**, eine der schönsten und nobelsten Wohnstraßen Hamburgs. An dessen Ende befindet sich das **Café Leinpfad** (Tel. 040/ 46 48 56) von dessen Terrasse am Alsterkanal man die Boote beim An- und Ablegen beobachten kann.

84 Winterhuder Markt

Theater, Shopping und historische Wohnkultur in Hamburgs Norden.

Winterhuder Markt
U 1 Hudtwalckerstraße

An der quer zum Leinpfad verlaufenden Hudtwalckerstraße liegt die **Komödie Winterhuder Fährhaus** (Nr. 13, www.komoedie-winterhuder-faehrhaus.de). In dem modernen *Theaterhaus* aus Glas und Stahl gastieren prominente Schauspieler in klassischen und zeitgenössischen Boulevardstücken. Im Gebäude befindet sich zudem das edle **›Restaurant Allegria‹**

Die ehemalige Maschinenfabrik bietet heute unter dem Namen Kampnagel Kultur pur

(Tel. 040/46 07 28 28). Richtung Westen mündet die Hudtwalckerstraße in den **Winterhuder Marktplatz**, das nördliche Zentrum des Stadtteils. Auch hier bieten sich vielfältige *Einkaufsmöglichkeiten*.

Es lohnt sich, einen Abstecher über die Ohlsdorferstraße in die **Ulmenstraße** zu machen. Hier findet sich ein fast gänzlich erhaltenes Beispiel der städtischen Arbeiterwohnkultur aus der Mitte des 19. Jh. In den restaurierten Häuschen wohnten ehemals vor allem Bleicher und Wäscher.

85 Kampnagel

Die ehemalige Maschinenfabrik ist seit 1984 Zentrum der freien Theatergruppen Hamburgs und Gastspielort für internationale Ensembles.

Jarrestraße 20–26
Tel. 040/270 94 90
www.kampnagel.de
Bus 172, 173

Eigentlich sollte Kampnagel von 1981 bis 1984 dem Deutschen Schauspielhaus [s. S. 65] nur als vorübergehende Ausweichstätte dienen, als das Theater renoviert wurde. Mittlerweile ist die eigenständige Einrichtung aus der **Kulturszene der Stadt** nicht mehr wegzudenken. Der Name geht auf die ursprünglich auf dem Gelände ansässige Maschinenfabrik Nagel & Kaemp zurück, gegründet 1874. Hier finden in vier der früheren Fabrikhallen insgesamt 1650 Zuschauer Platz. Neben Auftritten von Hamburger *Theatergruppen*, Ensembles aus aller Welt und *Tanzgruppen* ist Kampnagel Veranstaltungsort von *Ausstellungen* und dem im August stattfindenden **Sommerfestival**. 1999 wurde auf dem Gelände ein 16 000 m^2 großes postmodernes Medienzentrum fertig gestellt.

86 Jarrestadt

Die Jarrestadt ist eines der bedeutendsten Beispiele der hanseatischen Zweckarchitektur der 1920er-Jahre.

Zwischen Wiesendamm und Jarrestraße
U-Bahn Saarlandstraße

Wuchtig und von einheitlicher Strenge, so präsentiert sich die Jarrestadt dem Betrachter. Die **Wohnblöcke** aus rotem Klinker wurden 1928–30 nach den Entwürfen von zehn Architekten errichtet. Einheitlichkeit garantierte die Planungsaufsicht des Oberbaudirektors Fritz Schumacher. Die äußerlich schlichten Fassaden der *kubischen Backsteinbauten* und der relativ hohe Standard der Innenräume sollten den gemeinschaftlichen und fortschrittlichen Geist der modernen Arbeiterbewegung widerspiegeln.

87 Stadtpark

Hamburgs ›Central Park‹: Auf rund 150 ha tummeln sich Spaziergänger, Jogger, Sonnenhungrige und Sportgruppen. Der Stadtpark ist auch das Ziel für Sternegucker, denn hier befindet sich das Planetarium.

Im Rechteck zwischen Ulmenstraße, Jahnring, Saarlandstraße und Südring
U 3 Borgweg

Dass Hamburg sich als grünste Großstadt Deutschlands bezeichnen darf, hat die Hansestadt nicht zuletzt dem Stadtpark zu verdanken. Federführender Planer war Hamburgs Oberbaudirektor Fritz Schumacher. 1902 kaufte die Stadt das damals noch als privates Jagdrevier genutzte Areal dem Geschäftsmann Adolf Sierich ab. Gemeinsam mit dem Landschaftsarchitekten Otto Linné formte Schumacher das Gelände 1909–14 zu einem Park, der von allen Bevölkerungsschichten genutzt

Die Sterne zum Greifen nah: Vom Planetarium im Stadtpark hat man außerdem einen sagenhaften Rundblick über Hamburg

werden sollte. Zeitgenössische Künstler gestalteten zahlreiche Skulpturen, die den Park noch heute zieren, darunter die *›Zentauren‹* von Georg Wrba am Schwimmbad , die ›Pinguine‹ von August Gaul am Heckengarten oder den ›Seelöwe‹ von Karl Opfermann am Planschbecken. Während des Zweiten Weltkriegs wurde der Stadtpark teils zweckentfremdet für Flakstellungen, Gemüseanbau und die Errichtung von Notunterkünften.

Heute sind die historischen Bestandteile großteils wiederhergestellt, und an schönen Wochenenden nutzen bis zu 200 000 Besucher die Freizeitmöglichkeiten des Stadtparks. Im Sommer kann man sich im **Freibad** erfrischen oder beim **Café Sommerterrassen** am östlichen Parkende Boote ausleihen. Einen schattigen Biergarten findet man im **Landhaus Walter** an der Hindenburgstraße. An Sommerabenden bietet der Nordteil des Stadtparks auf der **Freilichtbühne** Open-Air-Konzerte mit internationalen Bands. Im Osten des Parks erhebt sich das **Planetarium** (Tel. 040/428 86 52 10, www.planetarium-hamburg.de, So–Fr ab 9, Sa ab 13 Uhr geöffnet, Schließzeiten abhängig von den Veranstaltungen) im ehem. Wasserturm, 1913–15 von Fritz Schumacher im Klinkerstil erbaut. Von der *Aussichtsplattform* reicht der Blick bei schönem Wetter über die Innenstadt bis zum Hafen.

88 Ohlsdorfer Friedhof

Letzte Ruhestätte der Superlative.

Haupteingang Fuhlsbüttlerstraße
S 1 und U 1 Ohlsdorf

Der Ohlsdorfer Friedhof ist der größte Parkfriedhof der Welt, noch vor Arlington Cemetery in den USA. Auf dem Gelände verbinden sich Geschichte und Kunst mit Naturschönheit. **Denkmalgeschützte Grabsteine** Hamburger Persönlichkeiten stehen in einem wunderschönen Park mit altem Baumbestand und leuchtenden Rhododendronhecken.

404 ha misst der Ohlsdorfer Friedhof, er ist 3,5 km lang und 1,3 km breit. 17 befahrbare Straßen führen durch das Gelände mit circa **280 000 Grabstätten**. Mit der Anlage des überkonfessionellen Friedhofs für die rasch wachsende Großstadt Hamburg wurde 1874 in der Ohlsdorfer Feldmark begonnen, die Eröffnung fand 1877 statt. Der Gartenbauingenieur Wilhelm Cordes gestaltete den Westteil des Friedhofs. Den Ostteil hat Cordes' Nachfolger Otto Linné ab 1920 angelegt. Der Ohlsdorfer Friedhof wurde – zur besseren Orientierung – in *Planquadrate* eingeteilt. Der Besucher muss keine Angst haben, sich in den weitläufigen Parkanlagen zu verlaufen; an zahlreichen Stellen sind Pläne angebracht.

◁ *Idylle an der Außenalster: Vom Liegestuhl geht's gleich an Bord eines Segelbootes*

In der Nähe des *Haupteingangs* befindet sich der **Althamburgische Gedächtnisfriedhof**. Hier liegen u. a. Alfred Lichtwark, der erste Direktor der Kunsthalle, Oberbaudirektor Fritz Schumacher und der Maler Otto Runge begraben. Im Westteil des Friedhofs finden sich die Ruhestätten weiterer bekannter Persönlichkeiten: etwa die des Schauspielers Hans Albers (Y 23, 245–254), des Schriftstellers Wolfgang Borchert (AD 5), des HAPAG-Direktors Albert Ballin (Q 10, 420–429). Auch Mitglieder der Familie des Tierparkgründers Carl Hagenbeck haben hier ihre letzte Ruhe gefunden (AE 15, 43–58). Die Grabstätte ziert – natürlich – ein kupferner Löwe.

Im *nördlichen Teil*, nahe der Kapelle 13, ist das kreuzförmige **Massengrab** für die 37 000 Bombenopfer zu sehen, die im Feuersturm von 1943 starben. Das **Mahnmal** schuf 1952 Gerhard Marcks. Ebenfalls beim Haupteingang liegt das **Museum** (So/Mo/Do 10–14 Uhr) zur Friedhofsgeschichte.

Im *Südwesten* befindet sich der **jüdische Friedhof** und ein Mahnmal für die während der NS-Diktatur ermordeten Juden.

Nördlich des Haupteingangs steht das 1930–32 von Fritz Schumacher erbaute **Krematorium**. Es ist das letzte Werk des Oberbaudirektors vor seiner Entlassung durch die Nationalsozialisten. Schumacher verwendete hauptsächlich Materialien, die mit Hilfe des Feuers bearbeitet werden: Klinker, Bronze und Keramik. Die Bestimmung des Baus versinnbildlicht ein *Phoenix* auf der Giebelspitze. Gegenüber dem Krematorium erinnert seit 1949 ein **Mahnmal** an die Opfer des Nationalsozialismus.

Ihre Leidenschaft spiegelt sich auch auf dem Grab wider – die Familie Hagenbeck wird von einem kupfernen Löwen bewacht

89 Hamburg Airport

Vergnügen – auch ohne abzuheben.

Fuhlsbüttel (Zeppelinstraße)
S 1 und U 1 Ohlsdorf, weiter mit Bus 110 (›Airport-Express‹)
Bus 39, 172, 292

Auch wenn man nicht in die Lüfte gehen will – ein Besuch des Hamburg Airport ist dennoch lohnend: Sei es wegen der paradiesischen **Einkaufsmöglichkeiten** (die Geschäfte sind bis 23 Uhr geöffnet und das sieben Tage die Woche), wegen der neuen und architektonisch beeindruckenden **Terminals** oder weil man die startenden und landenden Flugzeuge von einer der beiden **Aussichtsterrassen** beobachten möchte.

Die Ursprünge des Hamburger Flughafens gehen auf das Jahr 1911 zurück, als noch Luftschiffe auf dem dortigen Landeplatz anlegten. 1926 formierten sich in Hamburg zwei Luftgesellschaften zur Deutschen Lufthansa. Noch heute befindet sich die 60 ha große **Lufthansa-Werft** auf dem Gelände des Flughafens. Die Lufthansa Technik AG ist mit über 6000 Beschäftigten einer der größten Industriebetriebe Hamburgs. Größter industrieller Arbeitgeber Hamburgs ist übrigens die Airbus Deutschland GmbH in Finkenwerder mit rund 9000 Beschäftigten.

In der Größenskala rangiert der Hamburg Airport unter den internationalen Flughäfen Deutschlands an vierter Stelle und ist mittlerweile für Mecklenburg-Vorpommern ebenso wichtig wie für Schleswig-Holstein. Jedes Jahr verzeichnet der Flughafen bis zu 12 Mio. Passagiere und knapp 160 000 Flugbewegungen.

Seit der Fertigstellung der jeweils etwa 20 000 m² großen Terminals 1 und 2 verströmt der Flughafen internationales Flair. Die Architekten Gerkan, Marg und Partner verwendeten für ihre geschwungenen und lichtdurchfluteten Hallenkonstruktionen vor allem Glas und Stahl. Ganz vollendet ist der Hamburg Airport jedoch noch nicht. Geplanter Abschluss des gesamten **Bauprojekts** für Hotelbauten, eine Shopping-Plaza mit Restaurants, Bars und Geschäften sowie eine S-Bahn-Anbindung des Flughafens an die Innenstadt ist im Jahr 2008. Bis dahin werden rund 1,17 Mrd. Euro in den Aus- und Umbau des Airports investiert sein.

Neben dem neuen Terminal 1 präsentiert die sehenswerte **Flughafen-Modellschau** den gesamten Hamburger Flughafen im Maßstab 1:500. Bei einer Vorführung (tgl. 10, 12, 14 und 16 Uhr) erhält man Einblicke in die Abläufe am Flughafen. Höhepunkt sind die kurzen Flüge einiger Modellflugzeuge. Für Gruppen ab 15 Personen werden Flughafen-Rundfahrten angeboten (Informationen unter Tel. 040/50 75 26 44, So 14 Uhr Rundfahrt für Einzelgäste, nur mit Voranmeldung und Personalausweis).

So geht man in die Luft

Auch aus den Wolken macht die Hansestadt einen tollen Eindruck. Wer Hamburg von oben bewundern möchte – und schwindelfrei ist und nicht unter Flugangst leidet – hat gleich mehrere Möglichkeiten zur Auswahl: Hoch und ab zum Rundflug geht es zum Beispiel im **Ballon**, im **Wasserflugzeug** oder in der alten **Ju 52** [s. S. 133].

Nicht ganz so hoch, aber umso aufregender ist die subjektive Sicht, wenn man am **Bungeeseil** hängt: Von einem ehemaligen Dampfkranschiff können sich Mutige aus 50 m Höhe in die Tiefe stürzen und dabei auf Wunsch sogar mit den ausgestreckten Armen das Wasser berühren.

90 Alsterwanderweg

Der Alsterwanderweg ist 56 km lang und reicht von der Binnenalster bis zur Quelle in Schleswig-Holstein. Besonders idyllisch ist er ab der Fuhlsbütteler Schleuse, wo der kanalisierte Lauf der Alster in seine natürlich mäandernde Form übergeht.

U 1 Klein Borstel, Fuhlsbüttel

Zunächst führt der Wanderweg hinein ins **Alstertal**. Ganz so ländlich, wie es der Name vermuten lässt, präsentiert sich das Gebiet hier freilich noch nicht. Doch die Stadtteile *Wellingsbüttel*, *Poppenbüttel* und *Mellingstedt* haben streckenweise ihren dörflichen Charakter bewahren können. In **Wellingsbüttel** (S 1, S 11 Wellingsbüttel) ist vom ehemaligen gleichnamigen **Gut** noch das romantisch gelegene *Torhaus* erhalten. Der Fachwerkbau aus dem Jahre 1757 beherbergt heute das **Alstertalmuseum** (Wellingsbütteler Weg 71, Sa/So 11–13 und 15–17 Uhr, www.alstertal-museum.de).

Markant, modern, meisterhaft: Mit dem architektonisch geglückten Terminal 2 verströmt der Hamburger Flughafen großzügiges und internationales Flair.

In **Poppenbüttel** (S 1, S 11 Poppenbüttel) besteht nur noch die Resthof-Fläche des ehemaligen Gutes am *Poppenbüttler Markt*. Zu bestaunen ist hier aber der wertvolle Baumbestand mit mehr als 200 Arten aus aller Welt. Gegenüber der S-Bahn-Station befindet sich das moderne ›*Alstertal-Einkaufszentrum*‹ mit 160 Geschäften.

Nördlich von Poppenbüttel liegt die **Mellingburger Alsterschleife**, die um das Jahr 1000 durch einen Erdhügel abgeriegelt wurde und den Sachsen als Schutzwall gegen die Wenden diente. Noch heute kann man die Reste des Walles erkennen (westlich der Straße Mellingburgredder). Die Mellingburger *Schleuse* stammt aus dem Jahre 1528/29 und ist in ihrem historischen Zustand erhalten. In der gleichnamigen Gaststätte (Mellingburgredder 1) findet der erschöpfte Wanderer Erholung und Stärkung. Einen Besuch lohnt auch die Gastwirtschaft in der ›Alten Mühle‹ (Alte Mühle 34, Tel. 040/604 91 71), die erstmals um 1600 in Betrieb genommen wurde.

Etwas abseits der Alster gelegen, verdient die **Bergstedter Kirche** einen Besuch (Bergstedter Kirchenstraße 7, U 1 Hoisbüttel). Der Kirchenbau aus Feldstein stammt aus der Zeit von 1150–1200, der *Fachwerkturm* wurde Mitte des 18. Jh. gebaut. Reizvoll ist die bemalte Balkendecke im Inneren mit der Darstellung eines Taufengels. Sie war 1828 für die Hochzeit einer dänischen Prinzessin eingezogen worden.

Nur wenige Kilometer nördlich schlängelt sich die Alster durch das ursprüngliche **Rodenbeker Quellental** (U 1 Ohlstedt). Das *Naturschutzgebiet* zeichnet sich durch eine vielfältige Waldlandschaft aus, durch Auen, Hangquellen und feuchte Wiesentäler.

Bei Wohldorf-Ohlstedt liegt der **Wohldorfer Wald** (über U 1 Ohlstedt), mit 400 ha das größte zusammenhängende Waldgebiet Hamburgs nördlich der Elbe. Der Buchenbestand ist bis zu 350 Jahre alt. Am Nordende des Waldes steht das renovierte *Wohldorfer Herrenhaus* von 1717. Dieses Gebäude wurde als Nachfolgebau eines von den Hamburgern 1347 niedergebrannten Raubrittersitzes errichtet. Nordöstlich des Wohldorfer Waldes erstreckt sich das 1000 ha große Naturschutzgebiet **Duvenstedter Brook**. Moor, Wald, Wiese und Heide prägen die Landschaft, in der 173 Tierarten beheimatet sind.

Endpunkt des Wanderweges: die **Alsterquelle**. Sie entspringt etwa 26 km von Hamburg entfernt im Alstermoor, ca. 3 km südlich vom schleswig-holsteinischen Henstedt-Ulzburg. Die Quelle trägt eine bronzene Scheibe mit dem Hinweis: ›Quellgrund der Alster‹.

Auf der Elbchaussee bis Blankenese: optische und kulinarische Genüsse

Einst war die Elbchaussee ein schmaler Sandweg. Durch sie wurden die Dörfer **Ottensen**, **Othmarschen**, **Flottbek**, **Nienstedten** und **Blankenese** miteinander verbunden. Heute ist sie mit ihren 10 km Länge die größte unter Hamburgs Straßen. Die Elbchaussee, das sind **prächtige Parklandschaften** am Ufer und gleichzeitig **alptraumartiger Autofluss** auf mehreren Spuren. Bereits Ende des 18. Jh. kam sie als Wohngegend in Mode: Reiche Hamburger und Altonaer Kaufleute ließen sich hier nieder, verwandelten Äcker und Wälder in feine französische Gärten und edle englische Parks. Geistvoll ging es hier auch zu! *Klopstock* scharte Dichter und Denker um sich, und *Baron Caspar von Voght* stand ihm dabei in nichts nach. In seinem Landsitz bei Teufelsbrück gingen die Schönen, Reichen und Klugen ein und aus. Hamburger High Society, zu der sich ab und zu französische Literatur-Elite gesellte – Beaumarchais, Stendhal oder Madame de Staël. Während sich viele Hamburger und Zugereiste zunächst nur während des Sommers in den **Elbvororten** niederließen, verlegten im 19. Jh. zahlreiche Familien ihren Wohnsitz ganz ans Ufer der Elbe. Von nun an zelebrierte man *Wohnkultur* hinter griechisch-antik anmutenden Fassaden, inmitten üppigster Lustgärten – und ließ laue Sommerabende nur vom Mondschein und dem sanften Blöken der Schafe garnieren. Weiße **Villen** und vornehme **Landhäuser** erinnern heute noch an die *Poeten* und *Pioniere* von einstmals.

91 Elbchaussee

Feine Adresse trotz Verkehrslärm.

Bus 36 oder 286

Die Elbchaussee beginnt beim Altonaer Rathaus und führt durch die Elbvororte Klein Flottbek und Nienstedten bis nach Blankenese. Über weite Strecken verläuft sie **parallel zur Elbe**. In den an der Elbchaussee gelegenen prächtigen Landhäusern wohnten schon im 18. Jh. begüterte Kaufleute und Reeder. Anfangs nutzten sie ihre Häuser nur während der Sommerfrische, später – im 19. Jh. – zogen sie dann endgültig hierher. Einige dieser Häuser befinden sich auch heute in Privatbesitz, gehören Verlegern, Bankiers und Industriellen. Andere Gebäude sind – wie das Jenisch-Haus – der Öffentlichkeit zugänglich gemacht.

Ein Spaziergang an der Elbe, ob auf der Straße oder auf dem Elbuferweg, lohnt sich auch noch aus einem anderen Grund: Zahlreiche Restaurants und Ausflugslokale bieten Lukullisches für jeden Geldbeutel – und nicht selten eine wunderschöne Aussicht auf die Elbe.

92 Jenisch-Haus mit Jenischpark

Vom Mustergut zum Naherholungsgebiet.

Baron-Voght-Straße 50
Tel. 040/82 87 90
www.altonaer-museum.de
Di–So 11–18 Uhr
Bus 286/Teufelsbrück,
S 1 Klein Flottbek

Unter den zahlreichen Villen an der Elbchaussee ist das ganz in der Nähe des Anlegers Teufelsbrück in **Klein Flottbek** gelegene Jenisch-Haus sicherlich die beeindruckendste: Ein klassizistisches Herrenhaus, das inmitten des **Jenischparks** auf einem kleinen Hügel thront. Die Villa gehörte einst dem Hamburger Senator Mar-

Paradies auf Erden: Das im klassizistischen Stil errichtete Jenisch-Haus beherbergt ein Museum großbürgerlicher Wohnkultur, das man auf Filzpantoffeln durchschreitet

tin Johann Jenisch, der entscheidend am Wiederaufbau Hamburgs nach dem Brand von 1842 beteiligt war. Er ließ das Haus 1831–34 vom Architekten Franz Gustav Forsmann errichten, und kein Geringerer als Karl Friedrich Schinkel hatte die ersten Entwürfe geliefert. Heute gehören die Villa und der (unter Naturschutz gestellte) Jenischpark der Stadt. Der großzügige Park ist am Wochenende ein beliebtes *Ausflugsziel*. Das **Jenisch-Haus** selbst dient als Museum großbürgerlicher Wohnkultur. Das *Erdgeschoss* ist mit Möbeln aus dem frühen 19. Jh. ausgestattet. Und das *Obergeschoss* präsentiert Exponate aus der Zeit zwischen Spätrenaissance und Jugendstil.

TOP TIPP

Die Geschichte des Jenischparks beginnt allerdings schon früher: Bereits um 1785 kaufte der wohlhabende Hamburger Kaufmann Baron Caspar von Voght (1752–1839) in Klein Flottbek fünf Bauernhöfe. Beeinflusst durch mehrere Studienreisen nach England, wollte er auf diesem Areal ein Versuchs- und Mustergut im englischen Stil anlegen lassen, eine ›*Ornamented Farm*‹ mit landwirtschaftlichen Nutzflächen, Bauernhäusern und Parkanlagen. Voght beauftragte den schottischen Gartenarchitekten James Booth mit der Errichtung der Anlage und ließ sich von ihm eine natürlich wirkende Gartenanlage schaffen. Ausgedehnte Wiesenflächen, Teiche, Baum- und Buschgruppen und sogar ein Wasserfall prägen das Areal. Das Mustergut sollte nicht nur *Nutzen* bringen, sondern auch ein *Kunstwerk* werden.

93 Baron-Voght-Straße

Das Landhaus eines Barons.

Bus 286 bis Teufelsbrück,
S1 Klein Flottbek

Baron Casper von Voght, der für seine Verdienste um das Armenwesen zum Freiherren ernannt wurde, lebte bis zu seinem Tod im Jahr 1839 auf seinem **Mustergut** an der Baron-Voght-Straße. Das klassizistische Landhaus wurde zwischen 1794 und 1797 von Johann August Arens errichtet.

Außen präsentiert sich das Gebäude schlicht, innen dagegen umso luxuriöser: Zur **Ausstattung** gehören *Marmorkamine*, Einbauschränke aus *Mahagoni*, reiche *Stuckaturen* und französische *Deckengemälde* – prunkvolles Ambiente für private, gesellschaftliche und kulturelle Veranstaltungen. 1828 musste Voght jedoch sein Haus aus finanziellen Gründen an Martin Johann Jenisch verkaufen. Noch heute wird das Landhaus von seinen Nachfahren bewohnt, es kann daher nicht besichtigt werden.

Einige Schritte weiter, neben dem Eingang zum Jenischpark, stehen die **›Instenhäuser‹** (1786–98), in denen die Landarbeiter des Mustergutes wohnten. Ebenfalls dort befinden sich die reetgedeckten Bauernhäuser (Nr. 59 und 73–75), die bereits vor 1786 errichtet wurden und ebenfalls zum Ensemble des Mustergutes gehörten. Weitere Flächen der ›Ornamented Farm‹ wurden im Lauf der Zeit

Witthüs Teestuben

HAMBURG ENGLAND

jedoch überbaut – so mit dem *Derbypark*, einem *Golfplatz* und den Anlagen des *Neuen Botanischen Gartens*. An das Dorf Klein Flottbek erinnern noch die Katen, die in der Straße Hochrad (Nr. 69) stehen.

94 Ernst-Barlach-Haus

Erinnerungen an einen Hamburger Künstler.

Baron-Voght-Str. 50 a
Tel. 040/82 60 85
www.barlach-haus.de
Di–So 11–18 Uhr
Bus 115 bis Marxsenweg,
S 1 Klein Flottbek

In einer Senke im nördlichen Teil des **Jenischparks** steht das im Atrium-Stil erbaute Ernst-Barlach-Haus. Es wurde von dem Hamburger Zigarettenfabrikanten Hermann F. Reemtsma gestiftet und 1961–62 von Werner Kallmorgen gebaut. Reemtsma wollte damit an seinen Freund, den Bildhauer Ernst Barlach (1870–1938), erinnern, der in Hamburg-Wedel geboren wurde. Die von Reemtsma gestiftete Sammlung mit **Werken Ernst Barlachs** konnte seit Bestehen des Museums beständig ergänzt werden und verfügt heute über ca. 130 plastische Werke, darunter 24 Holzskulpturen, und etwa 350 Zeichnungen sowie druckgraphische Arbeiten und Autographen des Künstlers. Besonders erwähnswert ist die Gruppe ›Fries der Lauschenden‹. Daneben werden regelmäßig Sonderausstellungen gezeigt. Weitere sehenswerte *Barlach-Museen* gibt es im benachbarten Wedel und in Ratzeburg (ca. 50 km nordöstlich von Hamburg).

95 Nienstedten

Ausflugslokale mit Tradition.

Bus 286 bis Nienstedten

Entlang der Elbe in Richtung Nienstedten kommt man an weiteren sehenswerten Landhäusern und Villen von reichen Kaufleuten vorbei: Man sieht das **Elbschlösschen** (Nr. 372), 1804–06 von Matthias Hansen errichtet, das **Landhaus Linderhof**

◁ **Oben:** *Einladend – ›Witthüs Teestuben‹*
Mitte: *Fernweh – Dampfer an der Elbchaussee*
Unten: *Gute Erholung im Jenischpark*

Ein kleines Museum wurde dem Künstler Ernst Barlach in Klein Flottbek gewidmet

(Nr. 388) aus dem Jahr 1798 sowie das hübsche **Landhaus Linnich** (Nr. 400) aus dem Jahr 1805.

Das Dörfchen Nienstedten war früher Pfarrmittelpunkt der Elbvororte. Kein Geringerer als Georg Philipp Telemann war verantwortlich für die Festmusik bei der Einweihung der **Nienstedtener Kirche** an der Elbchaussee im Jahr 1751. Das Gotteshaus mit dem *Kanzelaltar* von 1750 ist heute besonders bei Brautpaaren beliebt. Auf dem ganz in der Nähe gelegenen *Friedhof* befinden sich zahlreiche Gräber von Reeder- und Kaufmannsfamilien sowie die Ruhestätten des Baron Caspar von Voght und seines schottischen Landschaftsgärtners James Booth. Ebenso liegen in Nienstedten der Hamburger Dichter *Hans Henny Jahnn* (1894–1959) und der Schriftsteller *Hubert Fichte* (1935–1986) begraben.

Direkt an der Elbchaussee stehen zwei traditionsreiche Restaurants. Das **›Louis C. Jacob‹** (Nr. 401–403), heute ein Hotel mit Feinschmecker-Restaurant, war bereits im 18. Jh. ein beliebtes Ausflugslokal. *Max Liebermann* gefiel das Gasthaus mit seiner Lindenterrasse so gut, dass er es in einem Bild verewigte. Das Gemälde hängt heute in der Hamburger Kunsthalle [s. S. 39]. Auf der gegenüberliegenden Straßenseite befindet sich das Nobel-Restaurant **›Landhaus Dill‹** (Nr. 94), schon 1814 wurde hier für Gäste gekocht.

96 Hirschpark

Klassizistische Villen eines dänischen Landbaumeisters.

S 1 Blankenese

Auch der Hirschpark bei Blankenese wurde im **englischen Stil** angelegt, Besitzer war Johann Caesar IV. Godeffroy, ein bedeutender Hamburger Segelschiff-Reeder. Godeffroy beauftragte 1789 den dänischen Landbaumeister in Holstein, Christian Frederik Hansen (1756–1845), mit dem Bau einer **Villa** im frühklassizistischen Stil. Hansen war neben Johann August Arens (1757–1806) der wichtigste Architekt des Klassizismus in Hamburg. Hansen orientierte sich zuweilen an der griechischen Antike. Für den Baumeister, der sein spärliches Salär als Landbaumeister aufbessern musste, war das Hirschpark-Landhaus der erste private Auftrag. Ein zweiter sollte bald folgen, er kam ebenfalls von der Familie Godeffroy. Peter Godeffroy, ein vermögender Bruder von Johann Caesar, ließ sich 1792 in unmittelbarer Nachbarschaft von Hansen ein noch prächtigeres Landhaus, die ›**Weiße Villa**‹, errichten (Elbchaussee 547). Die *Reliefs* in Vestibül und Gartensaal sind antike Gipsabdrücke aus Rom, die ursprünglich für das Marmorpalais in Potsdam bestimmt waren. Die Kunstwerke kamen durch einen Zufall nach Hamburg, denn das Schiff, das sie transportierte, lief vor Blankenese auf Grund – und Godeffroy kaufte die Ladung.

Vor langer Zeit war Blankenese ein kleines Piratennest, heute residieren hier Promis

Der ideale Ort für eine kleine Teepause im Hirschpark sind die ›**Witthüs Teestuben**‹ [s. S. 121]. Das strohgedeckte Gebäude war einst das Kavaliershaus des Hirschpark-Landhauses. In dem kleinen Häuschen lebte bis zu seinem Tod der Dichter und Orgelbauer Hans Henny Jahnn (1894–1959).

Autofreie Zone – das Dörfchen Blankenese lädt zum Bummeln ein

In Blankenese und seinen Ortsteilen **Mühlenberg** und **Dockenhuden** finden sich mehrere *öffentliche Parks* bzw. *Landschaftsgärten*, die allesamt einst zu den Landsitzen der reichen Kaufleute gehörten: so **Baurs Park** (Mühlenberger Weg), den sich zu Beginn des 19. Jh. der Kaufmann Georg Baur anlegen ließ. Leider ist von der ungewöhnlichen Anlage, die ausgestattet war mit chinesischen, ägyptischen und gotischen Türmchen, Grotten und künstlichen Ruinen, nichts mehr erhalten geblieben. Eine weitere Anlage ist **Goßlers Park** (Goßlers Park 1), ein Landschaftsgarten mit einer *klassizistischen Kaufmanns-Villa*, die ebenfalls von Christian Frederik Hansen 1794/95 entworfen wurde. In dem Gebäude ist heute das Ortsamt Blankenese untergebracht.

97 Blankenese

TOP TIPP *Die ›Perle an der Unterelbe‹ zieht die Oberen Zehntausend magisch an.*

S 1 Blankenese

Blankenese, nur 14 km von Hamburgs Stadtmitte entfernt, ist immer noch bevorzugter Wohnort der Wohlhabenden, Künstler und Prominenten. Seiner fast südländisch anmutenden Atmosphäre, seiner Hanglage direkt am Elbufer, den hübschen weiß getünchten Fischerhäuschen und engen verwinkelten Gassen verdankt das Örtchen den Beinamen ›Perle an der Unterelbe‹. Bereits im 14. Jh. ist der Ort Blankenese (›blanke Nees‹ = ›helle Nase‹) als Fährstelle erstmals urkundlich erwähnt. Das ehemalige *Fischerdorf* war im 19. Jh. ein bedeutender Standort für die Hochseefischer und daher Wohnort von Fischern, Kapitänen, Lotsen und Schiffbauern. Eine Erinnerung an diese Zeit sind die reetgedeckten **Kapitäns- und Fischerhäuschen** am Hanggebiet in Blankenese, dem alten Ortskern. Diese Gegend hat ihren dörflichen Charakter bewahrt. Autos sind hier verboten, wer hinunter zum Strandweg will, muss schon eine der vielen Treppen – es gibt 58! – benutzen.

Die Elbchaussee geht in die Blankeneser Hauptstraße über und führt direkt zum Strandweg an der Elbe. Hier bieten zahlreiche Cafés und Restaurants ihre Dienste an. An der Landungsbrücke **›Blankeneser Bulln‹** kommen die Fähren aus Cranz, St. Pauli und Altona an.

98 Sagebiels Fährhaus und Süllberg

Ausflugsziel mit Tradition.

S 1 Blankenese

Sagebiels Fährhaus (Blankeneser Hauptstr. 107) ist ein weiterer *touristischer Anziehungspunkt* in Blankenese. Der 1826 im Stil einer niedersächsischen **Fachwerkkate** errichtete Bau wurde um 1868 an den Wirt Wilhelm Sagebiel verkauft, der es zu einem beliebten Ausflugsziel machte.

Bereits im 11. Jh. stand auf dem **Süllberg** eine Burg. Erzbischof Adalbert von Bremen-Hamburg (1045–1072) hatte seinen Sprengel von hier bis weit nach Skandinavien ausgedehnt, er reichte bis nach Island, Grönland und zu den Orkney-Inseln. Die Ursprünge des heutigen *Hotels und Restaurants ›Süllberg‹* gehen auf das Jahr 1887 zurück. Das im Stil einer Burg errichtete Gebäude-Ensemble wurde kürzlich aufwendig erneuert und erweitert. Vom Süllberg hat man eine herrliche Aussicht auf die Elbe, das Alte Land und das Gelände der Airbus Deutschland AG.

Ganz in der Nähe des Süllbergs wohnten auch einige **Künstler**: In der Gasse Rutsch lebte der Schriftsteller und Historiker *Golo Mann* (1909–1994), in der Richard-Dehmel-Straße Nr. 1 wohnte der Dichter *Richard Dehmel* (1863–1920). Die neoklassizistische Villa in der Straße Wilmans Park Nr. 17 gehörte in den 1990er-Jahren dem international renommierten Modeschöpfer *Karl Lagerfeld*, der übrigens 1938 in Blankenese geboren wurde.

Die Aussicht allein ist schon eine Sensation: Sagebiels Fährhaus an der Blankeneser Hauptstraße

Putzige Püppchen in allen Größen: Das Puppenmuseum Falkenstein bietet eine originelle Sammlung

99 Puppenmuseum Falkenstein

Ein Puppenmuseum in einem Avantgardebau.

Grotiusweg 79
040/81 05 82
www.elke-droescher.de
Di–So 11–17 Uhr
Bus 286 bis Falkenstein

Im Sven-Simon-Park am Falkenstein, benannt nach dem verstorbenen Sohn des Verlegers Axel Cäsar Springer, steht die Villa Michaelsen. Der *weiße Backsteinbau* wurde 1923–25 für Ite (Elise) Michaelsen, die kunstinteressierte Frau eines Fabrikanten, erbaut und entwickelte sich bald zum **Treffpunkt der Kunstszene** Hamburgs. Mit seinen kubischen Elementen und geglückten Proportionen ist das Haus ein Musterbeispiel des modernen Bauens im Stil der *Neuen Sachlichkeit*. Architekt war Karl Schneider (1842–1945), einer der bedeutendsten Architekten Hamburgs in den 1920er-Jahren. Von den Nazis erhielt Schneider Berufsverbot.

Die renovierungsbedürftige Villa wurde 1984/85 durch Volkwin Mark rekonstruiert. Heute ist hier ein **Puppenmuseum** mit der Sammlung von Elke Dröscher untergebracht. Mehr als 300 Puppen und 60 Puppenstuben, Kupferstiche, Bilderbögen und Kinderbücher kann sich der puppeninteressierte Besucher ansehen.

Hamburg und der Hafen: wie Ebbe und Flut

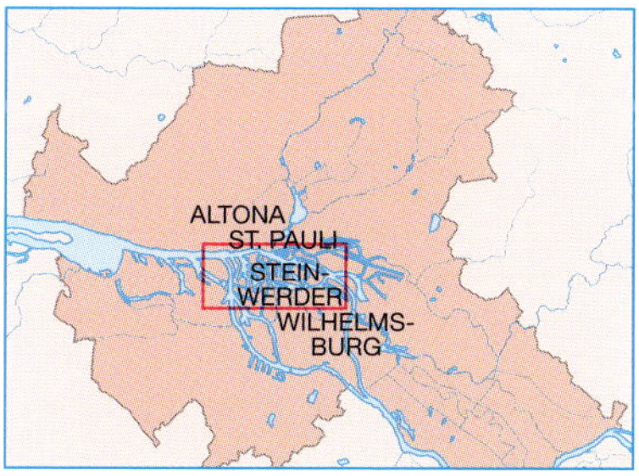

Hamburg und der Hamburger Hafen – die beiden gehören zusammen wie Ebbe und Flut. Begonnen hat die Geschichte der Stadt Hamburg als **Alsterhafen** im Bereich der Fleete. Durch die zielstrebige Politik der Stadt, welche immer mehr Elbinseln unter die Herrschaft Hamburgs brachte, sowie durch die Regulierung der Norder- und der Süderelbe im 16. und 17. Jh. zog Hamburg immer mehr von der Alster an die Elbe – und wurde ein **natürlicher Hafen**. Die Erfordernisse der Dampfschifffahrt mit ihrem erhöhten Verkehrsaufkommen brachten dann den Ausbau der Hafenbecken und Kaianlagen. Ende der 1960er-Jahre wurde der Hafen zum **Containerhafen** umgebaut. Die Elbe wurde auf eine Tiefe von 13,5 m (ab 2007 sogar 14,5 m) ausgebaggert; westlich des Köhlbrands, welcher Norder- und Süderelbe miteinander verbindet, entstand der Hafen *Waltershof*. Heute dominieren die riesigen Container-Terminals die Skyline des Hamburger Hafens. Insgesamt gibt es hier derzeit 200 teils computergesteuerte Containerbrücken und Kräne, 320 Liegeplätze sowie 41 km Kaimauern für Seeschiffe. Da der *Containerumschlag* der größte Wachstumsfaktor des Hamburger Hafens ist, werden seit den ersten Jahren des 21. Jh. immer weitere Liegeplätze für Großcontainerschiffe gebaut und Hafenbecken zugeschüttet, um zusätzliche Flächen zu errichten.

Der Hamburger Hafen ist der **größte Hafen Deutschlands**. Seine Fläche erstreckt sich über 7440 ha. Mit rund 156 000 Arbeitsplätzen ist der Hamburger Hafen der wichtigste Arbeitgeber der Hansestadt. Allein 2006 wurden 135 Mio. t Güter umgeschlagen. Rund 12 400 Seeschiffe aus aller Welt laufen Hamburg pro Jahr an. Sie bringen Kaffee aus Südamerika, Tee aus Indien, High-Tech-Geräte aus Asien, Gewürze, Getreide oder Kohle. Hamburg ist der weltweit achtgrößte Containerhafen. Der Containerumschlag erreicht inzwischen knapp 9 Mio. Container im Gesamtgewicht von 89,5 Mio. t. Hamburg ist zudem **Transithafen** für Österreich, die Schweiz, Skandinavien sowie Zentral- und Osteuropa. China ist der wichtigste Handelspartner der Hansestadt, rund 50 % des Containerverkehrs werden mit Asien abgewickelt, an zweiter Stelle steht der Ostseeraum.

100 Neuer Elbtunnel

Straßentunnel 28 m unter dem Wasserspiegel.

Autobahn A7

Auf 3325 m Länge erstrecken sich die *vier Röhren* des Neuen Elbtunnels, der von 1968 bis 1975 (die vierte 1997–2003) gebaut wurde und Teil der Bundesautobahn A7 ist. Die eigentliche Tunnelstrecke misst 2653 m. Auf 1056 m Länge verläuft die **Autobahn** unterhalb der Unterelbe, und bei der Durchfahrt erreicht man eine maximale Tiefe von 28 m unter der Wasseroberfläche, der neue Tunnel unterquert die Elbe sogar in einer Tiefe von 38 m. Der Tunnel erstreckt sich unterhalb des Stadtteils **Othmarschen** und des Hafenbezirks **Waltershof**.

101 Köhlbrandbrücke

Imposantes Wahrzeichen Hamburgs.

Autobahn A7

Ein modernes Wahrzeichen Hamburgs entstand 1970 bis 1974 mit der Köhlbrandbrücke. Sie ermöglicht seither die Überquerung der 300 m breiten, ›Köhlbrand‹ genannten **Verbindung** zwischen **Norder- und Süderelbe**. In einer Höhe von 50 m über dem Wasserspiegel verläuft die Fahrbahn; 130 m hoch sind die beiden markanten *Pylonen*, welche die Brückenkonstruktion tragen. Fußgänger und Radfahrer dürfen die 4 km lange Brücke nicht benutzen. Die Brücke verbindet **Waltershof** (Containerterminal) und **Neuhof** (Freihafengebiet).

102 Elbbrücken

Elbüberquerung seit 1887.

1872 wurde die Eisenbahnbrücke über Norder- und Süderelbe fertig gestellt. Noch heute fährt die S-Bahn über die Freihafenelbbrücke. Erst 1887 war dann die erste **Straßenverbindung** über die Elbe fertig, die den Dampffähren-Verkehr schließlich überflüssig machte. 1928 kam eine zweite Fahrbahn auf der Neuen Elbbrücke dazu. Beim Umbau 1957 bis 1969 wurden die beiden neugotischen Tore demontiert. Heute passiert man die Elbbrücke, wenn man über die A1 nach Hamburg fährt.

103 BallinStadt

Zwischen 1850 und 1939 war Hamburg für fünf Millionen Auswanderer das Tor zur Welt.

Veddeler Bogen 2
Tel. 040/31 97 91 60
www.ballinstadt.de
tgl. 10–18 Uhr, letzter Einlass 17 Uhr
S3, S 31 Veddel oder ab Landungsbrücken, Brücke 10, mit der Circle Line bis Ballinstadt

›Port of Dreams‹ – Hafen der Träume – wird die BallinStadt auch genannt: Auf dem Boden der historischen **Auswandererstadt**, die von der Reederei HAPAG unter ihrem Generaldirektor Albert Ballin zwischen 1891 und 1901 errichtet wurde, ist ein museales Highlight für Hamburger und Besucher aus aller Welt entstanden. Schauplätze der Erlebnisausstellung sind ein erhalten gebliebener Pavillon sowie zwei weitere Gebäude, die nach alten Bauplänen rekonsruiert worden sind. In der ehemals 55 000 m^2 großen Auswandererstadt wurden die Emigranten untergebracht, bevor sie an Bord gingen. Im Mittelpunkt der Ausstellung stehen heute die Träume und Hoffnungen sowie die Lebensumstände der Auswanderer, anschaulich dargestellt mit Hilfe audio-visueller Installationen, historischem Bildmaterial und interessanten Exponaten. Die BallinStadt ist mehr als ein Museum, sie lässt Geschichte lebendig werden. In *Haus I* können sich Besucher auf die Spurensuche nach eigenen Vorfahren begeben. Die Grundlage dafür bilden Passagierlisten und ein Zugriff auf die größte genealogische Datenbank der Welt. In *Haus II* werden die einzelnen Phasen der Auswanderung wie Entscheidung und Aufbruch, Auswandererhafen Hamburg oder die Neue Welt thematisiert und in *Haus III* wird anschaulich das alltägliche Leben in den Auswandererhallen selbst dargestellt.

Tor zu Welt: das Museum BallinStadt informiert über die historische Auswandererstadt

Ozeanriesen und Kran-Kuddelmuddel in romantischem Licht: Der Hafen der Hansestadt

Herzstück der Hansestadt

Der Hamburger Hafen: **Dreh- und Angelpunkt der Stadtpolitik**. Begonnen hat die Geschichte des Hafens nicht an der Elbe, sondern an der **Alster**, dem kleinen Nebenfluss. Im 12. Jh. wohnten die Kaufleute in der **Reichenstraße**, die entlang des Reichenstraßenfleets verlief. Dieser mündete in die Alster. Hier machten die Schiffe zum Be- und Entladen fest und brachten den Handelsherren den Reichtum, der der Straße den Namen gab.

Mit der Gründung der Neustadt (um 1189) unmittelbar an der Alster wurde ein größerer Hafen notwendig. Die s-förmig gekrümmte Alster wurde oberhalb der Trostbrücke [s. S. 44] zum Nicolaifleet. Zusammen mit den von dort aus abzweigenden Fleeten lag hier für Jahrhunderte der Hamburger Hafen.

Die Hamburger Politik kannte zu dieser Zeit nur ein Ziel: die vorgelagerten Elbinseln und das Gebiet, in dem sich Norder- und Süderelbe trennten, unter die Herrschaft der Stadt zu bringen. Im Jahr 1395 kamen **Moorwerder** und **Ochsenwerder** in hamburgischen Besitz. Zielstrebig begann man, den Strom zu regulieren, sodass die ursprünglich breitere und besser durchspülte Süderelbe Wasser verlor, das hinfort durch die Norderelbe und damit an Hamburg vorbeifloss. Hamburg wurde vom **Alster- zum Elbehafen**.

Noch bis in die 1930er-Jahre nutzte man die Elbe als Schiffsliegeplatz allerdings nur in einer Art: Im Strom wurden Duckdalben, meterlange Eichen- oder Lärchenstämme, niedergebracht, an denen die Seeschiffe festmachten. Die Fracht wurde dann auf kleinen Schiffen, den Schuten, in den Hamburger Hafen und dort zu den Speichern gebracht. Eine Vorgehensweise, die viel zu umständlich war, um dem schnell wachsenden **Warenumschlag** zu genügen.

Hamburg brauchte ein echtes Hafenbecken mit einer Kaimauer, mit Kränen und Lagermöglichkeiten. Mitte des 19. Jh. nahm man den Bau des **Sandtorhafens** im Stadtgraben in Angriff. Diskutiert wurde zu dieser Zeit eine gewichtige Entscheidung: Sollte der Hamburger Hafen gegen die Elbe und damit gegen den Wechsel von **Ebbe und Flut** abgesperrt werden?

In den modernen englischen Häfen fand sich das Dockprinzip, für das eine Schleuse notwendig war. Im Gegensatz zu den englischen Häfen machte in Hamburg der Unterschied zwischen Ebbe und Flut jedoch nur zwei Meter aus. Da eine Schleuse als hinderlich für den Schiffsverkehr erachtet wurde und im Winter zudem die Gefahr bestanden hätte, dass ein vom Fluss getrennter Dockhafen zufriert, entschied man sich schließlich gegen den Bau eines Dockhafens.

So bekam Hamburg einen **offenen Tidehafen**, der ständig ausgebaggert werden musste. Eine Entscheidung, die sich bis in unsere Tage als richtig erwiesen hat.

Ausflüge ins Umland von Hamburg: Idylle pur

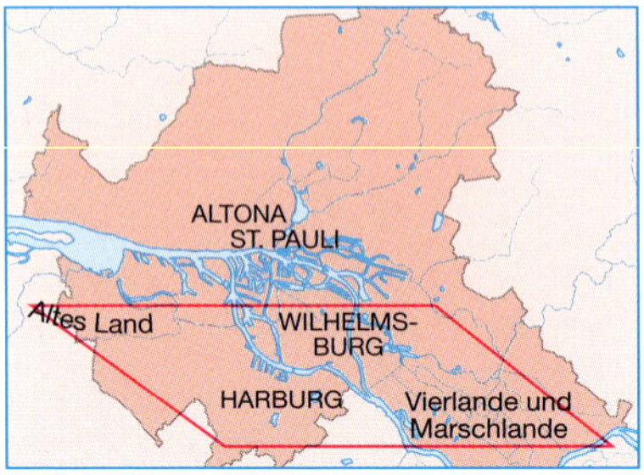

Für Ausflüge in die Umgebung von Hamburg bieten sich die idyllischen **Vierlande**, **Marschlande** sowie das **Alte Land** an. In diesen ›**Hamburger Obst- und Gemüsegärten**‹ lässt es sich nicht nur herrlich spazieren gehen. *Freilichtmuseen* zeigen, wie die Bauern hier in den vergangenen Jahrhunderten gelebt und gearbeitet haben. Weniger ländlich, aber dennoch einen Ausflug wert sind die Stadtteile Harburg und Wilhelmsburg. Obwohl mittlerweile bedeutende Industriestandorte, haben sie sich zum Teil ihre historischen Stadtkerne bewahrt.

104 Altes Land

Blütenpracht zwischen reetgedeckten Bauernhäusern.

B 73 ab Harburg. Bus 257
Fähre Elbe-City-Jet nach Stader Sand

Entlang der Elbe, zwischen Finkenwerder und Stade, liegt das nördlichste und größte **Obstanbaugebiet** Europas, das Alte Land. Der etwa 30 km lange und bis zu 7 km breite Marschgürtel wurde im 12. und 13. Jh. von Holländern besiedelt. Diese deichten das sumpfige Land ein und entwässerten es. Die ersten Obstbäume pflanzten dann im 14. Jh. Mönche aus Stade an. Seither ist der Obstanbau hier eine der *Haupteinnahmequellen*.

Die Menschen im Alten Land leben aber auch vom **Tourismus**. Denn die *Blütenpracht* der rund acht Millionen Obstbäume, die idyllischen Dörfer mit ihren reetgedeckten Bauernhäusern, die zahlreichen *Wander- und Radwege* und die hübschen Ausflugslokale ziehen jährlich zahlreiche Touristen und Ausflügler in das südwestlich vom Hamburger Stadtkern gelegene Gebiet. Von Hamburg aus kann man übrigens das Alte Land von Mai bis März auch per Elbfähre [s. S. 52] erreichen, über Cranz und Lühe. Die Schiffe legen u.a. an den St.-Pauli-Landungsbrücken ab.

Die größten Städte im Alten Land sind Stade und Buxtehude, beide am Rand dieser Region gelegen. In der einstigen Hansestadt **Buxtehude** (37 000 Einwohner) an der Este – 959 erstmals erwähnt – ist vor allem das *Altstadtviertel* um die im 13. Jh. begründete Kirche St. Petri sehenswert. Ein wenig holländisch mutet das historische Estefleet an, der frühere Binnenhafen. Im *Heimatmuseum* an der Petrikirche erhält man einen Überblick über die Lebensweise der Altländer.

Stade, das 1994 den 1000. Geburtstag feierte, war im Mittelalter eine der mächtigsten Städte an der Unterelbe: An der Elbe und dem schiffbaren Flüsschen Schwinge gelegen, entwickelte sich hier zwischen dem 11. und 17. Jh. ein wichtiger *Handelsumschlagplatz*. Viele der historischen Bauten, die nach dem Zweiten Weltkrieg wieder aufgebaut und restauriert wurden, stammen aus dieser Zeit. Zu den schönsten Sehenswürdigkeiten der Stadt (45 000 Einwohner) zählen das Viertel um den Alten Hafen, der zu einem **Museumshafen** umgestaltet wurde. Ebenso sehenswert sind die Fachwerkhäuser in der Altstadt und das barocke *Rathaus*, das von einem prächtigen Portal geschmückt wird. Eine Besichtigung wert sind die Kirchen St. Cosmae und St. Wilhadi. Die **Wilhadi-Kirche** (um 1340) hat einen geschnitzten *Altar* aus der Zeit um 1500. Er stellt das einzige mittelalterliche Kunstwerk dar, das den verheerenden Stadtbrand von 1659 überstanden hatte. In St. Cosmae (1137 begonnen) finden sich eine *Arp-Schnitger-Orgel* sowie ein barocker *Schnitzaltar* des Hamburger Künstlers Christian Precht von 1677.

Im Mittelalter bedeutender als Hamburg: Stade an der Schwinge gilt als eine der schönsten Städte Norddeutschlands

Als ›Hauptstadt des Alten Landes‹ gilt das Städtchen **Jork** mit seinen schönen *Altländer Bauernhäusern*. Diese aus rotem Ziegelstein errichteten Bauernhäuser sind mit weißem, geschnitzten Fachwerk versehen, und ihre Giebel werden von Schwanenköpfen bekrönt. Im **Museum Altes Land** (Westerjork 49, Tel. 041 62/57 15, www.jork.de/museen.htm, April–Okt. Di–So 11–17, Nov.–März Mi/Sa/So 13–16 Uhr) erfährt der Besucher Wissenswertes über die Lebensweise der Altländer. Im restaurierten **Gräfenhof**, der zum Teil aus dem 12. Jh. stammt, trifft man auf ein im typischen Stil der Region eingerichtetes *Trau- und Bürgermeisterzimmer*. Einen spätbarocken Altar und eine Orgel von Arp Schnitger findet man in der Kirche **St. Matthias**, die Mitte des 17. Jh. erneuert wurde.

Arp Schnitger (1648–1719), einer der bedeutendsten norddeutschen Orgelbauer der Barockzeit, lebte und starb im nahen kleinen Örtchen **Neuenfelde**. Eine seiner Orgeln findet man auch in der Neuenfelder Kirche **St. Pankratius** aus dem 17. Jh.

Im Neuenfelder Ortsteil **Nincop** sowie im **Guderhandviertel** bei Steinkirchen stehen ebenfalls zahlreiche Altländer *Bauernhäuser*, welche von aufwendig geschnitzten Prunkpforten geschmückt werden. Typisch für die Bauernhäuser sind übrigens auch die so genannten *Braut-Türen*, die jedoch nur bei besonderen Anlässen geöffnet wurden.

In **Estebrügge** ist der mit 8000 Schindeln gedeckte Holzturm der *Kirche St. Martini* sehenswert. Er hat sich im Lauf der Jahrhunderte um 36 Grad gedreht, da der weiche Marschboden unter seinem Druck nachgab.

Ein **Obstlehrpfad**, der in Borstel beginnt und über Jork, Guderhandviertel und Grünendeich nach Stade führt, informiert über den Obstanbau in dieser Region.

105 Vierlande und Marschlande

Gemüse- und Obstgarten der Hansestadt.

A 25 bzw. B 5. S-Bahn Bergedorf
Bus 225 Curslack, Bus 227 Neuengamme, Bus 228 Altengamme,
Bus 330 Marschlande

Im Südosten Hamburgs, zwischen Elbe und Geestkante, liegt ein rund 130 km^2 großes Gebiet, das für **Gemüseanbau und Blumenzucht** berühmt ist, die Vier- und Marschlande. Bereits um 1200 begannen die Bauern, dieses Strömungsgebiet der Elbe zu entwässern, Deiche anzulegen und Häuser zu bauen. Zu erstem Wohlstand kam diese Region durch den **Getreideanbau**. Getreide war wichtiger Grundstoff für Bier, das die Hansestadt im Mittelalter exportierte. Ab dem

18. Jh. bauten die Marschländer immer mehr Gemüse an, die Vierländer spezialisierten sich auf Blumen- und Pflanzenzucht. Ihre Produkte boten (und bieten) sie auf den Hamburger Märkten an.

Besonders sehenswert ist Vierlande mit den Orten Curslack, Neuengamme, Kirchwerder und Altengamme. Im *Freilichtmuseum Rieck-Haus* in **Curslack** (Curslacker Deich 284, Tel. 040/723 12 23, www.altonaer-museum.de, April–Sept. Di–So 10–17, Okt.–März Di–So 10–16 Uhr), eine Außenstelle des Altonaer Museums, steht noch eines der für diese Region typischen *Hufnerhäuser*. Hufe war ein Durchschnittsmaß bäuerlichen Grundbesitzes. Das Rieck-Haus stammt aus dem 16./17. Jh. und ist mit original *Vierländer Möbeln* eingerichtet. Auf dem Gelände des Museums befinden sich zudem eine Scheune (1663) sowie eine Feldentwässerungsmühle (1800). Weitere Bauernhäuser stehen am Curslacker Deich. Die *Fachwerkkirche St. Johannis* geht auf das Jahr 1599 zurück und hat eine sehenswerte Kanzel aus dem gleichen Jahr.

In **Neuengamme** finden sich reich verzierte *Bauernhäuser* und die Kirche *St. Johannis* (Baubeginn im 13. Jh., vergrößert und erweitert bis 1803). Im Kirchenraum beeindrucken das mit Intarsien verzierte *Gestühl* aus dem 17.–19. Jh. sowie die *Kronleuchter* aus den Jahren 1596 und 1644. In Neuengamme befindet sich auch eine **KZ-Gedenkstätte** (Tel. 040/428 13 15 00, www.kz-gedenkstaette-neuengamme.de, Mo–Fr 9.30–16, Sa/So/Fei 12–19, Okt–März nur bis 17 Uhr): 1938 wurde von den Nazis am Neuengammer Heerweg (heute Jean-Dolidier-Weg) in einer Ziegelei ein Außenlager des Konzentrationslagers Sachsenhausen eingerichtet. Rund 55 000 Häftlinge wurden hier bis 1945 ermordet. Eine *Ausstellung* im Dokumentenhaus informiert über die Geschichte des Lagers und das Leid der Gefangenen.

Ersetzen die Rasenmäher: Schafe halten das Gras auf den Deichen kurz

In **Altengamme** steht eine der schönsten Dorfkirchen Norddeutschlands, die *Kirche St. Nikolai* aus dem 13. Jh. Im freistehenden *Glockenturm* hängt die 1487 gegossene ›Celsaglocke‹. Sie gehörte ebenso wie die *Taufe* aus dem 14. Jh. zum Mariendom in Hamburg, der zu Beginn des 19. Jh. abgerissen wurde [s. S. 42]. Sehenswert ist zudem das mit Intarsien und Schnitzereien verzierte *Gestühl*.

In den **Marschlanden** wohnten bis Anfang des 20. Jh. wohlhabende Kaufleute in ihren Landhäusern. Das um 1600 errichtete und 1780 ausgebaute *Glockenhaus* am Billwerder Billdeich Nr. 72 ist eines der ältesten dieser Häuser. In seinem Inneren befindet sich heute das *Deutsche Maler- und Lackierer-Museum* (www.malermuseum.de, Febr.–Nov. Sa/So 10–13 Uhr), das einen Überblick über sechs Jahrhunderte dieses Handwerks gibt.

Über die Vor- und Frühgeschichte der Region informiert das *Museum für Bergedorf und die Vierlande* (Bergedorfer Schloßstraße 4, Tel. 040/428 91 25 09, www.bergedorfmuseum.de, Nov.–Febr. Di–Do, Sa/So 11–16, März–Okt. 10–18 Uhr) im **Bergedorfer Schloss**. Dieses liegt in einer Parkanlage, umgeben von den Resten einst hoher Erdwälle und breiter Burggräben aus mittelalterlicher Zeit.

106 Harburg und Wilhelmsburg

Zwischen Industrie und Deichen.

Zufahrt über A1/A7, dann B4/B75
S 3 Harburg und Wilhelmsburg,
Bus 151, 152, 154

Der Name Harburg, am Südufer der Süderelbe gelegen, geht auf die ›Horeburg‹ zurück, die 1133 den Elbübergang sicher-

Augenweide – Blütenmeer und Bauernhaus in Neuengamme in den Vier- und Marschlanden

te. Die Siedlung an der Burg erhielt 1297 Stadtrecht, 1527 wurde **Harburg** gar **Residenz** einer Nebenlinie des Herzogtums Braunschweig-Lüneburg. Seit 1866 war Harburg preußisch. Seine Bedeutung als **Industriestandort** erhielt Harburg durch seinen Elbehafen, die Ansiedlung der Gummifabrik ›Phoenix-Werke‹ und ab 1872 durch den Bau der *Elbbrücken*, welche eine direkte Verkehrsverbindung zu Hamburg ermöglichten. 1937 war schließlich Schluss mit der Selbstständigkeit, und Harburg wurde zusammen mit Wilhelmsburg in die Hansestadt Hamburg eingemeindet. Einen Überblick über die Geschichte dieses Stadtteils erhält man im **Helms-Museum**, dem **Hamburger Museum für Archäologie und die Geschichte Harburgs** (Museumsplatz 2, Tel. 040/428713609, Di–So 10–17 Uhr, www.helmsmuseum.de).

Vom alten Harburg kann der Besucher heute nur noch wenig sehen, denn die Bomben aus dem Zweiten Weltkrieg zerstörten fast die Hälfte der Stadt. Trotz der nicht allzu geglückten Nachkriegsbauten hat sich der Stadtkern durch Baumaßnahmen in jüngster Zeit zu seinem Vorteil entwickelt. So wurde zum Beispiel die historische *›Lämmertwiete‹* mit Fachwerkhäusern aus dem 17. und 18. Jh. geschmackvoll restauriert. In den schmucken alten Häusern finden sich heute zahlreiche Restaurants. Einige Fachwerkhäuser aus dem 16. bis 18. Jh. sind auch in der *Schloßstraße* erhalten geblieben.

Wilhelmsburg, auf einer Insel zwischen Süder- und Norderelbe gelegen, präsentiert sich als eine Mischung aus Industrie- und Hafenanlagen sowie zum Teil ländlichen Wohngebieten und ist der flächenmäßig größte Stadtteil Hamburgs.

Die eingedeichte Insel, die im 14. Jh. den Herren von Grote und im 17. Jh. den Herzögen von Lüneburg-Celle gehörte, wurde wie Harburg 1937 eingemeindet. Während der Flutkatastrophe 1962 gab es auf der Insel verheerende Schäden – 207 Menschen fielen dem Wasser zum Opfer. Im ehemaligen *Amtshaus* aus dem Jahr 1724 (Kirchdorfer Str. 163) informiert ein Museum über die Geschichte Wilhelmsburgs.

Das *historische Zentrum* ist **Kirchdorf** mit der *Kreuzkirche* aus dem Jahr 1614, dem Küsterhaus aus dem 17. Jh. und dem Amtshaus. Das Amtshaus steht auf den Grundmauern der ehemaligen Burg des Adelshauses der Groten. An der Ecke Kirchdorfer Straße/Am Deichdenkmal erheben sich zwei *Betonstelen*, die an die Flutkatastrophe und deren Opfer erinnern. Von ländlichem Charakter geprägt ist der Ortsteil **Moorwerder** östlich der Autobahn. Hier finden sich entlang der Deiche noch zahlreiche schöne *reetgedeckte Bauernhäuser.*

Hamburg aktuell A bis Z

Vor Reiseantritt

ADAC Info-Service,
Tel. 018 05/10 11 12, Fax 018 05/30 29 28 (0,14 €/Min.)

ADAC im Internet:
www.adac.de
www.adac.de/reisefuehrer

Hamburg im Internet:
www.hamburg.de
www.hamburg-tourismus.de

Hotels, Pauschalprogramme, Infos und Prospekte, Hamburg Card, Power Pass, Tickets für viele Veranstaltungen u.v.m. gibt es bei der:

Hamburg Tourismus GmbH,
Postfach 102249,
20015 Hamburg, Hamburg Hotline
Tel. 040/3 00 51-3 00 (Mo–Sa 9–19 Uhr),
Fax 040/3 00 51-3 33

Allgemeine Informationen

Tourismusämter

Tourist Information im Hauptbahnhof, Wandelhalle, Ausgang Kirchenallee, Mo–Sa 8–21, So 10–18 Uhr, Tel. 040/30 05 12 00

Tourist Information am Hafen, St.-Pauli-Landungsbrücken, zw. Brücke 4 und 5, April–Okt. tgl. 8–18, Di/Do/Sa bis 19 Uhr, Nov.–März tgl. 10–18, Di/Do/Sa bis 19 Uhr, Tel. 040/334 42 20

Tourist Information Airport Office, Terminal 1 und 2, Ankunftsbereich. Tgl. 6–23 Uhr, Tel. 040/50 75 10 10

Die **Hamburg Card** gewährt freie Fahrt mit den öffentlichen Verkehrsmitteln, Ermäßigungen bei Rundfahrten und freien Eintritt in viele Museen. Sie gilt für 1–5 Tage und für max. 5 Personen. Erhältlich ist die Hamburg Card bei den Tourist Informationen aber auch in vielen Hotels und an den HVV-Fahrkartenautomaten.

Notrufnummern

Polizei: Tel. 110

Feuerwehr: Tel. 112

Rettungsdienst: Tel. 112

ADAC-Notrufzentrale München:
Tel. 089/22 22 22 (rund um die Uhr)

ADAC-Ambulanzdienst München:
Tel. 089/76 76 76 (rund um die Uhr)

Autobahn-Notrufsäule:
Ausdrücklich ADAC-Hilfe verlangen

ADAC-Geschäftsstellen:
Amsinckstraße 39–41
Kurt-A.-Körber-Chaussee 66
Großmoordamm 69

Österreichischer Automobil-, Motorrad- und Touring Club
ÖAMTC Schutzbrief-Nothilfe:
Tel. 00 43/(0)1/251 20 00

Touring Club Schweiz
TCS Zentrale Hilfsstelle:
Tel. 00 41/(0)224 17 22 20

Ärztliche Versorgung

Apotheken-Notdienst zu erfahren bei der nächsten Polizeidienststelle

Ärztlicher Notfalldienst, Tel. 040/22 80 22

Giftinformationszentrale,
Tel. 05 51/192 40

Tierärztlicher Notfalldienst,
Tel. 040/43 43 79 (20–8 Uhr)

Zahnärztlicher Notdienst,
Tel. 018 05/05 05 18 (0,14 €/Min.)

Fundbüros

Städtisches Fundbüro und **Fundbüro der Hamburger Hochbahn,** Bahrenfelder Str. 254–260, Tel. 040/428 11 35 01

FundService-Hotline der Deutschen Bahn AG, Tel. 09 00/199 05 99 (0,59 €/Min.)

Anreise

Auto

Die Hansestadt Hamburg ist an mehrere Autobahnen angeschlossen. Kommt man aus **Richtung Bremen,** so führt die **A1** in die Stadt. Aus **südlicher und nördlicher Richtung** erreicht man über die **A7** die Elb-Metropole, das westliche Holstein erschließt die **A23**. **Von Berlin aus** fährt man auf der **A24** in Richtung Hamburg.

Umfangreiches **Informations- und Kartenmaterial** können ADAC-Mitglieder kostenlos unter Tel. 018 05/10 11 12 (0,14 €/ Min.) anfordern. Außerdem ist im ADAC-Verlag das ADAC-Reisemagazin *Hamburg* erschienen.

Bahn

Hauptbahnhof im Stadtzentrum (Knotenpunkt Nah- und Fernverkehr, Anschluss an alle U- und S-Bahn-Linien), **Dammtor** westlich der Außenalster (direkt neben dem CCH), **Altona** (Züge Richtung Nordseeküste)

Fahrplanauskunft:

Deutschland

Deutsche Bahn, Tel. 118 61 (gebührenpflichtig), Tel. 08 00/150 70 90 (sprachgesteuert), www.bahn.de

Deutsche Bahn AutoZug, Tel. 018 05/ 24 12 24 (0,14 €/Min.),www.autozug.de

DB City Night Line, Tel. 018 05/14 15 14 (0,14 €/Min.), www.nachtzug.de

Österreich

Österreichische Bundesbahn, Tel. 05 17 17, www.oebb.at

Schweiz

Schweizerische Bundesbahnen, Tel. 09 00 30 03 00 (1,19 CHF/Min.), www.sbb.ch

City Night Line (›Komet‹: Zürich–Hamburg), Tel. 018 05/21 34 21 (1,19 CHF/ Min.), www.citynightline.ch

Flugzeug

Der **Flughafen Fuhlsbüttel** liegt zentral am nördlichen Stadtrand, vom Zentrum aus mit dem Auto in 15–20 Minuten zu erreichen. Ab Hauptbahnhof U1, S1 oder S11 bis Ohlsdorf, von dort Anschluss mit dem Airport Express (10-Minuten-Takt). Praktischer ist die Fahrt mit dem Airport-Express-Bus direkt ab Hauptbahnhof (alle 15 Minuten).

Flughafeninformation Tel. 040/507 50, www.ham.airport.de

Bank, Post, Telefon

Bank

Öffnungszeiten von Banken und Sparkassen in der Regel Mo–Fr 9–13 und 14.30–16, Do bis 18 Uhr

Post

Öffnungszeiten im Allgemeinen Mo–Fr 8–18, Sa 8–12 Uhr
Postamt am Hauptbahnhof, Ausgang Kirchenallee, Mo–Fr 8–18, Sa 8.30–12.30 Uhr. Besonders lange hat die Filiale am Hühnerposten geöffnet (6.15–19 Uhr)

Telefon

Die **Vorwahl** von Hamburg ist 040.

Einkaufen

Geschäftszeiten im Allgemeinen Mo–Sa 9–20 Uhr. In der Wandelhalle des Hauptbahnhofs und im Flughafen tgl. 8–21.30 bzw. 9–21 Uhr.

Antiquitäten

Edle Antiquitätengeschäfte findet man um den *Gänsemarkt* (ABC-Straße, Hohe Bleichen, Große Bleichen). In *Uhlenhorst* (Hofweg, Papenhuder Straße) lohnt sich ein Bummel für Liebhaber von antiquarischen Möbeln und Schmuck. Originelles kann man ebenfalls in der *Langen Reihe* und Umgebung sowie im *Karo- und Schanzenviertel* aufstöbern.

Antik Center, Klosterwall 9–21. Große Auswahl an antiken Möbeln und Objekten in 40 Kleinläden.

Antiquitäten Gerhard Lange, Hallerplatz 14, Tel. 040/44 55 11. Möbel, Gläser, Porzellan, Quilts und Dekoratives.

d'Or, Eppendorfer Baum 6, Tel. 040/46 88 19 74. Antiquitäten, Schmuck und edle Second-Hand-Bekleidung.

Strandgut, Övelgönne 103, Tel. 040/ 880 15 32. Möbel und Kunst aus dem 18. und 19. Jh.

Auktionshäuser

Banghaus, Bahrenfelder Chaussee 49b, Tel. 040/89 69 82 54, www.banghaus.com. Die Waren können vor Ort begutachtet und später auch im Internet ersteigert werden.

Carl F. Schlüter, Tel. 040/410 10 40 49, www.schlueter-auktionen.com. Ältestes Kunstauktionshaus Norddeutschlands – Auktionen finden im Hotel Atlantic Kempinski, An der Alster 72–79, statt.

Schopmann, Speersort 1, Pressehaus, Tel. 040/323 23 90, www.schopmann.de. Kunst, Gemälde, Porzellan, Schmuck,

Möbel und Teppiche in einem Auktionshaus mit 180-jähriger Tradition.

Stahl, Graumannsweg 54, Tel. 040/34 34 71, www.auktionshaus-stahl.de. Gemälde und Antiquitäten, Art Déco, Fayencen.

Extras und Accessoires

Aurim, Klosterallee 104, Tel. 040/46 37 03. Fantasievoller und edler Gold- und Silberschmuck.

Brahmfeld & Gutruf, Jungfernstieg 12, Tel. 040/34 61 03. Deutschlands ältester Juwelier.

Condomerie, Spielbudenplatz 18, Tel. 040/319 31 00. Kondome aller Art.

Cucinaria, Straßenbahnring 12, Tel. 040/43 29 07 07. Das El Dorado für Hobbyköche in Hamburg.

Dr. Götze Land & Karte, Alstertor 14–18, Tel. 040/357 46 30. Eine Riesenauswahl an Reisebüchern und Karten.

Eins zwei drei, Hanse-Viertel, Große Bleichen, Tel. 040/34 63 25. Geschenke und Geschirr.

Kaufrausch, Isestraße 74, Tel. 040/480 83 13. Edle Accessoires, Schmuck, Schuhe und Dessous.

Schuh Messmer, Reeperbahn 77, Tel. 040/317 44 05. Hamburgs ältestes Schuhgeschäft mit einer bunten Auswahl an extravaganten Pumps und Lackstiefeln.

Stilwerk, Große Elbstraße 68, Tel. 040/30 62 11 00. Verschiedene Designerläden in einer Edelpassage am Hafen.

Waltraud Bethge, ABC-Straße 9, Tel. 040/31 15 52. Edle Papiere und erlesene Büroartikel.

Feinkost

Butter Lindner, Eppendorfer Baum 10, Tel. 040/46 09 22 51. Feine Delikatessen.

Frischeparadies Gödeken, Große Elbstraße 210, Tel 040/38 90 80. Exklusive Lebensmittel und frischer Fisch.

Karstadt ›Mö‹, Mönckebergstraße 16, Tel. 040/309 40. Delikatessenabteilung mit internationalen Spezialitäten.

Kruizenga, Maria-Louisen-Straße 13, Tel. 040/46 09 97 77. Beliebtes Feinschmecker-Geschäft der hanseatischen High Society.

Leysieffer, Hanse-Viertel, Große Bleichen 36. Tel. 040/34 68 99. Hier kommen Konfektliebhaber auf ihre Kosten.

Galerien und Antiquariate

Antiquariat Pabel am Michel, Krayenkamp 10b, Tel. 040/36 48 89. Seltene und vergriffene Bücher und Grafiken.

Elbdörfer Galerie, Osdorfer Landstraße 233, Tel. 040/800 34 74. Hamburger Maler.

Fleetinsel-Galerien, Admiralitätsstraße 71. Mehrere Galerien zeigen junge deutsche und internationale Kunst.

Galerie Abrahams, Colonnaden 21, Tel. 040/35 26 57. Gemälde aus dem 19. und 20. Jh.

Galerie aplanat, Lippmanstraße 69–71 (Hinterhof), Tel. 040/43 18 48 00. Galerie für Fotokunst.

Galerie Brockstedt, Magdalenenstraße 11, Tel. 040/410 40 91. Kunst des 20. Jh., u. a. Werke des berühmten Zeichners Horst Janssen.

Galerie Herold, Colonnaden 5, Tel. 040/47 80 60. Norddeutsche Kunst, Hamburger Impressionisten.

Galerie Vera Munro, Heilwigstraße 64, Tel. 040/47 47 46. Minimalistische und konzeptuelle Kunst.

Hamburger Bücherstube Felix Jud, Neuer Wall 13, Tel. 040/34 34 85. Traditionsreiches Antiquariat.

Poster-Galerie, Große Bleichen 31, Tel. 040/35 72 91 20. Poster und Kunstdrucke in großer Auswahl.

Wohlers, Lange Reihe 68, Tel. 040/24 77 15. Antiquariat in St. Georg.

Hamburgisches

In Läden und an Ständen rund um die *St.-Pauli-Landungsbrücken* kann man die interessantesten **Souvenirs** kaufen, von Figuren des Hamburger Wasserträgers Hans Hummerl über Seehundfell-Schlüsselanhänger bis zu Prinz-Heinrich-Mützen. In den Straßen entlang der *Hafenkante* (Baumwall, Vorsetzen) bieten zahlreiche nautische Geschäfte **Maritimes aller Art**, Instrumente und Ausstattungsstücke, an: Kompasse, Schiffslampen, Taue oder maritime Kleidungsstücke wie z. B. Troyer.

TOP TIPP **Buddel-Bini**, Lokstedter Weg 68, Tel. 040/46 28 52. Buddelschiffe, Augenweide für Bastler.

Captain's Cabin, Landungsbrücken 3, Tel. 040/31 63 73. Geschenke, die nach Seeluft riechen – und manchmal auch nach Kitsch.

Es bleibt die große Frage: Wie kommt das Schiffchen in die Flasche?

HanseNautic, Herrengraben 31, Tel. 040/374 84 20. Seekarten, Kompasse, nautische Literatur.

Harry's Hafenbasar, Balduinstraße/Ecke Erichstr. 56, Tel. 040/31 24 82. Kurioses und Originelles aus der ganzen Welt.

Seekiste, Dietmar-Koel-Str. 30, Tel. 040/31 25 95. Traditionsreiches Geschäft für Schiffsausrüstung und Maritimes.

Märkte

Wochenmärkte gibt es in nahezu allen Hamburger Stadtteilen. Auch wenn es mit frühem Aufstehen verbunden ist, sollte man natürlich keinesfalls den **Fischmarkt** (St.-Pauli-Fischmarkt, So, Mitte April– Mitte Nov. 5–9.30, im Winter 7-9.30 Uhr) versäumen. Doch auch einige der Stadtteil-Wochenmärkte lohnen einen Besuch. Besonders schön sind der **Isemarkt** (Isestraße, Di und Fr 8.30–14 Uhr), der **Goldbek-Markt** (Goldbekufer, Di, Do und Sa 8.30–13 Uhr) und der **Markt am Turmweg** (Do 8.30–14 Uhr).

Zeiten und Veranstaltungsorte der Flohmärkte erfährt man in der Tagespresse oder erfragt sie bei Veranstaltern (z. B. Kontra, Tel. 040/531 50 51).

Mode

Die ›ersten‹ Adressen der **Haute Couture** liegen in den Straßen und Passagen zwischen *Rathausmarkt* und *Gänsemarkt*. Hier im ›Quartier Satin‹ sind traditionsreiche hanseatische Geschäfte und internationale Designer ansässig. Einen Bummel entlang der edlen Schaufensterauslagen sollte man auf keinen Fall versäumen, auch wenn man nur über einen kleineren Geldbeutel verfügt. Für modebewusste Hamburg-Besucher empfiehlt sich außerdem ein Shopping-Abstecher in die Stadtteile *Pöseldorf*, *Eppendorf* und *Winterhude* mit ihren zahlreichen Boutiquen, in denen man teilweise tolle Schnäppchen machen kann. Wer es extravagant liebt, sollte sich in den Mode-Läden in *Marktstraße* und *Feldstraße* sowie im *Schanzenviertel* umsehen.

Angelo's, Weidenstieg 11 sowie Eppendorfer Weg 215 und 217, Tel. 040/422 83 65. Klassisch-moderne Damen- und Herrenbekleidung, Schuhmode.

Anne Jensen, Eppendorfer Landstraße 63, Tel. 040/46 00 78 08. Designermode für Frauen.

Jil Sander, Neuer Wall 43. Tel. 040/374 12 90. Edle Mode im Understatement-Stil.

Johannes Schulz, Ladenpassage Alte Post, Ecke Poststraße/Große Bleichen, Tel. 040/34 22 96. Internationale Designermode.

Ladage und Oelke, Neuer Wall 11, Tel. 040/34 14 14. Traditionsreicher Hamburger Herrenausstatter – seit kurzem auch mit Damenabteilung.

Linette, Jungfernstieg 41, Tel. 040/34 64 11. Internationale sportliche und edle Damenbekleidung.

Mientus, Neuer Wall 48, Tel. 040/36 34 99. Internationale Herrenmode.

Olymp & Hades, Große Bleichen 5, Tel. 040/35 43 88. Junge internationale Mode-Labels.

Petra Teufel, Hohe Bleichen 13, Tel. 040/37 86 16 10. Ausgefallene Designerstücke.

SØR, Neuer Wall 36, Tel. 040/36 65 61. Edle Herrenmode.

Thomas-i-Punkt, Mönckebergstraße 21 und am Gänsemarkt, Tel. 040/32 71 72. Moderne Leinen- und Strickbekleidung für Sie und Ihn.

Unger, Neuer Wall 35, Tel. 040/33 44 70. Hochwertige Designermode.

Versace, Schleusenbrücke 1, Tel. 040/374 77 60. Italienische Designermode.

Musik

Hanse CD im Hanse-Viertel, Große Bleichen 36, Tel. 040/34 05 61. Große Auswahl an Klassik, Pop, Jazz und Folklore.

Ingo's Plattenkiste, Grindelallee 41, Tel. 040/45 18 59. Mehr als 20 000 CDs,

LPs und DVDs, neu und gebraucht, Musikvideos.

Pop, Klosterallee 100, Tel. 040/51 32 66 10. Indie-Rock, Soul, HipHop, Jazz – und die dazu passende Mode.

Steinway, Rodenbarg 10, Tel. 040/ 85 39 10. Stammhaus des traditionsreichen Instrumenten- und Musikgeschäftes. Große Klassik-Auswahl.

Zardoz, Ottenser Hauptstraße 19, Tel. 040/39 90 11 63. Indie-Rock und Alternative (neu und gebraucht) auf zwei Stockwerken, mit Café.

Essen und Trinken

Cafés

Amphore, Hafenstraße 140, Tel. 040/ 31 79 38 80. Café-Bar mit Aussicht.

Andersen, Jungfernstieg 26 (im ›Hamburger Hof‹), Tel. 040/41 09 90 46. Große Torten- und Pralinenauswahl aus eigener Herstellung.

Bar Tabac, Große Bleichen 21, Tel. 040/ 35 71 98 51. Ideal gelegenes Café zum Ausspannen nach einem Innenstadtbummel.

Café Canale, Poelchaukamp 7, Tel. 040/ 270 01 01. Nettes, verwinkeltes Café mit hausgemachtem Kuchen und ›Drive-in‹ für Kanufahrer.

Café Liebermann, Glockengießerwall 1, Tel. 040/428 54 26 11. Café in der Kunsthalle.

Café Lindtner, Eppendorfer Landstraße 88, Tel. 040/480 60 00. Traditionsreiche Konditorei in Eppendorf.

Café Schöne Aussichten, Gorch-Fock-Wall 4, Tel. 040/34 01 13. Szenetreff, Frühstücksbuffet am Sonntag mit Blick auf den Alten Botanischen Garten.

Café Unter den Linden, Juliusstr. 16, Tel. 040/43 81 40. Hausgemachte Kuchen mitten im Schanzenviertel.

Cliff, Fährdamm 13, Tel. 040/44 27 19. Gut besuchter Szene-Treffpunkt am westlichen Ufer der Außenalster.

Condi, Neuer Jungfernstieg 9–14, Tel. 040/34 94 33 15. Café im Hotel ›Vier Jahreszeiten‹. Mit Biedermeiermöbeln eingerichtet, Blick auf die Binnenalster.

Fees, Holstenwall 24, Tel. 040/317 47 66. Café im Museum für Hamburgische Geschichte mit großer Frühstückskarte.

TOP TIPP **Literaturhaus Café**, Schwanenwik 38, Tel. 040/220 13 09. Literaturszene, großzügiges Saal-Ambiente mit Stuckdecke.

Petit Café, Hegestraße 29, Tel. 040/ 460 57 76. Kleines und gemütliches Kaffeehaus.

Transmontana, Schulterblatt 86, Tel. 040/439 74 55. Portugiesisches Stehcafé und Szenetreff im Schanzenviertel.

Cafés und Restaurants an der Elbe

Café Buchfink, Rissener Ufer 21, Tel. 040/ 81 16 23. Beliebter Treffpunkt im Grünen nach einem Strandspaziergang.

Schulauer Fährhaus, Parnaßstraße 29, Wedel, Tel. 041 03/920 00. In der Schiffsbegrüßungsanlage Willkommhöft, die jedes größere vorbeifahrende Schiff mit mit der jeweiligen Nationalhymne und -fahne begrüßt.

Café Elbterrassen, Övelgönne 1, Tel. 040/390 34 43. Von der Terrasse sieht man auf Elbe und Museumshafen.

Strandperle (März–Oktober), Elbchaussee 183, Tel. 040/880 11 12. Szenetreffpunkt auch abends. Im Sommer setzen sich die Gäste mit ihren Getränken einfach in den Sand.

TOP TIPP **Witthüs Teestuben**, Elbchaussee 499a, Tel. 040/86 01 73. Traditionslokal im Hirschpark.

Terrassencafés an der Außenalster

Bobby Reich, Fernsicht 2, Tel. 040/ 48 78 24. Blick über die ganze Außenalster, besonders einladend ist die große Terrasse.

Bootsmann, Moorfuhrtweg 9, Tel. 040/ 27 80 88 82. Direkt am Goldbekkanal; Stadtteiltreff nachmittags und abends.

Café Leinpfad, Leinpfad/Ecke Hutwalckerstraße, Tel. 040/46 48 56. Hier ist die Alster schon ein schmaler Fluss.

Fiedler's, Hofweg 103, Tel. 040/227 74 03. Blick auf den Osterbekkanal, beliebter Szenetreff auch am Abend.

Internet-Cafés

Matchgames, Rothenbaumchaussee 61, Tel. 040/41 49 76 26. Internetcafé und Online-Spiele.

New Gate, Theodor-Heuss-Platz 1, am Dammtor, Tel. 040/40 13 27 70. Internetcafé und Spielenetzwerk.

Der Kunstprofessor Werner Büttner gestaltete das Jena Paradies

Bistros und Szene-Restaurants

Abaton, Grindelhof 14 a, Tel. 040/45 77 71, schöne Bistro-Atmosphäre, mediterrane Gerichte.

Brücke, Innocentiastr. 82, Tel. 040/422 55 25. Treffpunkt der Medien- und Modeszene.

Cox, Lange Reihe 68, Tel. 040/42 94 22. Gehobene Küche in stilvollem Ambiente.

Das weisse Haus, Neumühlen 50, Tel. 040/390 90 16. In ehem. Kapitänshaus beim Museumshafen befindet sich das Restaurant von Fernsehkoch Tim Mälzer.

Die Bank, Hohe Bleichen 17, Tel. 040/ 238 00 30. Bar und Brasserie in den herrschaftlichen Räumen eines ehem. Bankhauses.

TOP TIPP **Eisenstein**, Friedensallee 9, Tel. 040/390 46 06. Ehemaliges Fabrikgebäude. Sehr laut, aber die Pizza schmeckt hier wie in Italien.

Factory, Hoheluftchaussee 95, Tel. 040/420 37 11. Rustikale Küche in ehem. Fabrik mit Garten.

Goldfisch, Isekai 1, Tel. 040/57 00 96 90. Frische und experimentierfreudige Küche, trendige Atmosphäre.

Jena Paradies, Klosterwall 23, Tel. 040/32 70 08. Neue deutsche Küche zu angemessenen Preisen.

Luxor, Max-Brauer-Allee 251, Tel. 040/ 430 01 24. Hervorragende internationale Kreationen; schlichte, aber herzliche Atmosphäre (nur abends).

Mess, Turnerstraße 9, Tel. 040/43 41 23. Sehr gute, junge internationale Küche.

Nil, Neuer Pferdemarkt 5, Tel. 040/ 439 78 23. Moderne Küche zu moderaten Preisen.

Oberhafenkantine, Stockmeyerstraße 39, www.oberhafenkantine-hamburg.de, versteckt in der HafenCity gelegen, Hausmannskost auf feine Art.

Rexrodt, Papenhuder Straße 35, Tel. 040/ 229 71 98. Vom ehem. Schlachterladen zeugen noch die Wandkacheln. Hervorragende mediterrane Speisen, aber nicht billig.

Schatto Pauli, Kastanienallee 32, Tel. 040/31 77 88 17. Zum Theater Tivoli gehörendes, sehr gemütliches Restaurant mit französisch inspirierter Küche.

Tassajara, Eppendorfer Landstraße 4, Tel. 040/48 38 01. Eines der ersten vegetarischen Restaurants in Hamburg.

Tiefenthal, Isestraße 77, Tel. 040/ 46 96 16 72. Moderne Küche in sehr gemütlichem Ambiente in einer von Hamburgs schönsten Wohngegenden.

Hamburger Traditionsküche

Alt Hamburger Aalspeicher, Deichstraße 43, Tel. 040/36 29 90. Vielfältige Aalgerichte, Blick auf den Nikolaifleet.

Brauhaus Joh. Albrecht, Adolphsbrücke 7, Tel. 040/36 77 40. Deftige Kost in der Hamburger Altstadt.

Deichgraf, Deichstraße 23, Tel. 040/ 36 42 08. Traditionelle hanseatische Gerichte, historisch-edles Ambiente.

Dübelsbrücker Kajüt, Elbchausse 303, Tel. 040/82 87 87. Gemütliches Restaurant auf einem Hausboot mit leckerer norddeutscher Küche.

Feuerschiff, City Sporthafen, Vorsetzen, Tel. 040/36 25 53. Unter Deck und auf dem früheren Helikopterdeck serviert man Labskaus und Fischplatte.

Gröninger-Braukeller, Willy-Brandt-Straße 47, Tel. 040/33 13 81. Eigene Brauerei, rustikal-bürgerliche Küche.

Hafenkrug, Große Elbstraße 164, Tel. 040/41 30 70 22. Deftige Regionalküche, gemütliches Ambiente mit Holzbänken.

Krameramtsstuben, Krayenkamp 10, Tel. 040/36 58 00. Hamburger Küche in historischer Umgebung.

Old Commercial Room, Englische Planke 10, Tel. 040/36 63 19. Seit 1643 Traditionsrestaurant. Spezialität: Labskaus.

Parlament, Rathausmarkt 1, Tel. 040/70 38 33 99. Im ehemaligen Ratsweinkeller trifft sich nicht nur die Hamburger Bürgerschaft.

Rickmer Rickmers, Landungsbrücken, Ponton 1a, Tel. 040/40 31 28 68. An Bord des Museums-Windjammers werden regionale Speisen serviert (bis 18 Uhr).

Zum Alten Senator, Neanderstraße 27, Tel. 040/35 71 44 70. Elegant-gediegenes Restaurant, gekonnter Mix aus alter und neuer deutscher Küche.

Zum Brandanfang, Deichstraße 25, Tel. 040/36 55 20. Hanseatische Gerichte.

Zur Schlachterbörse, Kampstraße 42, Tel. 040/430 13 34. Der Name lässt es bereits vermuten: Hier gibt es vor allem Fleischiges mit leckeren Bratkartoffeln.

Fischrestaurants

Alt Helgoländer Fischerstube, Fischmarkt 4, Tel. 040/319 46 96. Maritime Einrichtung, Elbblick.

Fischereihafen-Restaurant, Große Elbstraße 143, Tel. 040/38 18 16. ›Erstes‹ Haus für Fischliebhaber. Blick auf den Hafen.

Fischerhaus, St. Pauli Fischmarkt 14, Tel. 040/31 40 53. Gute, reichhaltige und preiswerte Fischgerichte. Atmosphäre der 1950er-Jahre und relativ laut.

Fischküche, Kajen 12, Tel. 040/36 56 31. Hanseatische und internationale Fischspezialitäten. Den Köchen kann man bei der Arbeit zusehen.

Lobsterhouse, Große Elbstraße 96, Tel. 040/389 58 88. Schalen- und Krustentiere.

Rive, Van-der-Smissen-Straße 1, Tel. 040/380 59 19. Norddeutsche und internationale Fischgerichte, zu genießen mit Blick auf den Hafen.

Stock's Fischrestaurant, An der Alsterschleife 3, Tel. 040/611 36 20. Heiko Stock's Gourmet-Tempel für Fischliebhaber liegt etwas außerhalb in Poppenbüttel. Die exzellente Küche lohnt den Weg.

Gourmet-Restaurants

TOP TIPP **Au Quai**, Große Elbstraße 145 b-d, Tel. 040/38 03 77 30. Modernes Restaurant der Spitzenklasse mit grandioser Aussicht auf die Elbe.

Haerlin, im Hotel Vier Jahreszeiten, Neuer Jungfernstieg 9–14, Tel. 040/34 94 33 10. Restaurant der Luxusklasse mit schöner Aussicht.

TOP TIPP **Jacob's Restaurant**, Elbchaussee 401–403, Tel. 040/82 25 54 06. Auch Michelin würdigt die Küche dieses Hotelrestaurants mit einem Stern.

Landhaus Dill, Elbchaussee 94, Tel. 040/390 50 70. Treffpunkt für Feinschmecker. Französisch inspirierte Küche.

Landhaus Scherrer, Elbchaussee 130, Tel. 040/880 13 25. Nummer eins der Nouvelle Cuisine und Regionalküche. Erlesene Weine.

Piment, Lehmweg 29, Tel. 040/42 93 77 88. Raffinierte Gewürze zeichnen die kulinarischen Kostbarkeiten aus.

Poletto, Eppendorfer Landstraße 145, Tel. 040/480 21 59. Kochbuchautorin Cornelia Poletto steht für eine exquisite, mediterrane Küche.

Seven Seas, Süllbergterrassen 12, Tel. 040/866 25 20. Gourmet-Restaurant mit herrlicher Elbsicht in Blankenese.

Tafelhaus, Neumühlen 17, Tel. 040/89 27 60. Gourmet-Tempel des aus dem Fernsehen bekannten Restaurant-Kritikers Christian Rach.

Nationalitäten-Restaurants

Amerikanisch

Dexter's, Milchstraße 3–4, Tel. 040/44 77 78. Leckere Burger serviert in nostalgisch-amerikanischer Atmosphäre.

Dollhouse Diner, Große Freiheit 14–16, Tel. 040/31 79 73 62. Spare Ribs, Steaks & Co. mitten auf dem Kiez.

Graceland, Stresemannstraße 374, Tel. 040/89 96 31 00. Amerikanische Südstaatenküche.

Hollywood Canteen, Behringerstraße 2, Tel. 040/39 80 63 00. Einfache amerikanische Spezialitäten, typisches US-Ambiente.

Asiatisch

Baan Thai, Gänsemarkt 50, Tel. 040/34 04 41. Mehr als 100 thailändische Spezialitäten, die Schärfe ist dem europäischen Geschmack angepasst.

Bangkok, Speersort 1, Tel. 040/33 61 59. Gut gewürzte Thai-Küche, nicht billig. Sehr schöne Bambuseinrichtung.

bok restaurant, Schulterblatt 3 und Schanzenstraße 27, Tel. 040/43 19 00 70. Köstlich-scharfe Currys aus der thailändischen und koreanischen Küche.

Hamburg asiatisch: Vom Stehimbiss zum Szeneladen

Angefangen hat alles in den 1970er-Jahren mit einem kleinen, versteckten Laden im Schanzenviertel, in dem die Gäste im Hinterzimmer auf hölzernen Orangenkisten Platz nehmen mussten. Trotzdem wurde der asiatische Imbiss schnell zum Geheimtipp, denn die köstlich-scharfen Currys der Koreanerin Lee Kae Soom gehören noch immer zu den besten der Stadt. Mittlerweile besitzt Familie Lee ein ganzes Imperium asiatischer Restaurants im Schanzenviertel, und eines ist besser als das andere. Da ist einmal der ursprüngliche **Stehimbiss** in der Bartelsstraße, in dem es auf die Schnelle frische Currys gibt, das **bok restaurant** in der Schanzenstraße und am Schulterblatt, die kleine gemütliche **Sushi Bar** in der Susannenstraße und das japanische Restaurant **Sushi Bok** am Schulterblatt, welches sich in einem geschmackvoll restaurierten Gebäude mit 7 m hohen Decken, reizvollem Stuck und alten Wandmalereien befindet. Angenehm: Sämtlichen Läden fehlt der sonst oft überladen-kitschige Stil vieler asiatischer Restaurants; sie sind stattdessen ausgesprochen schlicht und modern eingerichtet. Der Name ›Bok‹ bedeutet übrigens auf koreanisch ›Glück‹, und das ist nicht nur Familie Lee hold, sondern das haben vor allem die Gäste, die in den Genuss ihrer kulinarischen Fähigkeiten kommen.

East, Simon-von-Utrecht-Straße 31, Tel. 040/30 99 33. Euro-asiatische Küche, genauso gut und modern wie das Design des gleichnamigen Hotels

Galerie Tolerance, Lerchenstraße 103, Tel. 040/43 73 30. Thailändisches Restaurant mit schlichtem Ambiente mitten im Schanzenviertel.

Henssler & Henssler, Große Elbstraße 160, Tel. 040/38 69 90 00. Sushi-Gourmet-Restaurant mit tollem Elbblick.

Man Wah, Spielbudenplatz 18, Tel. 040/319 25 11. Chinarestaurant auf St. Pauli.

Peking-Enten-Haus, Rentzelstraße 48, Tel. 040/45 80 96. Kenner halten die Peking-Ente in diesem Restaurant für die beste, wenn auch nicht die billigste der Stadt.

Sala Thai & Seafood Grill, Brandsende 6, Tel. 040/33 50 09. Thailändische Gerichte in typischem Ambiente. Am Wochenende klassische Thai-Tänze.

Sushi Bar, Susannenstraße 15, Tel. 040/430 02 20. Köstliches und gemütliches Sushi-Restaurant.

Sushi Bok, Schulterblatt 92, Tel. 040/430 44 58. Japanisches In-Restaurant in beeindruckendem Altbau-Ambiente.

Tsao Yang, An der Alster 72–79, Tel. 040/28 00 41 88. Gehobenes chinesisches Restaurant im Hotel Atlantik.

Wa-Yo, Hofweg 75, Tel. 040/227 11 40. Gehobenes japanisches Restaurant mit edlem Design.

Französisch

Casse Croute, Büschstraße 2, Tel. 040/34 33 73. Exzellente französische Küche, charmantes Ambiente.

L'Auberge, Rutschbahn 34, Tel. 040/410 25 32. Französische Küche der Spitzenklasse.

Le Paquebot, Gerhart-Hauptmann-Platz 70, Tel. 040/32 65 19. Französisch-internationales Restaurant-Bistro.

Le Provençal, Johannes-Brahms-Platz 9–11, Tel. 040/35 01 64 20. Spezialitäten aus allen französischen Regionen. Anspruchsvoll, nicht billig.

Ti Breizh, Deichstraße 39, Tel. 040/37 51 78 15. Bretonische Spezialitäten.

Griechisch

Athina, Abendrothsweg 55, Tel. 040/420 44 59. Verfeinerte griechische Küche beim Szene-Griechen.

Dionysos, Eppendorfer Weg 67, Tel. 040/49 88 00. Gemütlich und geschmackvoll eingerichtetes Restaurant mit köstlichem Essen.

Kouros, An der Alster 28, Tel. 040/24 45 40. Gehobene griechische Küche direkt an der Alster, im Sommer schöne Terrasse.

Olympisches Feuer, Schulterblatt 36, Tel. 040/43 55 97. Alteingesessener Szene-Grieche im Schanzenviertel.

Indisch

Jaipur, Lerchenfeld 18, Tel. 040/220 94 75. Köstliche und reichhaltige indische Gerichte.

Shalimar, ABC-Straße 46–47, Tel. 040/44 24 84. Eines der schönsten indischen Restaurants der Stadt.

Italienisch

Anna, Bleichenbrücke 2, Tel. 040/ 36 70 14. Edle internationale Küche mit italienisch-asiatischen Akzenten.

Cuneo, Davidstraße 11, Tel. 040/ 31 25 80. Szenetreffpunkt für Medienleute auf dem Kiez, ältester Italiener Hamburgs.

Der Etrusker, Grindelhof 45, Tel. 040/ 410 13 05. Beliebter Italiener im Univiertel. Leckere Vorspeisen.

D.O.C., Jungfernstieg 56-58 (Pavillon an den Treppen zur Binnenalster), Tel. 040/ 32 52 76 45. Exzellente italienische Küche und ein toller Blick auf die Alster.

Il Buco, Zimmerpforte 5, Tel. 040/24 73 10. Das unauffällige Keller-Restaurant ist ein echter Geheimtipp.

La Fattoria Epoca, Isestraße 16, Tel. 040/ 420 02 55. Reizvolle Mischung aus italienischem Tagesbistro und Antiquitätengeschäft.

La Luna, Neuer Kamp 13, Tel. 040/43 36 66. In dem fast nur mit Kerzen erleuchteten Lokal kommt neben dem köstlichen Essen auch die Romantik nicht zu kurz.

La Vela, Große Elbstraße 27, Tel. 040/ 38 69 93 93. Die große Terrasse an der Elbe ist ein großer Pluspunkt – ebenso wie das köstliche Essen.

Little Italy, Osterstraße 22, Tel. 040/ 40 17 14 87. Typischer Nachbarschafts-Italiener mit einfacher, aber köstlicher Küche.

Lo Spuntino, Lobuschstr. 26, Tel. 040/ 39 80 77 92. Gemütliches italienisches Restaurant, in dem die Wirtin selbst am Herd steht.

Osteria Due, Badestr. 4, Tel. 040/410 16 51. Gute teure Küche ganz in der Nähe des Interconti.

Paolino, Alsterufer 2, Tel. 040/41 35 56 55. Beliebter In-Treff an Sommerabenden. Große Terrasse mit Blick über die Außenalster.

Toto, Rothenbaumchaussee 183, Tel. 040/44 79 69. Urgemütlicher Italiener im Souterrain mit hervorragender Küche.

Vapiano, Rothenbaumchaussee 76, Tel. 040/36 11 17 80. Beliebtes italienisches Restaurant mit Selbstbedienung.

Orientalisch

Balutschistan, Schulterblatt 88, Tel. 040/ 43 36 61. Umgeben von Lehmwänden und orientalischen Lampen fühlt man sich nach Pakistan versetzt.

Mazza, im Hotel YoHo, Moorkamp 5, Tel. 040/28 41 91 91. Es gibt nur ein Gericht: Allen Gästen wird eine Auswahl köstlicher syrischer Vorspeisen serviert.

Riads, Johannes-Brahms-Platz 7, Tel. 040/35 71 69 23. Gemütliches libanesisches Restaurant mit feiner, traditioneller Küche.

Saliba, Leverkusenstraße 54, Tel. 040/ 85 80 71 und Am Neuen Wall 13 (Alsterarkaden), Tel. 040/34 50 21. Arabische Küche, gut gewürzte Lamm-Gerichte.

Spanisch und Portugiesisch

Bodega Olè, Börsenbrücke 5–7, Tel. 040/ 36 62 83. Rustikaler Spanier mit delikaten Fischgerichten in der Innenstadt.

Bodega Castellana, Schlüterstraße 49, Tel. 040/45 23 22. Die älteste Tapas-Bar Hamburgs.

Il Petisco, Schulterblatt 78, Tel. 040/ 43 29 08 99. Kleiner Portugiese mit reichhaltigen und günstigen Gerichten.

Madrid, Grindelberg 69, Tel. 040/ 422 81 03. Gute und relativ preiswerte spanische Gerichte.

O Pote, Lange Reihe 83, Tel. 040/24 30 13. Portugiesische Regionalküche, gemütliches Ambiente.

Picasso, Rathausstraße 14, Tel. 040/ 32 65 48. Beliebter Spanier, zentrale Lage.

Porto, Ditmar-Koel-Straße 15, Tel. 040/ 317 84 80. Portugiesische Küche. Spezialitäten: Meeresfrüchte.

Q-Bar, Silbersacktwiete 6, Tel. 040/31 33 75. Gemütliche Tapas-Bar mitten auf dem Kiez.

Sagres Plus, Vorsetzen 42, Tel. 040/ 37 12 01. Beliebtes portugiesisches Restaurant am Hafen.

Türkisch

Arkadasch, Grindelhof 17, Tel. 040/ 44 84 41. Reichhaltige und preiswerte türkische Küche im Univiertel.

Mangal, Eppendorfer Weg 270, Tel. 040/ 460 38 25. Klassische türkische Gerichte in behaglichem Ambiente.

Feste und Feiern

Feiertage

1. Januar (Neujahr), April/Mai. (Karfreitag, Ostermontag), 1. Mai (Maifeiertag/Tag der

Arbeit), Mai/Juni (Christi Himmelfahrt), Juni (Pfingstmontag), 3. Oktober (Tag der deutschen Einheit), 25./26. Dezember (1./2. Weihnachtstag)

Feste

Dreimal im Jahr findet der Jahrmarkt **Hamburger Dom** auf dem Heiligengeistfeld statt. *Frühlingsdom*: März/April; *Sommerdom*: Juli/Aug.; *Winterdom*: Nov./Dez. Den **Hafengeburtstag** mit vielen Aktionen zu Land und zu Wasser feiert Hamburg Anfang Mai. Ebenfalls im Mai erleuchtet auf der Alster ein Großfeuerwerk während des **Japanischen Kirschblütenfests**. Im Juni/Juli zeigt die Hansestadt süddeutsches Flair, wenn auf dem Rathausmarkt das **Stuttgarter Weindorf** stattfindet. Ebenfalls im Juli findet auf der Fleetinsel das **Duckstein Festival** mit Comedy, Straßentheater und Musik statt. Das **Alstervergnügen** – Kunst, Kultur und Vergnügen rund um die Binnenalster – gibt es jedes Jahr im August/September. Jahresausklang feiert man am 31. Dezember mit Sekt und Feuerwerk bei einem **Riesenfest** am Hafen zwischen Baumwall und Fischmarkt.

Kinder

Das **Jugendinformationszentrum** (Behörde für Bildung und Sport), Altstädter Str. 11, informiert über *Ferienprogramme*, Tel. 040/30 39 24 70, www.jiz.de. Dort – wie auch in den Stadtteilbüchereien sowie den Bezirks- und Ortsämtern – gibt es den *Hamburger Ferienpass* für 5- bis 17-Jährige mit vielfältigem Programmangebot, der in den Sommer- und Herbstferien gilt.

Während des **Kinder-Sommers** (Mitte Mai–Aug.) finden im Park *Planten un Blomen* zahlreiche kostenlose Veranstaltungen und Vorführungen statt. Infos:

Bezirksamt Hamburg-Mitte, Tel. 040/428 54 47 23, www.plantenunblomen.hamburg.de.

Auch die ›*Fabrik*‹ veranstaltet ganzjährig (Mo–Fr 12–18 Uhr) Freizeitaktivitäten für Kinder, Barnerstraße 36, www.fabrik.de, Tel. 040/39 10 70

Kinofilme für Kinder zeigen u. a.

Abaton, Allende Platz 3, Tel. 040/ 41 32 03 20, www.abaton.de

Kinder-Kino Hamburg im Zeisekino, Friedensallee 7, Tel. 040/390 87 70, www.zeise.de

Theater für Kinder s. Theater

Aktion Kinderparadies, Bilserstraße 35a, Tel. 040/51 17 915, www.aktion-kinderparadies.de. Werktags stundenweise Kinderbetreuung auf Spielplätzen.

Tierpark Hagenbeck, Lokstedter Grenzstr. 2, Tel. 040/540 00 10, www.hagenbeck-tierpark.de, März–Okt. tgl. 9–18, Juli/Aug. bis 19 Uhr, Nov.–Febr. tgl. 9–16.30 Uhr. Tierfütterungen, Ponyreiten, Kutschfahrten, Zooschule, im Sommer Dschungel-Nächte.

Museumsdienst Hamburg, Glockengießerwall 5a, Tel. 040/428 13 10, www.museumsdienst.hamburg.de. Informiert über Ausstellungen, organisiert Führungen und Veranstaltungen für Kinder.

Kultur live

Aktuelle **Veranstaltungsprogramme** entnimmt man entweder der **Tagespresse** (›Hamburger Abendblatt‹, www.abendblatt.de, ›Hamburger Morgenpost‹, www.mopo.de) oder dem monatlich erscheinenden **Stadtmagazinen** ›Szene‹, www.szene-hamburg-online.de sowie den Internetseiten der Stadt Hamburg, www.hamburg.de.

Musik

Konzert- und Theaterkassen

Alsterhaus, Jungfernstieg 16, Tel. 040/35 35 55

Classic Center, Im Bleichenhof, Tel. 040/35 44 14

Hamburg Hotline, Mo–Sa 9 –19 Uhr, Tel. 040/30 05 13 00

Konzertkasse Gerdes, Rothenbaumchaussee 77, Tel. 040/45 33 26/44 02 98

Konzertkasse Hauptbahnhof, Wandelhalle, Tel. 040/32 87 38 54

Theaterkasse E. Schumacher, Colonnaden 37, Tel. 040/34 30 44

Konzertsäle

Congress Centrum Hamburg (CCH), Dammtor, Tel. 040/356 90

Forum und Orchesterstudio der Hochschule für Musik und Theater, Harvestehuder Weg 6, Tel. 040/ 428 48 25 76, www.hfmt-hamburg.de

Hamburger Konservatorium, Sülldorfer Landstraße 196, Tel. 040/8 70 87 70, www.hamburger-konservatorium.de

Laeiszhalle, Johannes-Brahms-Platz, Tel. 040/357 66 60, www.laeiszhalle.de

Norddeutscher Rundfunk (NDR), Rolf-Liebermann-Studio, Oberstr. 120, Tel. 040/415 60

Kirchenmusik

Aktuelle **Information** über Kirchenkonzerte: *Amt für Kirchenmusik*, Schillerstraße 7, Tel. 040/30 62 31 70, www.kirchenmusik-hamburg.de

St. Jacobi, Jakobikirchhof 22, Tel. 040/303 73 70

St. Katharinen, Katharinenkirchhof 1, Tel. 040/30 37 47 30

St. Michaelis (Michel), Englische Planke 1a, Tel. 040/37 67 80

St. Nikolai, Harvestehuder Weg 118, Tel. 040/44 11 34-0

St. Petri, Kreuslerstraße 6, Tel. 040/325 74 00

Oper

Hamburgische Staatsoper, Große Theaterstraße 25, Tel. 040/35 68 68, www.hamburgische-staatsoper.de

Im Juni/Juli finden die **Hamburger Ballett-Tage** in der Staatsoper (Dammtorstr. 28) und in anderen Spielorten statt. Infos unter www.hamburgballett.de

TOP TIPP *Musicals*

Neue Flora, Ecke Stresemannstraße/Alsenstraße, ›Dirty Dancing‹

Operettenhaus, Spielbudenplatz 1, ›Ich war noch niemals in New York‹

Theater im Hafen Produktionsgesellschaft, Norderelbstraße 6, ›Der König der Löwen‹

Telefonischer Kartenvorverkauf für alle drei Musical-Theater: Tel. 018 05/44 44, www.stage-entertainment.de

Wechselnde Musicals

Delphi Showpalast, Eimsbütteler Chaussee 5, Tel. 040/431 86 00, www.delphi-showpalast-hamburg.de

Jazz-, Rock- und Popkonzerte

Birdland, Gärtnerstraße 122, Tel. 040/40 52 77, www.jazzclub-birdland.de. Jazz, Swing, Bepop.

Color Line Arena, Sylvesterallee 10, Tel. 040/88 16 30, www.colorline-arena.de. Musikalische Großveranstaltungen.

Cotton Club, Alter Steinweg 32, Tel. 040/34 38 78, www.cotton-club.de. Jazz, Swing etc.

Docks, Spielbudenplatz 19, Tel. 040/317 88 30, www.docks.de

Fabrik, Barnerstraße 36, Tel. 040/39 10 70, www.fabrik.de

Große Freiheit 36 mit Kaiserkeller, Große Freiheit 36, Tel. 040/317 77 80, www.grossefreiheit36.de. Rock, Pop, Disko.

Knust, im Alten Schlachthof, Neuer Kamp 30, Tel. 040/87 97 62 30 und 43 27 64 51 (ab 20 Uhr), www.knusthamburg.de

Logo, Grindelallee 5, Tel. 040/410 56 58, www.logohamburg.de. Rock, Beat, Indie, Alternative.

Markthalle, Klosterwall 11, Tel. 040/33 94 91, www.markthalle-hamburg.de. Metal, Hard Rock, New Wave.

Molotow, Spielbudenplatz 5, Tel. 040/31 08 45, www.molotowclub.com. Rock, Pop, Diskobetrieb.

Prinzenbar, Kastanienallee 22, Tel. 040/317 88 30, www.docks.de.

Theater

Altonaer Theater, Museumsstraße 17, Tel. 040/39 90 58 70, www.altonaer-theater.de. Unterhaltsames Angebot aus Klassik und Moderne.

Deutsches Schauspielhaus, Kirchenallee 39, Tel. 040/24 87 13, www.schauspielhaus.de. Eine der berühmtesten deutschen Bühnen.

Ernst-Deutsch-Theater, Friedrich-Schütter-Platz 1, Tel. 040/22 70 14 20, www.ernst-deutsch-theater.de. Vorwiegend werden hier Klassiker gespielt.

Fliegende Bauten, Große Wallanlagen/Glacischaussee 4, Tel. 040/47 11 06 33, www.fliegende-bauten.de. Varieté-Produktionen, Avantgardezirkus und Musik.

Hamburger Kammerspiele, Hartungstraße 9–11, Tel. 08 00/413 34 40, www. hamburger-kammerspiele.de. Das Theater passt in keine gängige Schublade.

Imperial Theater, Reeperbahn 5, Tel. 040/31 31 14, www.imperial-theater.de. Krimis

Kampnagel, Jarrestraße 20, Tel. 040/27 09 49 49, www.kampnagel.de. Modernes und experimentelles Theater. Aufführungen freier und internationaler Tanz- und Theatergruppen.

Begeistertes Publikum des Thalia Theaters

Komödie Winterhuder Fährhaus, Hudtwalckerstraße 13, Tel. 040/48 06 80 80, www.komoedie-winterhuder-faehrhaus.de. Lustspiele und Boulevardkomödien.

Malersaal im Schauspielhaus, Kirchenallee 39, Tel. 040/24 87 13. Experimentelles Theater und Matinees.

Ohnsorg-Theater, Große Bleichen 23–25, Tel. 040/35 08 03 21, www.ohnsorg.de. Deutschlands berühmtestes plattdeutsches Theater.

St. Pauli-Theater, Spielbudenplatz 29/30, Tel. 040/47 11 06 66, www.st-pauli-theater.de. Eine bunte Mischung aus Volksstücken, Comedy und anspruchsvollem Theater.

Thalia in der Gaußtraße, Gaußtraße 190, Tel. 040/32 81 44 44, www.thalia-theater.de. Uraufführungen und experimentelles Theater.

Thalia Theater, Alstertor, Tel. 040/32 81 44 44, www.thalia-theater.de. Renommierte Traditionsbühne. Junge und wichtige Dramatiker, aufsehenerregende Inszenierungen.

Theater in der Basilika, Borselstraße 14–16, Tel. 040/390 46 11, www.theater-basilika.de. Innovatives Theater und Komödien.

Theater in der Speicherstadt, Auf dem Sande 1, Tel. 040/369 62 37, www. speicherstadt.net. ›Der Hamburger Jedermann‹ von Michael Batz im Juli/Aug. in der historischen Speicherstadt.

Theater Monsun, Friedensallee 20, Tel. 040/390 31 48, www.monsun-theater.de. Alternatives und Tanztheater.

The English Theatre, Lerchenfeld 14, Tel. 040/227 70 89, www. englishtheatre.de. Englische Stücke in Originalsprache.

Theater für Kinder

Fundus Theater, Hasselbrookstr. 25, Tel. 040/250 72 70, www.fundus-theater.de

Theater für Kinder, Max-Brauer-Allee 76, Tel. 040/38 25 38, www.theater-fuer-kinder.de

Varietés, Kabarett und Shows

Alma Hoppes Lustspielhaus, Ludolfstraße 53, Tel. 040/55 56 55 56, www.almahoppe.de. Bühne der gleichnamigen Kabarettgruppe.

Das Schiff, Nikolaifleet/Holzbrücke 2, Tel. 040/69 65 05 80, www.theaterschiff.de. Theater und Satire auf einem Schiff.

Polittbüro, Steindamm 45, Tel. 040/28 05 54 67, www.polittbuero.de. Kabarett, Lesungen und Diskussionsveranstaltungen.

Pulverfass, Reeperbahn 147, Tel. 040/24 97 91, www.pulverfasscabaret.de. Populäre Travestieshow für gemischtes Publikum.

TOP TIPP **Schmidt Theater**, Spielbudenplatz 24–25, Tel. 040/31 77 88 99, www.schmidts.de. Hamburgs Kult-Theater für Comedy und frech-frivole Musicals.

Schmidts Tivoli, Spielbudenplatz 27–28, Tel. 040/31 77 88 99, www.tivoli.de. Große Musik-Theater- und Varieté-Programme. Angeschlossen: Angie's Nightclub.

Nachtleben

Bars

Angie's Nightclub, Spielbudenplatz 27, Tel. 040/31 77 88 11. Eine der beliebtesten Bars auf dem Kiez, die Musik macht die vorzügliche Hausband.

Atlantic Bar (im ›Kempinski Hotel Atlantic‹), An der Alster 72–79, Tel. 040/288 80 62. Vornehmes Ambiente, auch Tanzmöglichkeiten.

Au Quai Bar, Große Elbstraße 145 b-d, Tel. 040/38 03 77 31. Edles Ambiente und beeindruckender Blick über die Elbe.

Bar Hamburg, Rautenbergstr. 6–8, Tel. 040/28 05 48 80. Edle Bar in St. Georg mit großer Cocktail-Auswahl.

Bar Rossi, Max-Brauer-Allee 279, Tel. 040/43 34 21. Hochfrequentierter Szenetreff.

Christiansen's, Pinnasberg 60, Tel. 040/ 317 28 63. Preisgekrönte Cocktails für echte Bar-Liebhaber.

Ciu's, Ballindamm 14–15, Tel. 040/ 32 52 60 60. Große und gut besuchte Bar in der Innenstadt.

Havanna Bar, Fischmarkt 4–6, Tel. 040/ 31 36 36. Karibische Drinks und Atmosphäre.

Indochine, im Fairmont Hotel Vier Jahreszeiten, Neuer Jungfernstieg 9–14, Tel. 040/34 94 33 61. Hotelbar vom Feinsten mit asiatischem Flair.

M & M Bar Hotel Reichshof, Kirchenallee 34–36, Tel. 040/24 83 37 50. Ideal für einen ›Absacker‹ nach einem Besuch im benachbarten Schauspielhaus.

Tower Bar, im Hotel Hafen Hamburg, Seewartenstraße 9, Tel. 040/31 11 37 04 50. Grandioser Blick über den Hafen.

Diskotheken

China Lounge, Nobistor 14, Tel. 040/ 31 97 66 22. Szene-Disko mit wechselnden Partys, u. a. Pop, Funk und House Music.

Funky Pussy Club, Große Freiheit 34, Tel. 040/ 31 97 75 90. In der von Kunststudenten gestalteten Disko tanzt man auf 300 m^2 zu Hip Hop, R&B, Soul und House.

Golden Pudel Club, St. Pauli Fischmarkt 27, Tel. 040/31 97 99 30. Tanzmusik von Disco bis Punk.

Grünspan, Große Freiheit 58, Tel. 040/ 31 36 16. Fr/Sa Rock, Crossover; ansonsten Konzerte und wechselnde Events.

Halo, Große Freiheit 6, Tel. 040/ 87 87 06 80. House, Electro und Black Music für ein schickes Publikum.

Hörsaal, Spielbudenplatz 7, Tel. 040/ 65 79 14 20. Rockabilly, Funk und Latin im 1960er-Jahre-Ambiente.

Mandarin Kasino, Reeperbahn 1, Tel. 040/430 46 16. Moderner Sound in gemütlichen Räumlichkeiten.

Molotow, Spielbudenplatz 5, Tel. 040/ 31 08 45. Independent, Hardcore – auch viele Konzerte.

Neidklub, Reeperbahn 25, www.neidklub.de. Hip Hop, Dance, Electro, House.

Kir, Barner Straße 16, Tel. 040/43 80 41. Electro, Rock und Independent.

Kneipen- und Szenetreffs

City

Café Paris, Rathausstr. 4, Tel. 040/32 52 77 77

Finnegan's Wake, Börsenbrücke 4, Tel. 040/374 34 33

Gestern & Heute, Kaiser-Wilhelm-Str. 55, Tel. 040/34 49 98

Marinehof, Admiralitätsstr. 77, Tel. 040/374 25 79

Schwender's, Großneumarkt 1, Tel. 040/34 54 23

Eimsbüttel und Eppendorf

Hadley's Bar Café, Beim Schlump 84a, Tel. 040/450 50 75

La Paz, Heußweg 49, Tel. 040/40 98 57

Maybach, Heußweg 66, Tel. 040/491 23 33

Schotthorst, Eppendorfer Weg 58, Tel. 040/491 81 21

Zur Alten Mühle, Eppendorfer Landstraße 176, Tel. 040/51 78 20

St. Georg und Pöseldorf

Max & Consorten, Spadenteich 7, Tel. 040/24 56 17

Zwick, Mittelweg 121b, Tel. 040/44 32 67

Schanzenviertel, St. Pauli und Altona

Bedford Café, Schulterblatt 72, Tel. 040/43 18 83 32

Café Miller, Detlef-Bremer-Straße 16, Tel. 040/31 57 19

Filmhauskneipe, Friedensallee 7, Tel. 040/39 90 80 25

Haifischbar, Große Elbstraße 128, Tel. 040/380 93 42

Herzblut, Reeperbahn 50, Tel. 040/33 39 69 33

Roschinsky's, Hamburger Berg 19, Tel. 040/319 56 86. Voll, laut und extrem angesagt!

Essen für Nachtschwärmer

Erikas Eck, Sternstraße 98, Tel. 040/ 43 35 45. Durchgehend geöffnet.

Gestern & Heute, Kaiser-Wilhelm-Straße 55, Tel. 040/34 49 98. Durchgehend geöffnet.

Quer, Hans-Albers-Platz 8, Tel. 040/ 31 79 35 09. Sa/So bis in die frühen Morgenstunden geöffnet.

Teatro-Lounge, Reeperbahn 147, im Pulverfass-Foyer, Tel. 040/24 78 78. Warme und kalte Küche tgl. von 17-3 Uhr.

Sport

Auskünfte über Sportmöglichkeiten in Hamburg erteilt der:

Hamburger Sportbund (HSB), Haus des Sports, Schäferkampsallee 1, Tel. 040/41 90 80, Fax 41 90 82 74, www.hamburger-sportbund.de

Bootsvermietung

Rund um die Alster und entlang vieler Kanäle gibt es **Bootsverleihe**. An den meisten Anlegern kann man Kanus, Ruder-, Segel- oder Tretboote mieten. Zum Beispiel bei:

Bobby Reich, Fernsicht 2, Tel. 040/48 78 24

Bodo's Bootssteg, Harvestehuder Weg 1b, Tel. 040/44 06 54

Bootshaus Silwar, Eppendorfer Landstraße 148b/Haynpark, Tel. 040/47 62 07

Café Sommerterrassen am Stadtpark, Südring 44, Tel. 040/270 62 74

Goldfisch, Isekai 1, Tel. 040/41 35 75 75

Kubi's Bootshaus, Poßmoorweg 46c, Tel. 040/279 67 41

La Gondola e. V., Tel. 040/490 09 34. Nicht ganz billig, aber romantisch: Sich in einer echten venezianischen Gondel über die Alster rudern lassen.

Eislauf

Eisbahn Stellingen, Hagenbeckstr. 124, Tel. 040/54 31 52 (Okt.–März)

Eissporthalle Farmsen, Berner Heerweg 152, Tel. 040/18 88 90 (Okt.–März)

Große Wallanlagen, Planten un Blomen, Holstenwall 30, Tel. 040/319 35 46 (nur im Winter).

Eishockey/Handball

Color Line Arena, Sylvesterallee 10, Tel. 040/88 16 30, www.colorlinearena.de. Austragungsort der Spiele des Eishockeyclubs Hamburg Freezers und des Handballvereins HSV Hamburg.

Bäder

Überblick über die Hamburger Bäder im Internet: www.baederland.de. Tel. 040/ 18 88 90 (8–19 Uhr, sonst Bandansage der Öffnungszeiten), Freibäder sind in der Regel Mai–Sept. geöffnet.

Alsterschwimmhalle, Ifflandstraße 21, Mo–Fr 6.30–23, Sa/So 8–23 Uhr. Großes Sportbad mit eigenen Bahnen für Tempo- und Rückenschwimmer, ganzjährig beheiztes Außenbecken, Rutschanlage.

Der FC St. Pauli ist mehr als nur ein Fußballclub!

Bondenwald, Friedrich-Ebert-Straße 71, Mo–Fr 9–22, Sa/So 8–22 Uhr. Hallen- und Freibad mit großem Fitness-Angebot, Kinderbereich und Rutsche .

Holthusenbad, Goernestraße 21, tgl. 9–23 Uhr. Wellenbad mit Spa, Therme, Wasserspielplatz und Außenpool.

Kaifu-Bad, Hohe Weide 15, Mo–Fr 9–24, Sa/So 10–23. Ganzjährig beheiztes Außenbecken, Freibad im Sommer tgl. 10–20 Uhr mit großer Liegewiese.

Naturbad Duvenstedt, Puckafferweg 3, Tel. 040/607 02 88. Mit zwei Rutschen, Kinderspielplatz, großer Liegewiese und Strandbereich.

Naturbad Stadtparksee, Südring 5b. Naturbelassenes Wasser, Sonnendeck und Kinderspielplatz.

Strandbad Ostende, Tonndorfer Strand 37, Tel. 040/66 61 94. Naturbad mit Sandstrand, Spielplatz und Rutsche.

Volksdorf, Rockenhof, Mo–Fr 6.30–23, Sa/So 8–23 Uhr. Hallen- und Freizeitbad, mit karibischem Wasserspielplatz.

Fußball

HSH Nordbank Arena: HSV, Geschäftsstelle: Sylvesterallee 7, Info und Kartenservice HSV: Tel. 018 05/47 84 78 (0,14 €/ Min.), www.hsv.de

Stadion am Millerntor: FC St. Pauli, Auf dem Heiligengeistfeld, Tel. 040/ 317 87 40; Kartenservice: Tel. 040/31 78 74 59, www.fcstpauli.de

Pferderennen

Galopprennbahn Hamburg-Horn, Hamburger Renn-Club e. V., Rennbahnstraße 96, Karten Tel. 040/651 82 81, www.galopp-hamburg.de

Ende Juni wird auf der Horner Rennbahn die *Derby-Woche* veranstaltet. Dazu gehört auch das *Deutsche Derby* jeweils am 1. So im Juli.

Trab-Arena am Volkspark, Luruper Chaussee 30, Tel. 040/899 65 80

Reiten

Informationen über Reitmöglichkeiten in der Hansestadt bietet der:

Landesverband der Reit- und Fahrvereine, Schützenstr. 107, Tel. 040/850 30 07, www.pferdesport-hamburg.de

Im Mai findet auf dem Reitturnierplatz Klein-Flottbek (Jürgensallee) das bekannte *Deutsche Spring- und Dressurderby* statt.

Rennkarts

Einsath Speed & Fun Karting, Nedderfeld 94, Tel. 040/48 00 23 23, www.kartbahn-hamburg.de, Mo–Fr 11–24, Sa 9–24, So 9–23 Uhr. Streckenlänge 600 m, Karts auch für Kinder.

Squash

Kaifu-Lodge, Bundesstraße 107, Tel. 040/40 12 81

Squash Point, Eimsbütteler Chaussee 63, Tel. 040/43 11 15

Tennis

Club an der Alster, Hallerstr. 91, Tel. 040/ 414 24 13 41, www.clubanderalster.de. Für Nichtmitglieder nur Hallenplätze buchbar.

Sportlepp, Papenreihe 1 a, Tel. 040/ 58 53 59, www.sportlepp.de

Internationale Tennisturniere am Rothenbaum, Tel. 040/41 17 80, www.dtb-tennis.de

Wandern

Fachkundige Naturführungen für Gruppen und Schulklassen beim:

Naturschutzbund Deutschland, Landesverband Hamburg, Tel. 040/ 697 08 90, Infozentrum in der Osterstr. 58 (Mo–Do 14–17 Uhr)

Stadtbesichtigung

Alster-Schifffahrt

Bei **Alster- und Fleetfahrten** kann man Hamburg von einer ganz anderen Seite erleben. Abfahrt ab Jungfernstieg. Auskünfte erhält man unter Tel. 040/357 42 40, www.alstertouristik.de.

Zu den eindrucksvollsten ›*Schippertouren*‹ zählen die **Fleet-Fahrten** von der Binnenalster in die Hafenelbe (April–Okt. tgl. 10.45, 13.45, 16.45 Uhr, Dauer ca. 2 Std.), die **Kanal-Fahrten** durch die Alsterkanäle (April und Okt. tgl. 9.45, 12.45 und 15.45, Mai–Sept. tgl. 9.45, 11.45, 12.45, 14.45, 15.45 und 17.45 Uhr, Dauer ca. 2 Std.), die **Vierlande-Fahrten** von der Innenstadt nach Bergedorf (Mai–Sept. Mi–Mo 10.15 Uhr, Dauer ca. 3 Std.) und die **Alster-Kreuzfahrt** – bei der neun Alsteranleger angefahren werden und beliebiges Zu- und Aussteigen möglich ist (April– Sept. tgl. 10.15 –17.15 Uhr stündlich). Beim **Dämmertörn** erlebt man die Abendstimmung zwischen Jungfernstieg und Harvestehude (Mai–Sept. tgl. 20 Uhr, Dauer 2 Std.).

Ein besonderes Erlebnis bietet der **Verein Alsterdampferschiffahrt e.V.**, Tel. 040/ 792 25 99, www.alsterdampfer.de: einen **Dampfschiff-Törn** mit dem Original Hamburger Alsterdampfer ›St. Georg‹ von 1876. Angeboten werden eine circa einstündige Alsterrundfahrt sowie Touren, die jährlich wechseln.

Hafenfähren

Die **Hafenfähren** sind eine interessante und vor allem preisgünstige Variante, den Hamburger Hafen kennenzulernen, da hier die Tarife des Hamburger Verkehrsverbunds (HVV) gelten. Mit der Linie 62 etwa kann man von den Landungsbrücken – oder auch schon von der Haltestelle Sandtorhöft (HafenCity) – Richtung Finkenwerder fahren, dort auf die Linie 64 umsteigen, bis nach Teufelsbrück übersetzen, von dort entlang der Elbe bis nach Övelgönne wandern und mit der Linie 62 (ab Haltestelle Neumühlen) wieder zu den Landungsbrücken zurückfahren.

Hafenrundfahrten

Die meisten Anbieter findet man an den St. Pauli-Landungsbrücken. Einige Touren starten auch in Vorsetzen oder an der Hohen Brücke/Kajen auf Höhe Speicherstadt.

Große Hafenrundfahrt mit der MS Kirchdorf der HADAG ab St. Pauli-Landungsbrücken, Brücke 2, von April–Sept. tgl. 10.30–16.30 Uhr im 90-Minuten-Takt, Okt.–März, Sa/So 11, 12.30, 14 und 15.30 Uhr, wochentags bei Bedarf nach Anmeldung, Dauer ca. 1 Std., Tel. 040/311 70 70, www.hadag.de

Historische Fleet-Fahrt ab Vorsetzen, U 3 Baumwall, April–Okt. tgl. 10.30, 13.15 und 16 Uhr, Dauer ca. 2 Std, Tel. 040/37 31 68, www.barkassen-centrale.de

Hafenrundfahrt in englischer Sprache ab Landungsbrücken, Brücke 1, März–Nov. tgl. 12 Uhr, Dauer 1 Std. Zusätzlich laden Rundfahrten zu Essen, Musik und Tanz ein, etwa das **Louisiana Dinner Spectacle** auf einem Schaufelraddampfer, Tel. 040/317 82 20, www.abicht.de

Stadtrundfahrten

Informationen über organisierte Stadtrundfahrten erhält man bei:

Arbeitsgemeinschaft Hamburg Rundfahrt, Tel. 040/641 37 31, www.hansa-rundfahrt.de

Gala Tour, Abfahrt Hauptbahnhof/Kirchenallee, tgl. 10 und 14 Uhr, Dauer 2,5 Std. Zusätzlich zum Programm der *Top Tour* (s. u.) führt diese längere Fahrt zu besonders schönen Ecken der Stadt wie etwa den Elbvororten.

Lichter-Tour, Abfahrt Hauptbahnhof/Kirchenallee, Mai–Sept. Fr, Sa 20 Uhr, Dauer ca. 3 Std. Die abendliche Tour für die ganze Familie führt in die City, die Speicherstadt, an die Landungsbrücken und zur Reeperbahn; bei den Landungsbrücken heißt es für kurze Zeit Umsteigen ins Boot.

Maritim-Tour, Abfahrt Landungsbrücken, Brücke 2, April–Okt. tgl. 10, 12.30, 15 Uhr, Nov–März nur Sa/So. Dauer ca. 2 Stunden. Eine Einführung in die Geschichte und Entwicklung des Hamburger Hafens.

Top Tour, Abfahrt Hauptbahnhof/Kirchenallee, April–Okt. tgl. 9.30–17 Uhr halbstündlich, Nov.–März Mo–Do 10–16 Uhr stdl., Fr–So 10–16 Uhr halbstdl., Dauer 1,5 Std. Von der Außenalster durch die Innenstadt nach St. Pauli und zum Hafen. Die Top Tour unterbrochen und mit einem nachfolgenden Bus fortgesetzt werden.

Hamburg Tour Christa Rduch
Stadtrundfahrten im gelben Cabrio-Doppeldeckerbus (hier auch Tickets) ab Landungsbrücken, Brücke 4, Tel. 041 02/443 39, www.stadtrundfahrthamburg.de

Schnuppertour, in der Hauptsaison täglich, sonst nur Sa/So 10.55 Uhr, Dauer 1 Std. Kompakte Tour vorbei an den wichtigsten Sehenswürdigkeiten der Stadt. Schneller Überblick für Tagestouristen. Zu- und Abstieg nicht möglich

Große Stadtrundfahrt, Mai–Okt. tgl. 10.30 und 13 Uhr, Nov.–April Sa/So 10.30 und 13 Uhr, Dauer 2 Std. Historische Deichstraße, Speicherstadt, Alsterkanäle, Rathaus, Michel und Krameramtsstuben, Reeperbahn, Fischmarkt – wahlweise kombiniert mit Führungen. Ab- und Zustieg auf der Route möglich.

Jasper, Tel. 040/22 71 06 10, www.jasper-hamburg.de

›Architektour‹ zu den Bauwerken namhafter und internationaler Architekten, Abfahrt Bussteig 1, ZOB, Adenauerallee 78, in der Hauptsaison jeden 2. So, 13.30 Uhr.

›Auge in Auge mit den Giganten‹ – Insider Tours Hafen Hamburg, Abfahrt Haltestelle Vorsetzen, schräg gegenüber U-Bahn Baumwall (U3), ganzjährig Sa 9.30, 13.30 und So 13.30 Uhr, Mai–Okt. auch Mi/Fr 16 und So 9.30 Uhr. Dauer 3 Std. Bustour mitten in den Hamburger Containerhafen.

›Drehort Hamburg‹ mit Besichtigung eines Großkinos und des Geländes des Studio Hamburg, Abfahrt ab ZOB, Bussteig 1, Adenauerallee 78, in der Hauptsaison jeden 2. Sa, 13.30 Uhr

Stadtrundfahrt Hamburg (Stadtrundfahrten im roten Doppeldeckerbus und mit der Hummelbahn), Tel. 040/792 89 79, www.hummelbahn.de

Stadtrundfahrt mit der Hummelbahn, Abfahrt Hauptbahnhof/Kirchenallee, April–Okt. Sa/So. 10.30, 12.30 und 14.30 Uhr, Dauer ca. 90 Min. Stimmungsvolle Stadtrundfahrt in einer nostalgischen ›Eisenbahn‹.

Stadtrundfahrt im roten Doppeldeckerbus, Abfahrt Brücke 1–2 und ab Hauptbahnhof/Kirchenallee, April–Okt. tgl. 9.30–17 Uhr halbstdl., Nov.–März Mo–Fr 10–16 Uhr stdl., Sa/So 9.30–16 Uhr halbstdl. Rundfahrt bei schönem Wetter mit offenem Verdeck zu allen wichtigen Sehenswürdigkeiten, an denen man nach Belieben aussteigen und die Fahrt später fortsetzen kann.

Stadtrundflüge

Ballons über Hamburg, Schrammsweg 25, Tel. 040/48 46 77, www.ballons-ueber-hamburg.de, Heißluftballonfahrten, Startplatz variiert je nach Wetter und

Flugbedingungen, April–Okt. tgl. morgens und abends, Fahrtdauer 1–1,5 Std.

Deutsche Lufthansa Berlin Stiftung, Tel. 040/50 70 17 17, www.dlbs.de, Rundflüge mit der Ju 52 über das Stadtgebiet, ab Flughafen Hamburg, U 1/S 1/S11 Ohlsdorf, dann weiter mit dem Airport Express; April–Okt., Flugdauer: 30 Min.

Hanseballon, Tel. 040/72 82 92 00, www.hanseballon.de, Heißlufballonfahrten über Hamburg und Umland: Startplatz variiert je nach Wetter und Flugbedingungen, April–Okt. tgl., Fahrtdauer 1,5 Std. im Korb.

Helikopter Service Wasserthal, Kätnerweg 43, Tel. 040/640 10 81, www.wasserthal.com, Helikoperflüge mit individueller Flugroute: Ab Flughafen Hamburg, immer sonntags ab 11 (Sommer) bzw. 14 Uhr (Winter), Flugdauer 20 Min.

Highflyer Hamburg, Deichstr. 1–2, Tel. 040/30 08 69 69, www.highflyer-hamburg.de. In einem am Drahtseil befestigten Fesselballon kann man Hamburg aus 150 m Höhe bestaunen, tgl. 10–22 Uhr.

Stadtrundgänge

Themenorientierte Stadtrundgänge organisiert u.a. die **Tourismus-Zentrale**, Tel. 040/30 05 13 00 oder Tel. 040/601 84 80 (Infoband), www.hamburg-tourismus.de. Alle Touren finden April–Okt. jeweils 16–18 Uhr statt. Themen sind z. B. ›Speicherstadt und Hafencity‹ (Di, ab U 3 Baumwall) oder ›Kontorhäuser – typisch Hamburg‹ (Mo, ab Kaufhof an der Mönckebergstraße, U-/S-Bahn Hauptbahnhof). ›Das Treppenviertel in Blankenese‹, ›Ohlsdorfer Friedhof – Engel im grünen Paradies‹ oder ›Ottensen‹ sind weitere Themen (Termine und Treffpunkte werden telefonisch angesagt).

Mit **Statt-Reisen**, Tel. 040/430 34 81, www.stattreisen-hamburg.de, geht es zum Beispiel unter dem Motto *›St. Pauli-Quickie – in 66 Minuten über die heiße Meile‹* (Febr.–Nov. Sa 17 und 19 Uhr, ab Spielbudenplatz vor der Davidwache) oder *›Reeperbahn bei Nacht ...‹* (jeden Fr 20 Uhr ab Millerntorplatz, vor U-Bahn-Haltestelle St. Pauli, Dauer 2,5 Std.) auf den Kiez.

Spezielle Führungen durch die Speicherstadt veranstaltet das **Speicherstadtmuseum**, Tel. 040/32 11 91, Dauer ca. 1,5 Std.

Sportliche können Hamburg auch im Laufschritt kennen lernen: **TouristJogging**, Tel. 040/439 87 80, www.touristjogging.de. Dabei läuft man in angemessenem Tempo etwa durch die Altstadt und HafenCity, durch St. Pauli oder die Neustadt.

Auch **Sightseeing per Fahrrad** ist möglich, natürlich auch dann, wenn man kein eigenes Rad im Gepäck hat. Infos:

Hamburg anders erfahren, Tel. 040/640 18 00, www.hamburg-anders-erfahren.de

Hamburg Radtour, Nienstedtener Straße 13, Tel. 040/81 99 22 39, www.hamburg-radtour.de

Statistik

Bedeutung: Hamburg ist nach Berlin die zweitgrößte Stadt Deutschlands. Die Freie und Hansestadt Hamburg nimmt wie Bremen und Berlin eine Sonderstellung unter den Bundesländern ein, da sie Stadt und Land zugleich ist.

Stadtgebiet: Hamburg ist in sieben Bezirke eingeteilt: Hamburg-Mitte, Altona, Eimsbüttel, Hamburg-Nord, Wandsbek, Bergedorf und Harburg.

Einwohner: ca. 1,7 Mio.

Lage: Hamburg liegt auf 10° östlicher Länge und zwischen 53° und 54° nördlicher Breite in der norddeutschen Tiefebene.

Fläche: 755 km^2 inklusive der Nordseeinseln Neuwerk und Scharhörn, davon Hafen: 74 km^2, Wasserfläche: 61 km^2. Grünflächen: 17%.

Klima: Durchschnittliche Lufttemperatur im Januar: 1,8 °C, April: 8,7 °C, Juli: 18,4 °C, Oktober: 10,2 °C, Jahresmittel: 9,7 °C.

Hafen: Größter deutscher Seehafen, einer der acht wichtigsten Containerhäfen der Welt und zweitwichtigster in Europa. Güterumschlag: 135 Mio. t/Jahr.

Freihafen: Mit einer Fläche von 1542 ha einer der größten der Welt. Innerhalb dieses Gebietes kann der gesamte Schiffs- und Warenverkehr ohne Zollformalitäten abgewickelt werden.

Verkehrsnetz: 3956 km Straßen, davon 82 km Autobahnen, 881 km U- und S-Bahnen sowie 12 218 km Buslinien.

Schienenverkehr: tgl. knapp 900 Fernzüge, 4 Bahnhöfe (Hauptbahnhof, Dammtor, Altona, Harburg).

Hamburg Airport: Jährlich 12 Mio. Fluggäste, knapp 170 000 Starts und Landungen, Fracht: 83 000 t inkl. Luftpost.

Brücken: Mit rund 2500 Brücken ist Hamburg die brückenreichste Stadt Europas.

Gastgewerbe: Jahresumsatz: 1,5 Mrd. €, Beschäftigte: 30 400, Bettenkapazität: 35 000, Gäste pro Jahr: 3,8 Mio., Übernachtungen: 7,2 Mio.

Wirtschaft: 86,2 Mrd. € BIP, 1 062 100 Beschäftigte. Hamburg ist ein traditionsreicher Versicherungsplatz. Die 1676 gegründete Hamburger Feuerkasse ist die älteste der Welt, die 1558 gegründete Börse die älteste Deutschlands.

Konsulate: Mit 102 Generalkonsulaten und Konsulaten ist Hamburg der drittgrößte Konsularplatz der Welt.

Parlament und Regierung: Das Landesparlament ist die Bürgerschaft, bestehend aus 121 Abgeordneten. Der Senat ist Landesregierung und oberstes Organ für kommunale Aufgaben, ihm gehören 10 Senatoren inklusive dem Ersten und Zweiten Bürgermeister an.

Medien: Mit über 14 300 Unternehmen in den Bereichen Verlags- und Werbewirtschaft, Tonträgerherstellung, Film, Funk und Fernsehen, in denen rund 60 000 Menschen arbeiten, ist Hamburg ein Zentrum der deutschen Medienwirtschaft. Der Marktanteil an der bundesweit verkauften Zeitungs- und Zeitschriftenauflage beträgt über 50%, 11 der 15 auflagenstärksten Zeischriften Deutschlands werden in Hamburg verlegt.

Schulen: 14 Hochschulen mit ca. 70 000 Studenten, 231 Grund-, Haupt- und Realschulen, 71 Gymnasien. Mit rund 5300 Kursen und mehr als 70 000 Teilnehmern ist die Hamburger Volkshochschule die größte deutsche Weiterbildungseinrichtung.

Wappen: Die Hammaburg in weiß auf rotem Grund.

Partnerstädte: St. Petersburg, Marseille, Shanghai, Dresden, Léon, Osaka, Prag, Chicago.

Unterkunft

Camping

Eine Auswahl geprüfter Campingplätze bietet der jährlich erscheinende **ADAC Camping Caravaning Führer** Deutschland und Nordeuropa (auch als CD-ROM), der im Buchhandel und bei den ADAC-Geschäftsstellen erhältlich ist. Darüber hinaus informiert der ebenfalls jährlich erscheinende **ADAC Stellplatzführer** umfassend über Übernachtungsmöglichkeiten für Wohnmobile und Caravangespanne, der **ADAC Bungalow-Mobilheim-Führer Europa** über das Angebot an Bungalows und Mobilheimen auf Campingplätzen auch in Deutschland (www. adac.de/camping).

Beide Campingplätze befinden sich im Norden des Hamburger Stadtgebiets:

Buchholz, Kieler Straße 374, Tel. 040/540 45 32, Fax 040/540 25 36, www.camping-buchholz.de. Hohe Laubbäume mildern die Geräusche von der nahen Straße.

Schnelsen-Nord, Wunderbrunnen 2, Tel. 040/559 42 25, Fax 040/550 73 34, www.campingplatz-hamburg.de. Ansprechender Wiesenplatz; Autobahn nebenan.

Hotels

Luxushotels

Top Tipp **Fairmont Hotel Vier Jahreszeiten**, Neuer Jungfernstieg 9–14, Tel. 040/349 40, Fax 040/34 94 26 00, www.hvj.de. Elegant eingerichtetes Haus mit hanseatischem Gepräge in schöner Lage an der Binnenalster. Mit Spezialitätenrestaurants, Biedermeier-Café und prächtigen Bankettsälen.

Grand Elysée, Rothenbaumchaussee 10, Tel. 040/41 41 20, Fax 040/41 41 27 33, www.elysee-hamburg.de. Moderne Luxusunterkunft mit internationalem Flair – auch in der Gastronomie.

Hotel Louis C. Jacob, Elbchaussee 401–403, Tel. 040/82 25 50, Fax 040/82 25 54 44, www.hotel-jacob.de. Traditionelles und idyllisches Luxushotel in Blankenese.

InterContinental, Fontenay 10, Tel. 040/414 20, Fax 040/41 42-22 99, www.hamburg.intercontinental.com. An der Außenalster im Viertel Rotherbaum gelegenes Komforthotel mit gutem Service und Feinschmeckerrestaurant.

Kempinski Hotel Atlantic, An der Alster 72–79, Tel. 040/288 80, Fax 040/24 71 29, www.kempinski.atlantic.de. Fürstlicher Luxus in Traditionshaus mit Blick auf die Alster. Zauberhaftes Atrium für Sommerabende, Restaurant, Bar.

Le Royal Meridien, An der Alster 52–56, Tel. 040/210 00, Fax 040/21 00 11 11, www.leroyalmeridien-hamburg.de. Modernes Luxushotel direkt an der Alster.

Marriott, ABC-Straße 52, Tel. 040/350 50, Fax 040/35 05 17 77, www.mariottham burg.de. Luxushotel am Gänsemarkt. Im Restaurant ›Speicher 52‹ werden Spezialitäten aus der Region geboten, die Beauty Farm verwöhnt mit Wellness-Angebot.

Park Hyatt, Bugenhagenstraße 8, Tel. 040/33 32 12 34, Fax 040/33 32 12 35, www.hamburg.park.hyatt.de. Zentral gelegen im Levantehaus mit Passage.

Renaissance Hamburg, Große Bleichen, Tel. 040/34 91 80, Fax 040/34 91 89 19, www.marriot.de. First Class Hotel im Broscheck Haus an der Hanse-Viertel Einkaufspassage. Zimmer mit gehobener Ausstattung.

Side, Drehbahn 49, Tel. 040/30 99 90, Fax 040/30 99 93 99, www.side-hamburg.de. 5-Sterne-Design-Hotel in der City.

Sofitel Alter Wall, Alter Wall 40, Tel. 040/36 95 00, Fax 040/369 50 10 00, www.sofitel.com. Luxushotel in schlichter Eleganz.

Steigenberger Hamburg, Heiligengeistbrücke 4, Tel. 040/36 80 60, Fax 040/36 80 67 77, www.hamburg.steigenberger.de. Modernes Luxushotel auf der Fleetinsel.

Hotels der gehobenen Preisklasse

Aussen Alster Hotel, Schmilinskystr. 11, Tel. 040/24 15 57, Fax 040/280 32 31, www.aussenalster.eu. Modernes kleines Haus hinter Gründerzeitfassade mit funktionalem Design und entspannter Atmosphäre. Hauseigene Fahrräder und Segelboot.

Courtyard Hamburg Airport, Flughafenstraße 47, Tel. 040/53 10 20, Fax 040/53 10 22 22, www.airporthh.com. First Class Hotel mit Landhauscharme. Ruhige, komfortable Zimmer, Restaurant, Bar und Schwimmbad mit Sauna.

East, Simon-von-Utrecht-Straße 31, Tel. 040/30 99 30, Fax 040/30 99 32 00, www.east-hamburg.de. Modernes Design-Hotel in ehemaliger Eisengießerei auf St. Pauli.

TOP TIPP **Garden Hotel**, Magdalenenstr. 60, Tel. 040/41 40 40, Fax 040/414 04 20, www.garden-hotels.de. Die Zimmer in allen drei Villen dieses kleinen, schönen Hotels sind fantasievoll eingerichtet. Die Grünanlage wird von einem passionierten Gartenliebhaber gestaltet.

Gastwerk, Daimlerstr. 67, Tel. 040/89 06 20, Fax 040/890 62 20, www.gastwerk-hamburg.de. Designhotel im ehem. Gaswerk.

Hotel Abtei, Abteistr. 14, Tel. 040/44 29 05, Fax 040/44 98 20, www.abtei-hotel.de. Äußerst stilvolle Stadtvilla nahe der Außenalster. Dem englisch geprägten Ambiente verhelfen Antiquitäten zu besonderer Wirkung. Das Restaurant trägt einen Michelin-Stern.

Hotel Hafen Hamburg, Seewartenstr. 9, Tel. 040/31 11 30, Fax 31 11 37 06 01, www.hotel-hamburg.de. In einem ehem. Seemannsheim oberhalb der Landungsbrücken mit Blick auf den Hafen und der beliebten Tower Bar.

TOP TIPP **Madison**, Schaarsteinweg 4, Tel. 040/37 66 60, Fax 040/37 66 61 37, www.madisonhotel.de. Modernes großzügiges Hotel in der Nähe des Michel. Restaurant mit karibischem Flair, mit Health-Club.

Maritim Hotel Reichshof, Kirchenallee 34–36, Tel. 040/24 83 30, Fax 040/24 83 38 88, www.maritim.de. Traditionsreiches Haus nahe dem Hauptbahnhof mit schönen Zimmern, Restaurant, Bars und Schwimmbad.

Schöner schlummern: Hotel ›Vier Jahreszeiten‹ am Neuen Jungfernstieg

Nippon Hotel, Hofweg 75, Tel. 040/ 227 11 40, Fax 040/22 71 14 90, www.nippon-hotel-hh.de. Kleines Privathotel an der Außenalster ganz im japanischen Stil eingerichtet. Japanisches Restaurant.

Strandhotel Blankenese, Strandweg 13, Tel. 040/86 13 44, Fax 040/86 49 36, www.strand-hotel.de. Am Ufer der Elbe steht das Jugenstilgebäude mit seinen hübschen, stimmungsvollen Zimmern.

Süllberg Hotel, Süllbergstr. 12, Tel. 040/866 25 20, Fax 040/86 62 52 13, www.suellberg-hamburg.de. Kleines, aber sehr feines Hotel in Blankenese mit tollem Elbblick und gutem Restaurant.

Mittelklassehotels

Frauenhotel Hanseatin, Dragonerstall 11, Tel. 040/34 13 45, Fax 040/34 58 25, www.hotel-hanseatin.de. Das sehr zentral gelegene Hotel in denkmalgeschütztem Haus nimmt ausschließlich weibliche Gäste auf. Nebenan liegt das Frauencafé ›endlich‹.

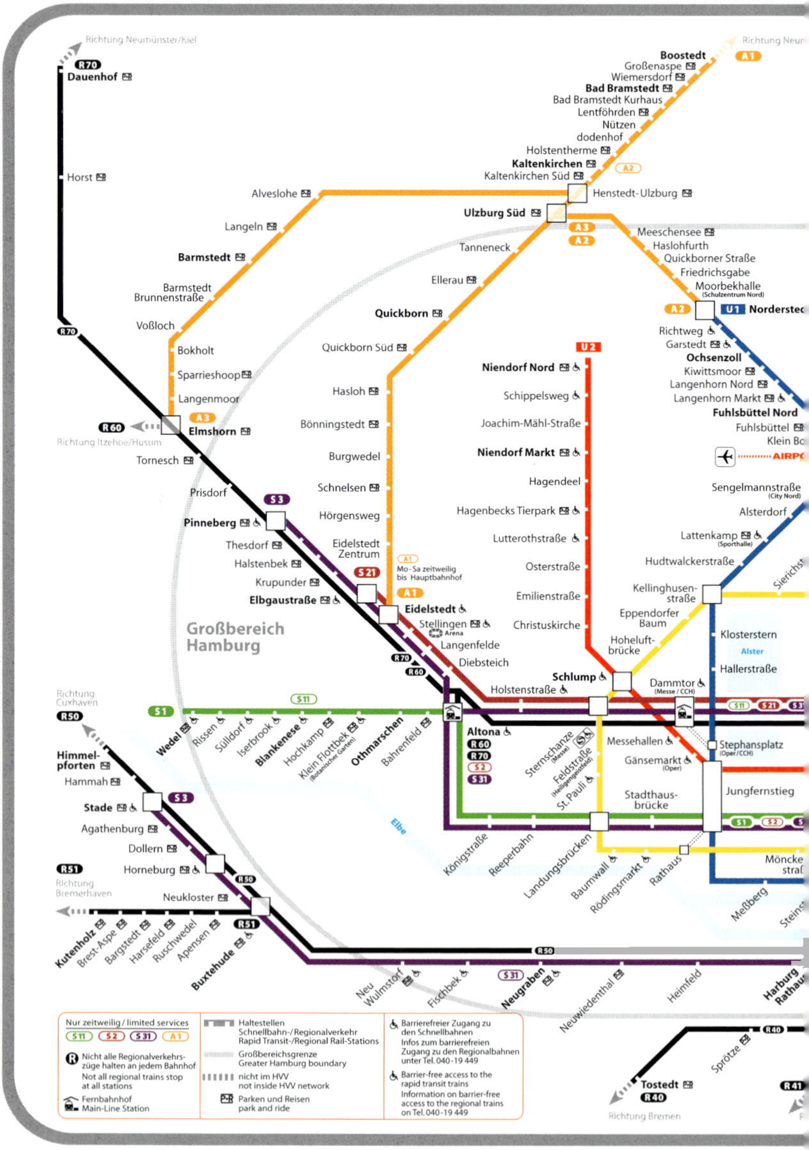

Galerie-Hotel Sarah Petersen, Lange Reihe 50, Tel./Fax 040/24 98 26, www.ghsp.de, kleines, feines Hotel für Individualisten in der Altstadt. Einrichtung von Biedermeier über Art Deco bis modern.

Hotel Alster-Hof, Esplanade 12, Tel. 040/ 35 00 70, Fax 040/35 00 75 14, www.alster-hof.de. Angenehmes Haus in der City, viele Einzelzimmer. Frühstücksbuffet.

Hotel am Museum, Rothenbaumchaussee 71, Tel. 040/44 80 94 14, Fax 040/ 41 33 91 93, www.hotelammuseum.de. Elegant und sehr stilvoll eingerichtete Zimmer in einer ehemaligen herrschaftlichen Wohnung.

Hotel beim Funk, Rothenbaumchausee 138, Tel. 040/450 30 00, Fax 040/ 45 03 00 30, www.hotel-beim-funk.de. Hotel in einer typischen Hamburger Altstadtvilla mit gemütlichen Zimmern.

Hotel Miramar, Armgartstraße 20, Tel. 040/220 93 95, Fax 040/227 34 18, www.hotelmiramar.de. Gemütliches Hotel in englischem Stil.

Hotel Schmitz, Armgartstraße 14, Tel. 040/220 92 29, Fax 040/22 75 62 49, www.hotelschmitz.de. Kleines, hübsches Hotel in Alsternähe.

Hotel Vorbach, Johnsallee 63–67, Tel. 040/44 18 20, Fax 040/44 18 28 88, www.hotel-vorbach.de. Das Haus bietet stilvolles Ambiente und Bequemlichkeit inmitten der Harvestehuder Bürgerhäuser unweit der Einkaufspassagen.

Hotel Wedina, Gurlittstr. 23, Tel. 040/280 89 00, Fax 040/280 38 94, www.wedina.de. Sehr charmantes und kulturell orientiertes Hotel, in dem auch Lesungen stattfinden.

Instant Sleep, Max-Brauer-Allee 277, Tel. 040/43 18 23 10, Fax 040/43 18 23 11, www.instantsleep.de. Freundliches Backpacker Hostel für junge Leute mit schmalem Geldbeutel. Zwar ohne Frühstück, aber mit Gemeinschaftsküche.

Mercure Hotel an der Messe, Schröderstiftstr. 3, Tel. 040/45 06 90, Fax 450 69 10 00, www.accorhotels.com. Modernes Stadthotel in unmittelbarer Nähe zur Messe, gegenüber dem Fernsehturm.

Übernachtungshaus Schanzenstern, Bartelsstr. 12, Tel. 040/439 84 41, Fax 040/439 34 13, www.schanzenstern.de. Zentral gelegenes, einfaches Hotel im Schanzenviertel mit Bio-Restaurant. Ausschließlich Nichtraucher-Zimmer.

Jugendherbergen

Auf dem Stintfang, Alfred-Wegener-Weg 5, Tel. 040/31 34 88, Fax 040/31 54 07. Oberhalb der Landungsbrücken, toller Blick über den Hafen.

Jugendgästehaus Horner Rennbahn, Rennbahnstr. 100, Tel. 040/651 16 71, Fax 655 65 16. Im Grünen, am Rande der Hamburger Galopprennbahn gelegen.

Mitwohnzentralen

Home Company Mitwohnzentrale, Schulterblatt 112, Tel. 040/194 45, Fax 43 13 57 50, www.homecompany.de

Ihre Mitwohnzentrale, Papenhuder Straße 52, Tel. 040/220 71 78, Fax 227 36 31

Privatzimmervermittlung

Bed and breakfast, Markusstraße 9, Tel. 040/491 56 66, Fax 040/491 42 12, www.bed-and-breakfast.de

Agentur am Fischmarkt, Tel. 040/317 27 13, www.agentur-am-fischmarkt.de

Verkehrsmittel

Fahrradverleih

Fahrradstation Dammtor, Schlüterstraße 11, Tel. 040/41 46 82 77

Fahrradladen St. Georg, Schmilinskystraße 6, Tel. 040/24 39 08

Rent a bike, Jarrestraße 29, Tel. 040/27 80 08 00, www.rentabike-hamburg.de

Mietwagen

Die **ADAC Autovermietung GmbH** bietet Mitgliedern Mietwagen zu günstigen Konditionen an. Buchungen in ADAC-Geschäftsstellen oder unter Tel. 018 05/31 81 81 (0,14 €/Min.).

Die großen Autovermieter bieten vor Ort Reservierung zum Ortstarif:

AVIS, Tel. 018 05/55 77 55 (0,14 €/Min.)
Europcar, Tel. 040/33 59 41
Hertz, Tel. 018 05/33 35 35 (0,14 €/Min.)
Sixt, Tel. 018 05/25 25 25 (0,14 €/Min.)

Leihwagen mit Chauffeur vermietet u. a. **Autovermietung Richter**, Bandwirkerstraße 20, Tel. 040/66 66 70

Öffentliche Verkehrsmittel

Der **Hamburger Verkehrsverbund** (HVV, Tel. 040/194 49) umschließt Busse, U-, S- und AKN-Bahnen sowie die Hafenfähren der HAPAG. Meist lohnt sich schon ab zwei Fahrten der Kauf einer *Tageskarte* oder auch einer *Familien-* bzw. *Gruppenkarte*.

Schiff

Der **Elbe-City-Jet-Katamaran**, Tel. 041 48/57 89 86, www.elbe-city-jet.de, verbindet in den Monaten April bis Oktober mehrmals am Tag Hamburg mit Stade, Fahrzeit 1 Std., ab Landungsbrücken, Brücke 3.

Mit dem **Großkatamaran der Förde-reederei Seetouristik**, Tel. 04 61/86 46 02, www.frs.de, von Hamburg nach Helgoland (April–Okt.)

Taxi

Taxi, Tel. 040/21 12 11, 040/44 10 11, 040/22 11 22, 040/61 11 22, 040/68 68 68 oder 040/66 66 66

Behinderten-Taxi, Gisela Guttner, Tel. 01 72/453 65 52 (Taxis mit Rampe), Stambula Fahrservice, Tel. 040/200 01 10, CombiCar, Tel. 040/67 58 68 30

ADAC Reiseführer – die besten, die wir je gemacht haben.

144 bzw. 192 Seiten,
pro Band
6,50 € (D), 6,70 € (A),
12,– sFr.

Ägypten
Algarve
Allgäu
Amsterdam
Andalusien
Australien
Bali & Lombok
Baltikum
Barcelona
Berlin
Bodensee
Brandenburg
Brasilien
Bretagne
Budapest
Bulg. Schwarzmeerküste
Burgund
City Guide Deutschland
City Guide Germany
Costa Brava & Costa Daurada
Côte d'Azur
Dänemark
Dominikanische Republik
Dresden
Dubai, Vereinigte Arabische Emirate, Oman
Elsass
Emilia Romagna
Florenz
Florida
Franz. Atlantikküste
Fuerteventura
Gardasee
Golf von Neapel
Gran Canaria
Hamburg
Harz
Hongkong & Macau
Ibiza & Formentera
Irland
Israel
Istrien & Kvarner Golf
Italienische Adria
Italienische Riviera
Jamaika
Kalifornien
Kanada – Der Osten
Kanada – Der Westen
Karibik
Kenia
Korfu & Ionische Inseln
Kreta
Kuba
Kroatische Küste – Dalmatien
Kykladen
Lanzarote
Leipzig
London
Madeira
Mallorca
Malta
Marokko
Mauritius & Rodrigues
Mecklenburg-Vorpommern
Mexiko
München
Neuengland
Neuseeland
New York
Niederlande
Norwegen
Oberbayern
Österreich
Paris
Peloponnes
Piemont, Lombardei, Valle d'Aosta
Polen
Portugal
Prag
Provence
Rhodos
Rom
Rügen, Hiddensee, Stralsund
Salzburg
Sardinien
Schleswig-Holstein
Schottland
Schwarzwald
Schweden
Schweiz
Sizilien
Spanien
St. Petersburg
Südafrika
Südengland
Südtirol
Sylt
Teneriffa
Tessin
Thailand
Toskana
Türkei – Südküste
Türkei – Westküste
Tunesien
Umbrien
Ungarn
USA – Südstaaten
USA – Südwest
Usedom
Venedig
Venetien & Friaul
Wien
Zypern

Weitere Titel in Vorbereitung.

ADAC Reiseführer plus – Top-Reiseführer mit perfekten Urlaubskarten.

144 bzw. 192 Seiten,
pro Band
8,95 € (D), 9,20 € (A),
16,80 sFr.

Ägypten
Allgäu
Amsterdam
Andalusien
Baltikum
Barcelona
Berlin
Berlin (engl.)
Bodensee
Brandenburg
Budapest
Côte d'Azur
Dänemark
Deutschland – Die schönsten Autotouren
Dresden
Französische Atlantikküste
Fuerteventura
Gardasee
Gran Canaria
Golf von Neapel 5/2008
Hamburg
Harz
Irland
Istrien & Kvarner Golf
Italienische Adria
Italienische Riviera
Kanada – Der Westen 5/2008
Kanada – Der Osten 5/2008
Kenia 5/2008
Korfu/Ionische Inseln
Kreta
Kuba
Kroatische Küste – Dalmatien
Leipzig
London
Madeira 2/2008
Mallorca
Malta 2/2008
Mecklenburg-Vorpommern
München
New York
Norwegen
Oberbayern
Österreich
Paris
Polen
Portugal
Prag
Rhodos
Rom
Rügen, Hiddensee, Stralsund
Salzburg
Sardinien
Schleswig-Holstein
Schwarzwald
Schweden
Schweiz
Sizilien
St. Petersburg
Südtirol
Südengland 2/2008
Sylt
Teneriffa
Toskana
Tunesien 2/2008
Türkei – Südküste
Türkei – Westküste
Usedom
Venedig
Wien
Zypern 2/2008

Weitere Titel in Vorbereitung.

ADAC Reiseführer Audio – umfassende Information und einzigartiges Hörerlebnis.

144 bzw. 192 Seiten,
mit TourSet auf CD,
9,95 € (D), 10,25 € (A),
17,50 sFr.

Berlin 2/2008
Dresden 2/2008
Hamburg 2/2008
München 2/2008
Rom 2/2008
Wien 2/2008

Weitere Titel in Vorbereitung.

Register

Impressum

Redaktionsleitung: Dr. Dagmar Walden
Lektorat und Bildredaktion: Carin Pawlak
Aktualisierung: Kirsten Winkler, Jens van Rooij
Karten: Mohrbach Kreative Kartographie, München
Gestaltung, Layout und Herstellung: Martina Baur
Druck, Bindung: Stürtz GmbH, Würzburg
Printed in Germany

Ansprechpartner für den Anzeigenverkauf:
Kommunalverlag GmbH & Co KG,
MediaCenterMünchen, Tel. 089/92 80 96 44

ISBN 978-3-89905-452-1
ISBN 978-3-89905-244-2 Reiseführer Plus

Gedruckt auf chlorfrei gebleichtem Papier

Neu bearbeitete Auflage 2008

Bildnachweis

Umschlag-Vorderseite: Hamburger Stadtpanorama mit Rathaus. Foto: Bildagentur Huber, Garmisch-Partenkirchen
Umschlag-Vorderseite Reiseführer Plus: Hamburgs berühmte Speicherstadt. Foto: Bildagentur Huber, Garmisch-Partenkirchen (Gräfenhain)

Titelseite
Oben: Das Mekka der Kunst: Hamburger Kunsthalle mit Galerie der Gegenwart (Wh. von S. 39)
Mitte: Das Mekka der Reichen: Bankenese an der Unterelbe (Wh. von S. 106/107)
Unten: Das Mekka der Pfeffersäcke: der Hamburger Hafen (Wh. von S. 109)

Außer den nachstehend aufgeführten Quellen stammen alle fotografischen Aufnahmen von Ingeborg Knigge, Saarbrücken

BallinStadt: 110 – Othmar Berndt, Hamburg: 122 – Arno Declair, Hamburg: 128 – FAN, Lüneburg: 6, 9 (unten), 19, 22, 24, 28, 71, 113, 114, 115 – Flughafen Hamburg: 101 – Antje Frohmüller, Hamburg: 130 – Herzog & de Meuron: 50 – Urs Kluyver, Hamburg: 26/27, 39, 48/49, 56, 57 (oben), 76, 136 – Ulrike Krause/Enno Wiese, Berlin: 10 (unten), 36 (oben), 54 (unten), 55, 73 (unten), 123 – Mauritius/Imagebrooker: 31 – MiniaturWunderland (Frank Zarges): 49 – Museum der Arbeit, Hamburg: 95 – Disney: 73 – Harald Walden, Düsseldorf: 12 (Mitte), 89, 110/111 – White Star, Hamburg: 7, 16/17, 26 unten, 40, 46, 54 (unten), 69, 74, 75, 85, 86 (unten), 92 (unten), 98/99, 116 (4)

1 Tag in Hamburg

Obwohl eine Metropole, ist Hamburg gut zu Fuß zu erkunden. Bei einem Rundgang durch die City lernt man in der **Mönckebergstraße**, auf dem **Rathaus-**

markt und dem **Jungfernstieg** die interessantesten Ecken in der Innenstadt kennen. Zahlreiche Gelegenheiten zum **Shopping** sind zudem inbegriffen, und – bei Regen weicht man einfach in die **Passagen** aus. Den Nachmittag sollte man dem Hafen widmen: Einen Besuch lohnen **Deichstraße** und **Speicherstadt** mit ihrem Anno-dazumal-Flair sowie die **Landungsbrücken** mit den Museumsschiffen. Bei schönem Wetter ist eine **Hafenrundfahrt** angesagt. Unweit der Hafenkante steht Hamburgs Wahrzeichen, der **Michel**. Ein Bummel über die **Reeperbahn** am Abend oder der Besuch eines der Musicals in der Hansestadt sind das letzte Muss für den ersten Hamburg-Besuch.

1 Wochenende in Hamburg

Am Freitag Shopping, Alsterrundfahrt und der Besuch eines Musicals, am Samstag Kunst und Kultur, am Sonntag Fischmarkt und Natur – so könnte man einen Wochenendbesuch in Hamburg gestalten.

Freitag: Start des Hamburg-Wochenendes ist ein **City-Bummel** durch die Mönckebergstraße und über den Jungfernstieg, dazu Shopping in den Boutiquen der Passagen, im Neuen Wall und Große Bleichen und eine Milchkaffee-Pause im **Alsterpavillon**. Ganz in der Nähe ist der Anleger für die Alsterfähren, mit denen man über Binnen- und Außenalster schippern kann, vorbei an den **weißen Vil-**

len der Hamburger Prominenz. Ein Abendessen im Fisch-Restaurant ›Rive‹ direkt am Anleger der England-Fähre mit anschließendem Musical-Besuch sorgen für einen gelungenen Abschluss des ersten Hamburg-Tages.

Samstag: Den Vormittag kann man der Kunst widmen: sei es die **Hamburger Kunsthalle**, eine der bedeutendsten Gemäldesammlungen Deutschlands, oder der **Galerie der Gegenwart** mit den modernen Exponaten. Ebenfalls sehenswert sind das **Museum für Kunst und Gewerbe** mit der wunderschönen Jugendstilsammlung oder das **Museum für**

Hamburgische Geschichte mit seinen Exponaten aus der Hafenvergangenheit der Hansestadt.

Nachmittags lohnt eine Erkundung des **Hafens** – Deichstraße, Speicherstadt, Landungsbrücken mit der ›Rickmer Rickmers‹ und der ›Cap San Diego‹ sowie eine Hafenrundfahrt. Ebenfalls sehenswert: die **St. Michaelis-Kirche** mit den nahe gelegenen **Krameramtsstuben**. Wer in Sachen Kunst & Kultur noch aufnahmefähig ist, ist im **Deutschen Schauspielhaus** oder im **Thalia Theater** am Abend bestens aufgehoben. Die Alternative heißt natürlich **Reeperbahn** und **St. Pauli** bei Nacht.

Sonntag: Entweder man feiert durch oder steht sehr früh auf, um sich am Sonntag den **Fischmarkt** anzuschauen. Hier gibt es Fisch satt, Trödel, Pflanzen, frisches Obst und jede Menge originelle Typen. Wem nach frischer Luft ist, der sollte entlang des Elbuferweges zum **Jenischpark** spazieren (inklusive Besuch des Jenisch-Hauses mit dem Museum für großbürgerliches Wohnen) oder mit dem Bus in Richtung **Blankenese** fahren. Direkt am Elbufer laden dort gastliche Restaurants zu einer Mittags- oder Kaffeepause ein. Alternativ-Programm bei Regen: Ein Besuch des **Ernst-Barlach-Museums** am Nordrand des Jenischparks.

Das sollten Sie nicht verschlafen: Übernachtungen in Hamburg zu Top-Preisen!

Buchen Sie bei den Hamburg-Spezialisten:

Große Auswahl:
- Über 180 Hotels in und um Hamburg
- Alle Kategorien von der Familienpension bis zum Luxushotel

Super Preise:
- Tagesaktuelle Raten & Spezial-Angebote
- Last Minute und Frühbucherrabatt

Top-Service:
- Kostenlose Stornierung bis 1 Tag vor Anreise
- Kostenlose Online-Buchung
- Telefonische Beratung
- Bezahlung vor Ort im Hotel

Unser Tipp für Ihren Aufenthalt - die Hamburg CARD!

Buchung & Information:
www.hamburg-tourismus.de
Tel.: 040-6899 9899

Gewinnspiel! Senden Sie bis zum 31.12.08 eine Postkarte mit dem Kennwort „ADAC Hamburg" an: Hamburg Tourismus GmbH, Steinstr. 7, 20095 Hamburg und mit etwas Glück können Sie 1 Übernachtung für 2 Pers. im DZ in einem 5-Sterne-Hotel gewinnen. Der Rechtsweg ist ausgeschlossen.

HAMBURG
Tourismus GmbH